“十三五”国家重点出版物出版规划项目

胡澱咸中国古史和古文字学研究 第三卷

中国古代及中世纪史

胡澱咸◎著

安徽师范大学出版社
·芜湖·

第一篇　从远古到战国时期

第一章　中国境内的原始文化

第一节　旧石器时代文化

近三十几年来，在我国境内，发现了不少的远古文化遗址。这许多文化遗址，不但证明了几十万年以前，在祖国的大地上就有人生息着，辛勤地创造着文化，也证明我们祖国的文化是我们祖先在本地创造发展起来的。这许多古代的文化从最早的猿人，旧石器到新石器皆有。现在发掘所得的材料，这些文化之间直接的渊源关系，还不能十分肯定，但这中间新石器时代文化就是后世我国文化的前身，也就是我们祖先所创造的，则已毫无疑问。而旧石器时代的文化的创造者也可能就是我们的祖先。我们祖国文化之悠久，由此可以想见。

一、中国猿人

在一九二一年至一九三七年之间，在北京西南房山县周口店，发现了很古的猿人化石。最初发现牙齿、下颚骨，后又发现完整的头骨，以及破碎的躯骨，经古生物学家研究，知道这是生存于五十万年以前的古猿人，全世界发现的最古的猿人之一。因为它是发现于中国北京附近，所以命名为『中国猿人北京种』，简称为北京人。

与中国猿人化石同时发现的，有石器、骨器和许多兽骨化石。此外，还有灰烬，火烧过的泥土、木炭、骨骼、鹿角等。石器可以看出已经过人工打制，但都还没有经过第二步的修制，也没有清楚的分化。明显是很原始的石器，动物化石种类很多，可知中国猿人必以猎捕野兽为生，他们主要的食品，大概是鹿，次为马、牛、羊之类。其他凶猛的野兽，不易猎捕，自不可能作为主要的食物。由发现的灰烬和火烧过的泥土、木炭、鹿角、骨骼看，可知中国猿人必已知道用火了。火的发明是人类生活一个极大的进步。火发明了以后，第一，人可以熟食，这就可以使人食物的种类增多。身体的营养增进，促进身体和脑的发展。第二，人可以用火御寒，使人受气候的限制减少，扩大了人活动的范围。第三，可以用火抵御猛兽的侵袭。不过，中国猿人的火是怎样来的，他们是否已会自己造火，还不能确知。但至少他们必已会管制和保存火了。

又有学者研究中国猿人的脑型，知道中国猿人已有简单的语言了。

一九五四年，中国科学院在山西襄汾县丁村又发现猿人文化，遗物有动物化石、人类化石（牙齿三枚）和石器。丁村猿人的时代与中国猿人大略相同。但丁村人的牙齿比中国猿人有些进步之处，石器的制造，似也较进步，已有第二步加工的痕迹，其时代较中国猿人当略晚一点。

二、河套文化

河套旧石器文化是一九二二年到一九二三年法国人德日进和桑志华发现的。发现的地点主要的是甘肃银川市东南水洞沟、内蒙古自治区伊克昭盟萨拉乌苏河和陕西榆林油坊头。此外，在甘肃中卫、庆阳，山西河曲、堡德等地也有零星的发现。因为这些文化遗址主要的是发现于河套地区，所以称之为河套文化，创造这种文化的人则称之为河套人。

河套文化层是分布在黄土底砾层和黄土的下层，由黄土堆积推断，河套人与河套文化的时代当在十万到十五万年以前。

发现的遗物有石器、骨器和大量的古生物化石。石器的制造远比中国猿人为进步。石器都已经过第二步打制，而且也有相当清晰的分化，有尖状器、刮削器、斧形器的分别，这种石器是属于旧石器时代中期之初的。河套人的生活依然是以捕猎为生，主要的食物为鹿和羚羊。

在水洞沟发现有灰烬和燃烧过的骨骼，河套人也知用火了。河套人不但已知道用火，而且已可能会造火了。因为河套人是与欧洲的尼安德特人同时的，文化在同一阶段上，尼安德特人已会造火，河套人当然也会造火。能自己造火，自然又是个重要的进步。因为能造火，人更进至完全熟食。这样，食物的营养增进，人便进步而为真人。

河套人的语言比中国猿人更为进步了。他们不但有语言，而且已有清晰和足够的字眼了。

这也由尼安德特人的比较得知的。古生物学者研究尼安德特人的脑，由尼安德特人脑髓的发育看，知道尼安德特人已有足多运用的语言，河套人与之相同，当然也必同样的有清晰的语言了。

三、山顶洞文化

山顶洞是在周口店中国猿人所住的穴洞的顶上。一九三三年，杨钟健、裴文中等发现的。发现的实物有人类化石、动物化石、石器、骨器等等。

据人类学者研究，山顶洞人的时代距离现在约两万年到五万年。山顶人与欧洲的克鲁马努人相同，已进步为真人了，它是代表现代人的原始型。

山顶洞文化较河套文化为高，是属于旧石器时代晚期的文化。石器的制造更进步了。山顶洞发现的石器虽然不多，但可看出，都是经过第二步打制的。同时，在发现的器物中有穿孔的石珠、穿孔的砾石、穿孔的牙齿、穿孔的介壳、穿孔的鱼骨、磨光鹿角等等，足见山顶洞人制造工具时，已会钻孔、刮削、磨光，技术是很进步的了。

由山顶洞发现的兽骨和鱼骨看，山顶洞人的生活必是以渔猎为生的，他们不仅捕兽，也可以捕鱼了。他们活动的范围也已相当的广大。山顶洞发现有蚶子壳、河蚌壳，还有鲕状赤铁矿。蚶子出产于中国东南沿海，河蚌出产于黄河以南及长江流域，鲕状赤铁矿则出产于宣化附近。这些东西的产地都距山顶洞人住地很远，这些东西不论他们用什么方式，直接地或间接地获得的，他们活动的范围很广，由此可见。

山顶洞人发现有骨针，这种骨针很细，一端有孔，显然是用以穿线的。由此可知，山顶洞人当已会缝纫，也即他们必已有衣服。他们的衣服大概是兽皮做的。山顶洞还发现有石珠、穿孔的牙齿、鱼骨和蚌壳，这些都是用作装饰品的。有的还染以赤铁矿的红色，使这些装饰品更加美观。由此可知，山顶洞人已知爱美。由这些装饰品和他们审美观念看，他们的物质生活必已相当充裕了。因为只有物质生活不缺乏，才能进一步爱美。这正说明了山顶洞人生产力的进步情况。

在我国境内，现在已发现的旧石器时代的文化，主要的有上面几种。这几种人，他们彼此之间的关系，现在还不能确定。但人类学者研究，中国猿人，丁村人，河套人，牙齿、头骨、下颌骨有许多症状和蒙古人种相近，山顶洞人更可以代表蒙古人种的原始型。这样，我国境内的旧石器时代的人就是我们中国人的祖先。山顶洞人是旧石器时代晚期的人类，已进为真人。当时婚姻制度已是族外婚，族外婚是氏族社会，这时候社会已形成氏族社会了。

第二节　新石器时代文化

我国新石器时代文化遗址发现的很多，尤其解放以来，随着祖国经济建设和文化建设迅速的发展，人民政府对我国文化遗产的重视，我国考古事业也突飞猛进，这几年来，我国新石器文化遗址发现的就有一二百处之多，有许多已进行发掘了。

在我国境内，大部分地方都有新石器文化存在。据现在所有的材料和学者的研究，我国境内新石器时代文化可以确知者，大概有四个文化系统：一是长城以北的细石器文化，二是西部的彩陶文化，三是东部的黑陶文化，四是长城以南的几何形印纹硬陶文化。

一、细石器文化

细石器文化是分布在长城以北地区。发现的遗址主要有辽宁锦西沙锅屯、黑龙江龙江附近的昂昂溪、哈尔滨附近的顾乡屯、内蒙古自治区的扎赉诺尔、林西、赤峰。此外，沿长城以北，西达新疆，皆有零星的发现。这种文化，最初帝国主义的学者还不知道它是另一种文化，把它错认为彩陶文化或旧石器文化。经中国考古学者研究，才知道它是自成一文化系统的细石器文化。

细石器文化的特征是石器细小。从旧石器时代末过渡到新石器时代，世界各地的石器皆普遍地趋于细小。考古学者称这一时期为中石器时代。

这种文化，考古学者推测，最初起源于西伯利亚的贝加尔湖附近。由贝加尔湖附近传到扎赉诺尔，扎赉诺尔的住民以后又一部分迁到龙江，龙江文化又向南传播而至林西、赤峰，再向南达到古代长城沿线为彩陶文化所阻，与彩陶文化混合。同时又向西传播至甘肃、新疆。长城以外的赤峰、沙锅屯、张家口附近的高家营子以及西宁附近的朱家寨都是细石器和彩陶文化的混合文化。

中国细石器文化绵历的时间很长，从旧石器时代末直到新石器时代晚期，其发展可以分为三个时期：一扎赉期，二龙江期，三林西期。前两个时期是过着渔猎生活，及至林西期始进入农业。

这种文化，其年代如何，与中国境内的彩陶文化孰先孰后，现在不能确定。就社会发展说，细石器文化应早于彩陶文化。但细石器文化和彩陶文化是两个不同地区、不同系统的文化，各自独立发展的，它们的先后是不能比较的。较原始的文化可能与较进步的文化同时存在，还可能在较进步的文化之后。中国细石器文化有一部分可能延续到我国有史时代以后。

二、彩陶文化(仰韶文化)

彩陶文化最早是瑞典人安特生发现的。一九二三年，他发掘了河南渑池县仰韶村，发现了这种彩陶文化。一九二四年，他在甘肃、青海又发掘了洮沙的辛店，宁定的齐家坪、半山、瓦罐嘴，碾伯的马厂沿，狄道的寺洼，西宁的下窑、下西河、朱家寨，镇番的沙井等地的文化遗址。这中间除一部分以外，也多是彩陶文化遗址。一九二六年，李济、袁复礼又发掘了山西夏县的西阴村。一九三五年，又发掘了山西万泉县的荆村。此外在河南、山西、陕西，各地都有发现。解放以来，彩陶文化遗址发现的更多。一九五四年，更发掘了西安半坡的村落遗址。

彩陶文化在我国境内分布很广，但其主要的地区则为豫西、晋南和渭水流域。这种文化是新石器时代晚期的文化，也就是我们现在中国人祖先的文化。文化遗物有石器、骨器、陶器。石器都是磨制的，有石刀、石斧、石杵、石锄、石纺织轮等等。这种文化的特征是有彩绘的陶器。陶器表面红色，里外磨光，上面绘有黑色的几何形的花纹。这种陶器以仰韶村出土的最足以为代表，所以考古学家又名这种文化为仰韶文化。

彩陶文化时代人们的生活，由发现的遗物，可以推知已很进步了。

石器中有石锄、石杵，这些都是农器，这时候显然已从事农业了。同时遗址中发现马、牛、羊、猪的骨头很多，这些动物也必已成为家畜。不过，在彩陶文化的遗址中，也常发现有鹿骨、鹿角，可知他们也还从事狩猎。彩陶文化时代的生产，我们可以推知，必已以农业为主。畜牧也还占相当重要的地位。他们的食物也必以农产品为主。

遗物中有石纺织轮，他们已会纺织了。遗物中又发现有骨针，他们也必已知缝纫。他们当已有用纺织品制成的衣服，而不是着兽皮。

彩陶文化的人也已定居，他们是从事农业生产的，非定居不可。仰韶和半坡都是村落遗址，显然是个氏族的住地，半坡发现有房子、墙壁、柱洞，他们已有房屋居住了。他们的房屋是用木构的。

三、黑陶文化（龙山文化）

黑陶文化最早一九三一年发现于山东历城县龙山镇城子崖。后在山东日照的两城镇，河南安阳的后冈、浚县的大赉店、渑池的不召寨，浙江杭州湾附近的良渚，辽东半岛的貔子窝、羊头洼等地。

黑陶文化也是新石器时代晚期的文化，文化遗物有石器、陶器、骨器、蚌器。黑陶文化的特征是黑陶。这种陶器颜色是黑色。最标准的黑陶，表里皆黑而又光滑。陶壁甚薄，考古学者称之为『蛋壳陶』。这种文化最初发现于历城龙山镇，所以又称为『龙山文化』。

黑陶文化主要的地区是山东半岛，考古学者认为黑陶文化起源于山东半岛，以后向外传播而远达于沿海各地及河南。在河南与彩陶文化相混合。

黑陶文化的人民也已进入农业生产了。遗物有石铲、石镰等农器。发现的遗物中有很多的猪、牛、马、犬骨，这些动物也必已都成为家畜。他们也必已定居。黑陶的制造是非常精美的。大多已是轮制的，种类也甚复杂。他们制陶器的技术——也即是手工业技术，很进步了。

四、几何形印纹硬陶文化

几何形印纹硬陶文化，分布在长江以南的地区，主要的是江苏、浙江、江西、福建、广东几省。这种陶器的特征是黑色，陶质坚硬，上有印纹或刻纹。纹饰作几何形。同时出土的有石器。这种文化时代怎样，来源怎样，考古学者还没有确定。

此外，在四川、云南、广西，也都有新石器时代文化遗物发现。这些发现还是很零星，其文化的情况，现在还不能明了。

在以上四种可以确定的新石器时代文化系统中，后来发展成为我们中国文化的，主要的是彩陶文化和黑陶文化。这两种文化后来发展就成为我国商周中原的文化。这两种文化年代怎样，起源怎样，现在考古学者和历史学者也还没有定论。

彩陶文化最初安特生定为是在公元前三五〇〇年至公元前一七〇〇年间的文化。分为六个时期：

齐家期　公元前三五〇〇年—公元前三二〇〇年

仰韶期　公元前三二〇〇年—公元前二九〇〇年

马厂期　公元前二九〇〇年—公元前二六〇〇年

辛店期　公元前二六〇〇年—公元前二三〇〇年
寺洼期　公元前二三〇〇年—公元前二〇〇〇年
沙井期　公元前二〇〇〇年—公元前一七〇〇年

以后因为齐家坪不属于彩陶文化系统，甘肃境内的彩陶纹饰简单，有趋于衰落的现象，同时共存的又有汉文化的痕迹，他又将上面的年代改定，分为四个时期：

仰韶期　公元前二二〇〇年—公元前一七〇〇年
马厂期　公元前一七〇〇年—公元前一三〇〇年
辛店期　公元前一三〇〇年—公元前一〇〇〇年
沙井期　公元前七〇〇年—公元前五〇〇年

照他所定的这种年代，仰韶期和马厂期，正下接殷墟，辛店期则相当于殷墟，若以我国历史年代来讲，代表彩陶文化的仰韶村的文化是正当唐虞到夏末。马厂期则相当夏末至殷墟。

这种年代的推定，是没什么根据的。他唯一的理由是以仰韶与殷墟相比较。殷墟有铜器，仰韶没有铜器，殷墟有文字，仰韶没有文字，所以仰韶文化必在殷墟之前。这种理由是很薄弱的。殷墟的文字是进步的文字，殷墟的铜器也是精美的青铜器。由无文字进步到有文字，由无铜器进步到有精美的青铜器，这决不是四百年的时间所能做得到的。

彩陶文化的年代，现在我们还不能推定。但从文化的性质看，是新石器时代晚期，这当属于野蛮中期的文化。年代应远在殷墟以前。

至于黑陶文化，其年代也不能确定。我们也只能说它是属于野蛮中期的文化。

现在考古学者都认为彩陶文化与黑陶文化是两个不同的文化系统，也就是两个不同的种族的文化。彩陶文化起源于中国西部，黑陶文化起源于中国东部。因此，有许多历史学者更从而推论，自新石器时代以至夏、商、周，在我国黄河流域有东西两个不同的种族存在。

这种说法，是否可信也是有问题的。以彩陶和黑陶是两个不同系统的文化，主要是由陶器来区分的，由陶器颜色、花纹以及形制上来区别。文化的内容是很复杂的，是多方面的，仅凭陶器的颜色、花纹和形制是否就能作为区分文化的标准，是有问题的。陶器颜色和花纹，乃至形制不同，可能有各种不同的原因。地方不同，年代前后不同，皆足以使陶器的颜色和花纹不一样。同时我国新石器时代陶器到现在为止，考古学者还没有研究清楚。有许多问题都没有解决。……

我们觉得，自新石器时代以至夏商，我国中原地区实只有一种种族，也只有一种文化，彩陶文化和黑陶文化乃是同一个系统的文化，而不是两个不同的文化。

以陶器来辨别文化的异同，不能根据陶器的颜色和花纹，以陶器来区别文化，应该以陶器的形制为标准。同一系统的文化，器物的形状，必大致相同；反之，不同的文化，其器皿的形状，必有不同之处。彩陶文化与黑陶文化的陶器，形制基本上是相同的。尤其中国所特有的三足器鼎、鬲，彩陶文化和黑陶文化皆有。因为考古学者将彩陶和黑陶分为两个不同系统的文化，他们对于鼎、鬲的起源，始终搞不清楚。一说鼎、鬲是起于彩陶文化而传播到黑陶文化地区；一说是起于黑陶文化，彩陶文化是受了黑陶文化的影响；一说鬲起源于山西或陕西的另一种文化，而为其他不同的文化所接受。我们认为鼎、鬲这种特殊形制的陶器为彩陶文化和黑陶文化所共有，这正说明了两种文化的统一性。

其次，从语言上看，我们看不到我国古代有东西两种不同的语言系统。商周以后，有许多国家，如商、楚、郝、徐、江、黄、道、柏等等，有些历史学者认为是属于东方系统的。但我们比较卜辞，西周及春秋以后东方各国的彝器铭辞，乃至记载，实丝毫也看不出她们的语言有什么不同之处。足见东西的语言也是统一的。语言是统一的，则种族和文化更可知没有不同。

总之，我们认为彩陶文化和黑陶文化，实是同一个系统的文化，也就是我们祖先创造的文化。其在陶器和其他的器物的制造上虽然有不同之处，但那只是因为年代前后不同，由于发展变化和地域性而形成的。

第二章 传说时代社会的发展

一、黄帝的传说

任何一个民族的历史都必经过她的传说时代。传说时代是一个民族走向文明的入口。在这一时期，生产工具已不是石器了，这时候已发明了金属工具（铁器）。因为有了铁制的生产工具，于是就能进行大规模的土地开辟，生产更迅速地发展起来。而文化的创造和发明也迅速地进步，由此而进入文明。在这一时期，社会也发生变化了。母权社会已让位于父权社会。这时候父权氏族制确立了。由于新的生产工具的发明，生产力发展，原始公社制也就逐渐地瓦解，新的奴隶制或封建制逐渐萌芽而发展。

我们中国的传说时代，大概可以说，始于黄帝。我国古代的传说中，最早有有巢氏、燧人氏、伏羲氏、神农氏。这些人很明显决不是历史上真实的人物，这只是象征文化发展的一些事实而已。有巢是代表发明巢居，燧人氏是代表发明用火，伏羲氏是代表发明渔猎和驯养家畜，神农氏则代表发明农业。这都不能认为是传说时代的人物。但自黄帝以后传说便比较的具体。先秦时期，诸子百家乃至民间都传说着黄帝的故事。有些记载如帝系 竹书纪年 世本 山海经又传说着黄帝以来的世系，还有的更传说着黄帝以来的年数。这些传说诚然是不正确的，其中有许多附会，甚至夹杂着神话，世系和年代也是错误的。但这却指出一个事实，即自黄帝的时候起，应有了传说的历史。太史公作五帝本纪始于黄帝，是有其理由的。

黄帝时代以后，我国氏族社会又进一步发展。

传说黄帝姬姓，一说姓公孙，名轩辕。他最早的居地，一说是有熊（河南新郑），一说是姬水（陕西武功）。黄帝的时候，炎帝政变，蚩尤作乱，黄帝联合『诸侯』，与炎帝战于『阪泉之野』，击败炎帝。旋又与蚩尤战于『涿鹿之野』，擒杀蚩尤。于是『诸侯』共尊黄帝为『天子』。有不从命者，黄帝便加兵征讨。他建城邑于『涿鹿之阿』。传说黄帝曾东至于海，登丸山、岱宗，西至于空桐，南至于江，北合符于釜山，这种传说诚不足信，但由此可以推想，他的势力似已很大了。

在古代传说中，黄帝是我们华夏族的始祖，后代的『帝王』都是黄帝的后裔。

黄帝之后是颛顼。颛顼是黄帝的孙子，颛顼居帝丘（濮阳）。相传颛顼时代版图也相当广大。同时又传说颛顼曾命重『司天以属神』，命黎『司地以属民』（国语楚语）。当时已有分别管理宗教和人民事务的官了。这都暗示颛顼时代部落联盟的势力增大些，组织进步了些。后来舜禹相传，以及秦、楚等国都是颛顼的后裔。颛顼之后是帝喾。帝喾是黄帝的曾孙，居亳。传说尧及商始祖契和周始祖弃都是帝喾的儿子。此外，还有关于太昊、共工及其他许多氏族部落的传说。

自黄帝至帝喾的许多传说，其真实性自然是大有问题的，但从这些里面，我们可以约略窥见当时社会发展的情况。从这些传说，我们可以推见，自黄帝以后，氏族社会更进一步的发展了。氏族社会是产生于旧石器时代晚期，至新石器时代达到全盛。这种氏族是以母系为中心的，我国新石器时代就是这种母系中心的氏族社会。黄帝、颛顼、帝喾，他们的身份很明显的是个部落酋长和部落联盟的军事首领。社会发展进入了野蛮最高阶段，生产进步了，部落与部落之间的彼此掠夺，日甚一日，为着抵御外面敌人的劫掠和更有力地掠夺别人，近亲的氏族和部落，便结成部落联盟，推举强有力的部落酋长为军事领袖，指挥战争。因为抵御劫掠和对外进行劫掠逐渐成为经常的事，所以军事领袖也逐渐成为必要的常设官职。传说所述黄帝时候的情形正是这种情况。传说炎帝末『诸侯相征伐』，黄帝『习用干戈，屡征不停，诸侯咸来宾服』，正显示这时候部落之间进行着剧烈掠夺的战争，黄帝用武力击败了许多小部落，被推为部落联盟的领袖。他与炎帝和蚩尤的战争，也是部落联盟之间的掠夺战争。最后他击败了炎帝和蚩尤，遂成为更大的部落联盟的领袖。部落联盟的军事领袖最初是选举的，选举也往往由同一个家族里推选出来，往后逐渐地变为世袭，黄帝以后，颛顼，帝喾，乃至尧舜，都是黄帝的后裔，这也正由同一氏族选举部落联盟军事领袖的情形。

黄帝时代，中国境内有很多的氏族部落和部落联盟，黄帝的部落联盟是势力最大的一个。这个部落联盟往后日益强大，发展而成为唐、虞、夏等『朝代』。

二、尧舜的传说

照旧史所传，尧舜时代已进入我国有文字记载的时代了。尚书有尧典记载尧舜授时、设官、巡守等事。这自然是不足信的。不过，尧舜时代已有了文字，也未始不可能的。现在我们所见的我国最早的文字是殷墟甲骨文字。甲骨文已是很进步、很完备的文字了。自开始有文字到进步的完备的文字必须要经过一个相当长久的发展时间，殷墟上距尧舜时代远不及一千年，我国文字的发明始于尧舜的时代自属可能的。

尧舜时代可能已有文字记载，至少也接近于有文字记载，所以其传说更多，可靠性也更大些。尧舜时代的传说，重要的有两件事：一治水，二禅让。

传说尧的时候，天下大水。尧最初命鲧治水，九年不能成功。尧殛鲧于羽山，复用鲧子禹治水。禹辛勤劳苦，在外十三年，终将洪水之患治平。

关于禹治洪水，尚书禹贡的记载自然是不可信的。如禹贡所述，不仅全国的大水都经过禹疏导，而且全国土壤都经过禹调查，全国各地的贡赋也经过禹规定，这显然是不符合历史事实的附会之词。又孟子说禹『疏九河，瀹济漯而注诸海，决汝汉，排淮泗而注之江』，也是夸大之词。但禹曾治水必决无可疑。自西周直到春秋战国以后，有许多记载都歌颂着禹治水的功绩。如诗长发『洪水芒芒，禹敷下土方』。文王有声『丰水东注，维禹之绩』。刘定公说：『美哉禹功，明德远矣。微禹，吾其鱼乎。』这许多推崇备至的歌颂，决不是毫无根据的。禹究竟治了哪些水，我们固然不能确知，但他曾经治水，使人民免于水患，对人民有极大的功绩，则是可以肯定的。

传说尧为天子，其子丹朱凶顽不肖，尧不愿意将帝位传给他。尧询问四岳，四岳推荐舜。尧试之以事，事皆治理得甚好，于是尧使舜摄政。尧死，舜让位于丹朱，但诸侯皆归舜，舜遂为天子。舜为天子，其子商均也不肖。舜也不愿将帝位传给商均。因禹治水有大功，以禹摄政。舜死，禹让位于商均，诸侯也都不归商均而归禹，于是禹为天子。这就是所谓『禅让』。

由这些传说，我们可以看到尧舜时代社会政治的情况。这时候生产必已很进步了。传说尧舜时代和在此以前的时代，治水的实不止鲧禹而已。此外，国语周语又说共工治水，共工子后土『能平九土』。左传（昭公二十九年），又说少皞氏有四叔，修及熙为玄冥（水神），金天氏有裔子昧为玄冥师，其子允格。台骀『宣汾洮，障大泽』（昭公元年），可知在这一时期治水是相当普遍的事。这样注重治水，到处治水，正反映这时候生产发展的情况。因为生产进步，大量地开发了土地，由以前他们所居住水所不能淹到的地方扩大到平地和河流两岸。平地和河流湖泽的沿岸正是土地肥沃、利于农业的地方。为着要保护生产，就必须要治水，以防御水患和进行灌溉。

尧舜时代，部落联盟的势力也必更加扩大了。洪水为灾，决不是某一个或极少数几个氏族或部落受害的，治水的利益也决不是某一个或极少数几个氏族或部落获利的，治水的工程也必不是一个或几个氏族或部落的力量所能做到的，这必须要联合许多与治水有利害关系的部落共同合作。这必就使部落联盟扩大了。据传说，佐禹治水的有益和后稷，他们都是部落酋长，可见禹治水是有不少的部落参加的。同时，治水是关系于许多部落的共同利害的，他们既有共同利害，必也加强了部落联盟的团结。

从传说看，尧舜时代，部落联盟的势力和组织似确有进一步的发展。我们中国历史上的『朝代』，是代表一个政权的。我国历史上的『朝代』是始于唐。先秦记载往往以虞夏商周并列，或者称虞、夏、商、周四王为四代。如庄公二十二年左传：『秋七月，有神降于莘。惠王问诸内史过曰：是何故也。对曰：国之将兴，明神降之，监其德也；将亡，神又降之，观其恶也。故有得神以兴，亦有以亡，虞、夏、商、周皆有之。』成公十二年左传：『文公躬擐甲胄，跋履山川，逾越险阻，征东之诸侯，虞、夏、商、周之胤，而朝诸秦。』成公二年左传：『四王之王也，树德而济欲焉。』礼记明堂位：『拊搏，玉磬，揩击，大琴，大瑟，中琴，小瑟，四代之乐器也。』孔子删书，断自唐虞，尧典也不称唐书而称虞书。可知先秦时代实都以虞为有『朝代』的开始。先秦时代人这种看法，必不是没有原因的。我们想，这就因自尧舜时代以后，部落联盟的组织更为扩大，已经成了一个比较有力的政治中心了。

至于尧舜『禅让』，实就是部落联盟军事首领的选举。在野蛮高级阶段的时候，部落联盟的军事首领已成为常设的官职了。这种军事首领是由各部落选举的。被选举的最初没有一定的限制，往后逐渐地从一个氏族选举，也就日渐走向世袭。在尧以前，部落联盟军事首领大概都是选举的，而从一个氏族推选，也已成为习惯。传说黄帝以后的诸『帝』都是黄帝的子孙。又传说帝喾死，子挚立为『帝』，因挚『不善』而尧『德盛』，挚禅位于尧。由此看，尧以前，帝位实已传子，只有在继位者不能胜任的时候，才改选他人。所以从当时的习惯讲，尧的继承人应是丹朱，舜的继承人应是商均。因为他们的才能德望实在不能胜任，尧舜才不立他们而推荐舜禹。舜、禹即位之先，还让丹朱和商均，当也是遵守当时的习惯。后因部落的推戴，他们才正式即位。这正是部落选举部落联盟军事首领的情形。

三、夏代的传说

夏代的历史更具体真实了，夏代是我国历史上一个『朝代』，这是毫无可疑的。先秦记载传说着很多关于夏代的事实和制度。

我们以为夏代必已有文字记载，也就是进入我国有史时期。现在我们所见相传是夏代记载的有禹贡　甘誓　夏小正等。这些记载自属不可尽信。但先秦学者往往引『夏书』『夏训』，这些『夏书』『夏训』，似未必全部都是伪造的。又夏代的帝王世系分明，先秦的时候更传有夏朝的年代。这些世系和年代似也不是后世所能完全追述的，尤其年代似更不能追记，这似应有夏代的记载为根据才行。由这些事实推测，夏代已有文字记载是很可能的。

还有从甲骨文看，也可以推知夏代应已有文字记载。前面已说过，甲骨文字是很进步、很完备的文字。这种文字决不是一蹴而就的，也不是很短的时间所能发展成功的，这必须经过相当长久的时间，才能发展到这种很进步、很完备的程度。殷墟上至夏初，最多不可千年，夏应正当我国文字发展进步的阶段中，夏已有文字，在事理上讲，似没有问题。夏代的时候，我国文字的创造可能还不太久，文字记载可能还不多。孔子叹夏代『文献不足』，原因可能即在于此。但夏已有文字，是可以肯定的。

夏已有文字记载，但夏代的记载流传于后世者却极少。旧时传为夏代记载的，是真是假也难辨别。现在我们讨论夏代的历史依然只能依赖传说和间接的记载。因此，夏代的历史，我们还不能不暂时说是传说。

部落联盟军事首领世袭制的确立　部落联盟军事首领在尧舜以前，已逐渐趋向于世袭，到了夏禹传子以后，这种制度便完全确立。

传说禹死，传位于自己的儿子启，于是禅让制破坏，而家天下制成立。此事的真相据儒家所传，禹所以传子，是因为启贤。据说，禹在位，最初想传位于皋陶。皋陶死，禹又举益。禹死，传位于益，但因禹子启贤，人民都歌颂启，狱讼者，也都不往益而往启。因此，启遂为天子。这似乎启为天子，仍然由于人民的拥戴。

但先秦记载又另有一种传说，竹书纪年云：『益干启位，启杀之。』楚辞天问云：『启杀益作后。』史记燕世家云：『（禹）传之于益已，而启与交党，攻益夺之。』据此，则启之获得王位，实非因启贤，而是启夺取的。又传说启即位之后，有扈氏不服，启伐有扈。淮南子齐俗训说：『昔有扈氏为义而亡。』如启之得是由于『传贤』，则有扈氏有何不服？而有扈氏之反对启又是什么『为义而亡』呢？这也足以说明启必定是夺取的。

部落联盟军事首领最初是选举的，往后变为世袭。世袭『最初是容忍，其次是要求，最后更是篡夺这种权力了』（张仲实译：家庭、私有制和国家的起源，第一五八页）。启之得位，当也是这种发展的结果。尧舜以前，部落联盟军事首领已趋向于世袭了。按照当时的习惯，禹死之后，帝位是应传给启的。益要想借旧的选举制度而为帝，自是破坏了当时的习惯，侵犯了启的权力。因此启杀益。竹书纪年说：『益干启位，启杀之。』当是实情。儒家学者为着渲染『传贤』，所以把它说成人民的拥戴。

这种权力的争夺，在此以前，可能就已发生了。尧舜禅让，儒家学者将其说成『天下为公』和『传贤』的美事。但先秦另外的记载却说也是篡夺。竹书纪年云：『舜囚尧，复偃塞丹朱，使不与父子相见。』（史记五帝本纪正义引）。又说：『后稷放帝子丹朱。』（同上）韩非子说疑篇云：『舜逼尧，禹逼舜，……人臣之弑其君者也。』又传说帝挚在位，政弱，尧『德盛』，帝挚禅位于尧（史记五帝本纪索隐引卫宏说及正义引帝王世纪）。这也暗示尧可能也是夺取的。由这些传说的事实看，大概在尧舜到启的时代，部落联盟军事首领的选举制和世袭制正在斗争中，最后启夺得了政权，便将世袭制确定了。

部落联盟军事首领世袭制的确立，在社会发展上是极重要的事。这标志着原始公社从此走向解体，阶级社会从此更快地形成，统治阶级压迫被统治阶级的国家从此萌芽。恩格斯说：『世袭的国王权力与世袭的贵族的基础便从此奠立下了。于是氏族制度的机关，便逐渐脱离了自己在人民中，在氏族中，在胞族及在部落中的根基，而整个氏族制度转化为自己的对立物了。它从自由调理本身事务的部落组织转变为掠夺与压迫邻人的组织了。与此相适应，它的各机关也由人民意志的工具而变为旨在反对人民的独立的统治与压迫机关了。但是如果对财富的贪欲没有把氏族成员分成富者与贫者；如果「同一氏族内部的财产差别没有把共同利益变为氏族成员之间的对抗」（马克思语），如果日益盛行的奴隶制没有引到把用自己劳动获取生存资料的行为认作只有奴隶应当去进行而比掠夺更可耻的活动，那么这种事是从不会发生的。』（张仲实译：家庭、私有制和国家的起源，第一八五页，人民出版社版）

这就指明了部落联盟军事首领世袭制的确立在社会发展上的意义和历史背景。夏启用篡夺的方式确立了部落联盟军事首领的世袭制，由此可以推知，夏初的时候，也必已因战争掠夺而使氏族成员之间有了贫富的差别了，也必已有奴隶了，也必已有军事贵族了。这许多，从此以后，将更快地发展，我国原始公社也从此逐渐瓦解。

部落战争　夏启死后，夏与其他的部落发生激烈的战争。传说启死，子太康立。太康逸乐，荒于游畋，夏人民怨恨，有穷氏部落酋长后羿因夏人民的怨恨，攻夏，占领了夏都。太康逃往同姓部落斟鄩。后羿篡夺了夏的政权，自立为帝。太康死，子中康立。不久后羿也被他臣下寒浞所杀，寒浞也自立为帝。寒浞攻灭斟鄩，中康子相逃往帝丘，寒浞又攻帝丘，杀相。相要逃往他的母家有仍氏，生子少康。寒浞攻有仍，少康又逃往有虞，夏故臣靡逃往有鬲。靡收集夏同姓部落斟鄩、斟灌两部落的余众，攻杀寒浞，复立少康。这次战争历太康、中康、相、少康四代，时间有三四十年，夏几致亡国，这实是夏代最大的一次战争。

又据竹书纪年，夏时与夷人也有长期的战争。

后相元年征淮夷畎夷。

二年征风夷及黄夷。

七年于夷来宾。

少康即位，方夷来宾。

帝杼五年伯杼子征于东海及三寿。

后芒即位，三年九夷来御。

后泄二十年命畎夷、白夷、赤夷、玄夷、风夷、阳夷。

后发即位，元年诸夷宾子王门，会于上池，诸夷入舞。

据此，夏与夷人的战争自相至后泄实断断续续的没有停止。后泄以后，夷人听命于夏，大概也被夏击败了。野蛮最高阶段，生产发达，掠夺战争愈趋愈烈，夏与有穷及夷人的长期的激烈战争，正反映了这种情况。

夏之灭亡　夏自禹传十七世至桀灭亡。夏灭亡的原因，根据比较可信的记载来看，大概有这几点：（1）夏桀逸乐腐化。书多方云：『有夏诞厥逸，不肯慼言于民，乃大淫昏，不克终日劝于帝之迪。』（2）桀对人民进行剥削和压迫，引起人民的反抗，书汤誓云：『我后不恤我众，舍我穑事而割正夏。』又云：『夏王率遏众力，率割夏邑。有众怠弗协，曰时日曷丧，予及汝偕亡。』书多士云：『我闻曰，上帝引逸，有夏不适逸，则惟帝降格，向于时夏弗克庸，帝大淫泆，有辞。惟时天罔念闻。厥惟废元命，降致罚。乃命尔先祖成汤革夏，俊民甸四方。』书多方云：『厥图帝之命，不克开于民之丽，乃大降罚，崇乱有夏。因甲（狎）于内乱，不克灵承于旅，罔丕惟进之供，洪舒于民。亦惟有夏之民，叨懫日钦，劓割夏邑。天惟时求民主，乃大降显休命于成汤，刑殄有夏。』据此，夏桀实对人民进行严重的剥削和压迫，人民不能生活，愤恨到极点。人民反抗，桀遂加以镇压。（3）各部落反抗。史记夏本纪云：『自孔甲以来，诸侯多畔。』周语云：『孔甲乱夏，四世而陨。』昭公四年左传云：『夏桀为仍之会，有缗叛之。』又昭公十一年左传云：『桀克有缗，以丧其国。』自孔甲以后，夏部落联盟内部也发生矛盾，部落之间不断地战争，因之而削弱了夏的统治力量，促使它灭亡。

自部落联盟军事首领世袭制确立以后，阶级的分化更加显著而迅速。这时候部落联盟军事首领，军事人员，以及氏族族长都已逐渐成为统治的贵族，他们不但对他们邻近的部落进行掠夺，对他们自己的部落和氏族成员，也进行贪婪的剥削，又迫使奴隶为他们生产，他们掠夺和剥削所得的财物愈来愈多，自然就过着腐化逸乐的生活。同时，他们已将过去氏族和部落民意的和处理公共事务的机构变为压迫人民的工具了，他们的权力增高，他们自然也可以压迫氏族和部落的成员，乃至部落联盟的各部落。这样，部落联盟中被压迫的部落自必起而反抗，阶级斗争自然也就发生。夏代的情形当就是这样。

总起来看，夏代灭亡的原因当是这样：自启确立了世袭王权以后，王权增高，阶级分化日益深刻，同时对外的掠夺战争也日益激烈。及至孔甲的时候，部落联盟内部的矛盾就开始爆发。到了桀的时候，统治阶级腐化逸乐，对部落成员的剥削和压迫更甚，阶级矛盾愈加深刻。同时部落联盟的有些部落也起而反抗，引起战争，在这样内外各种矛盾的交攻之下，夏遂灭亡。

第三章 奴隶制国家

第一节 商的起源

商的种族和文化来源问题 旧史传说商始祖契是帝喾的儿子，帝喾妃简狄吞玄鸟卵而生契，舜时，契佐禹治水有功，舜命他为司徒，封于商。

近代有些学者认为，我国古代有西夏、东夷两个不同的种族和两个不同系统的文化。商是东方的夷族，与西方的夏、周不是一族。商人起于渤海沿岸或山东半岛，向西发展占有河南，其文化则源于龙山文化。

这种说法，主要的根据，大约有这几点。(一)商人对其祖先的神话传说与东方的种族相同。殷人传说，其祖先契是简狄吞玄鸟卵而生的。这与高句丽人传说相同。高句丽人传说其始祖朱蒙是他的母亲产卵而生。这种卵生的传说，起于东方，商人也必原是东方的种族。(2)商最早的居地在东方。商始祖契封于商，王国维谓就是商丘，又汤都亳，王国维说亳在今山东曹县境。定公九年左传『取于相土之东都以会王之东搜』，王国维谓相土东都在泰山下，商人最早的居地都在今山东和河南的东部。又诗长发云：『相土烈烈，海外有截。』他们认为海就是渤海，商人的势力达于渤海之外，则必起于渤海沿岸。(3) 周人称殷人为夷戎，周人对东方各族都称之为夷，如东夷、徐夷、淮夷。周称殷人也称之为夷为戎，书康诰『殪戎殷』，周语引太誓『戎商必克』，逸周书明堂位『周公相武王以伐纣夷』。周人对殷人和对东方各族一样称夷，可知殷人也必是属于东方的夷族。(4) 殷墟文化与龙山文化有密切的关系，一九三一年发掘河南安阳后冈。在这发现了彩陶、黑陶、殷墟三种不同的文化层。这三层文化的分布，最下层是彩陶文化，中层是黑陶文化，上层是殷墟时代的文化。因此，有人便认为这三种文化彩陶文化最早，黑陶文化次之，殷墟文化最晚。殷墟文化在黑陶文化之后，出土的器物又有相同之处，殷墟文化当是由龙山的黑陶文化发展而来的。

这种说法实是不足信的。这些论据皆有问题。高句丽朱蒙是西汉末的人，与商始祖契相去二千年，怎么能说简狄吞玄鸟卵生契与朱蒙卵生的传说同源呢？如果说是同源，也只能说高句丽的神话传说是由中国传去的，不能说契的神话是由东北传来的。王国维说契始封之商是商丘，亳在今山东曹县境，相土东都在泰山下，也不足信。周人称东方各族和商人为戎为夷，别有原因，并不是他们是不同的种族。至于殷文化与龙山文化的关系，考古学者都还没有结论，更不能作为证据。

我们看，自新石器时代以后，在黄河流域东西两部分，不论种族或文化，实都看不出有什么不同之处，我们觉得，自新石器时代以后，在黄河流域，我国的种族和文化，实已是统一的。周人称东方各部落为夷为戎，那只是在政治上这些部落未『受王命』，也就是未参加周的部落联盟的缘故，并不是在种族或文化上是两个不同的系统。因此，谓商是东方的夷族，商文化是起于东方，其说是难令人首肯的。

商人最早的居地，我们以为就在殷墟附近地区。诗玄鸟云：『天命玄鸟，降而生商，宅殷土芒芒。』这是商人自己歌颂其祖先的诗。这里明白地说契『宅殷土』，可知契实就居殷。又吕氏春秋慎势篇云：『汤其无郼，武其无岐，贤虽十全，不能成功。』高义篇云：『郼岐之广也，万国之顺也。』郼就是殷，是汤的居地也是殷。由此可知商契和汤居地皆是殷。

史记殷本纪：『汤始居亳，徙先王居。』商之始祖帝喾及汤皆居亳。书盘庚序云：『盘庚五迁，将治亳殷。』史记殷本纪云：『盘庚之时，殷已都河北，盘庚渡河南，复居成汤之故居。』是盘庚所迁也就是喾及汤所居之亳。按竹书纪年云：『自盘庚迁殷至纣之灭，二百七十三年，更不迁都。』近代殷墟发掘已完全证实，安……（原文缺失两页）

『癸巳（缺）巫咢（宁）（缺）土、河，羔。』（粹五六，京二九二六）

『癸巳贞：既尞于河，于羔。』（粹三三，佚一四六）

『（缺）卜，今日（缺）舞河眔羔。』（粹五一）

这里河羔二人在相土之后，河，羔又相连，羔必在河之后。将这些卜辞世系连起来看，可知自相土以后的世系实如粹编二十二片所述，是相土、兕、河、羔几代。将这一世系再合之殷本纪，则兇应就是昌若，河应就是曹圉，羔应就是冥。这是很明显的。

这里只有一个问题，就是冥卜辞实名季，如又名羔，似有些矛盾。这是可以解释：冥本有二名，一名冥，一名季。这可能就是冥的二名，一名羔，一名季。犹之卜辞称汤为唐，又称大乙一样。

如上面所说没有什么错误，则殷之先世，除昭明一代犹不能确定以外，其余都可以考见了。兹列表于下：

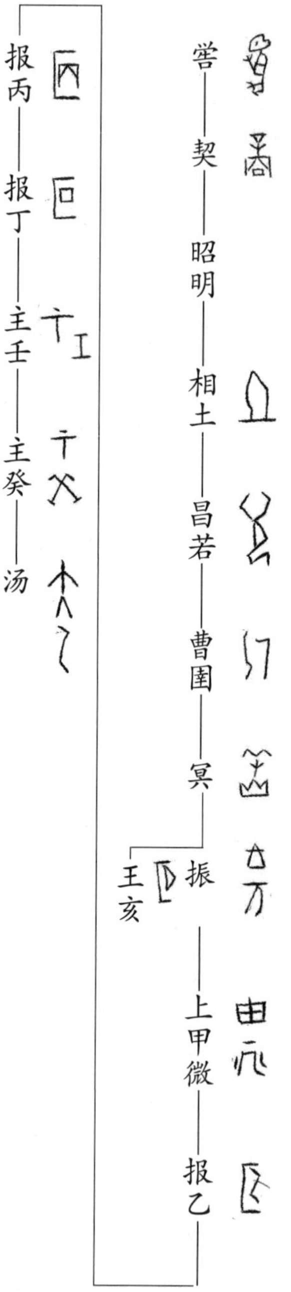

商先世的世系如此确凿可信，这正说明了一件事：商确实是兴起于虞夏之际。夏自禹至桀十七代，商自契至汤十四代，仅相差三代，商之始祖确相当于夏初。商实是经过了夏一代几百年时间的发展而兴起的。

商之发展和灭夏　商自虞夏之际就是一个部落。周语云：『玄王勤商，十四世而兴。』大概自契以后，也就是当夏代的时候，它就发展起来了。不过，这种发展的情况怎样，已不得知了。现在只能从记载中隐约地推知一点轮廓。

诗长发云：『相土烈烈，海外有截。』这是商人歌颂其祖先功业的诗。这种歌颂或许不免有些夸大，但由此也可知商在相土的时候，必有相当重要的发展。又传说相土发明乘马。由这一发明，可以推见相土的时候，商部落的经济和文化也有一些进步。

相土之后，重要的是冥。鲁语云：『冥勤其官而水死。』又云：『商人禘舜而祖契，效冥而宗汤。』必可知冥在商之祖先中必最重要。『冥勤其官而水死』，是冥也曾治水。在冥的时候，商的生产可能有些发展。

冥以后是王亥。卜辞称王亥为高祖，同时又称王，王亥的时候，商当已成为一个相当强大的势力了。又传说王亥发明服牛。服牛也见于卜辞，王亥发明服牛，似是事实。服牛是用以挽车的，但既能用牛挽车，当也可以用以耕田。王亥发明用牛耕田，商部落的生产自此当有重要的进步，商之强大或与此有关。

王亥之后是上甲微。鲁语云：『上甲微能帅契者也，商人报焉。』上甲能继契之功业，必有重要的功绩。又从卜辞看，上甲似也有特殊的地位。商人合祭其祖先往往自上甲开始。如『丁丑卜，贞：王宾自上甲至于武乙，衣，亡尤』(后上二〇，六)，『癸卯卜，贞：酒，翌日自上甲至多毓，衣，亡徣自祸，在九月，隹王五（缺）』(后上廾，七)。在商代的祖先中，上甲有这样特殊的地位，也可以推知他必有很大的功绩。上甲的时候，商的势力可能有相当的扩张。

及至汤，商的势力便更强大起来。这时候，夏势力衰落，汤乘时扩张势力。诗长发云：『武王载旆，有虔秉钺。如火烈烈，则莫我敢曷。……韦顾既伐，昆吾夏桀。』殷武云：『昔有成汤，自彼氐羌。莫敢不来享，莫敢不来王。』孟子云：『汤之征自葛始，十一征而无敌于天下。』这都说汤武功甚盛。卜辞也称汤为『武唐』（藏六七，四），足见汤是用武力征服其他部落。诗云：『韦顾既伐，昆吾夏桀。』韦是今滑县，顾是今山东范县。世本云：『昆吾者卫氏也。』（殷本纪正义）这都在黄河以北，距殷墟不远的地方。大概汤先征了殷墟附近地区，建立一个强大的势力，然后再攻灭夏桀。

第二节　商代的经济与社会

一、商代的生产

生产工具　商代生产力的发展已经很高了。商代生产工具已很完备，后世所用的主要的农器，差不多已全有了，并且也已用牛耕，我们也已用铁。

商代已用犁和牛马耕田，这已为学者所公认。甲文有字，郭沫若说是犁字的初文，像

用犁启土之状。卜辞云：『翌匀田，亡巛』（真一）匀田连文，必就是耕田。又卜辞云：『丁卯卜，㱿贞：王往于匀，不冓雨。』（前四、五一、一）

『往于匀』语法与『往于田』一样，匀是动词，义也必是犁田。匀义是犁，必无可疑。匀字演变为利及黎。利字从匀从禾，黎字从匀从黍，这很明显是表示犁田种禾种黍，利黎二字本义必也为耕。后世因为用牛犁田，又加牛作，便变为犁及□字。匀字既是犁字的初文，可知商代必已用犁耕了。

卜辞又有匀牛。如：

『贞：尞十匀牛，虫（又）五鬯。』（前四、五四、四）

『己丑卜，（缺）妣庚，岁，匀牛。』（库方一一五九）

『（缺）贞（缺）尞于丁，十小宰，卯十匀牛，八月。』（后上二四，三）

匀牛自就是犁牛，也即是耕牛。甲文又有㸰字，旧释物，也是匀牛二字的合文。牛称为犁牛，可知商代必也已用牛耕，商代既已用犁耕，也必然是牛耕。商代不但已用牛耕，也用马耕。卜辞：有匀马。

『叀不匀马。』（佚二〇三，通别一，何八）

『叀勺马。』（同上）

勺马自就是耕马。甲文又有䮊及𩡧字，这也是利马二字的合文。利马自也是耕马。

我国犁耕牛耕的发明，传说是后稷孙叔均。山海经大荒西经说后稷之孙叔均『始作牛耕』，证之甲文和卜辞，这种传说不能说是完全无稽的。犁耕和牛耕在殷墟时代以前，当就发明了。

商代的生产工具，锹锄也都有了。在农业生产工具中，犁是最进步的一种。商代既已用犁耕，当然也必已用锹锄了。甲文有字，一作，这就是戠字。郭忠恕汗简云戠古植字。卜辞云：

『辛酉卜，贞：弜□，戠禾。』（后下廿，十三）

『在□卜，令藝戠，子若。』（续四，三五，七）

『戠禾』『藝戠』连文，戠义必为植无疑。

戠义为植，然则戠义何以为植呢？从字形看，从从，这显是两种农器，这必是用两种种植的农器表示种植的。这两种农器，刃向下，这必是锹一类的农器；有横柄，必是锄一类的农器。甲文又有（戉）字。这正像加横柄之形，这也必是锄。

锹、锄、犁是农业生产工具中最主要的工具，这些工具商代已都有了，而且已用牛耕，商代生产工具如此完备，其生产力发展到怎样高的程度，我们便不难推见了。

商代也必已用铁器生产了。这有三点可以证明。

（1）商代已有文字记载和用犁耕应已用铁，恩格斯指示，野蛮最高阶段划时代的发明是铁的使用和文字的创造。文字的发明，犹有待于铁器的使用。因为使用铁器以后，生产发展加速，文化迅速地进步，社会也日益复杂，文字的需要迫切，因而才发明文字。我们从历史上许多落后的民族看，莫不如此。我们看历史上有许多民族，如欧洲的日耳曼人，我国的匈奴人、鲜卑人、突厥人，无不已使用铁器而尚无文字。现在也还有许多民族已使用铁器而还没有文字的。可知铁和文字必铁器的使用在前，文字的发明在后。商代已有文字，而且已有记载了，怎么还不用铁呢？

恩格斯说：在野蛮最高阶段，我们『初次遇到了带有铁器的用家畜拖曳的木犁』。可知犁耕和牛耕的发明也是冶铁发明以后的事。商代我们已确知已用犁耕和牛马耕了，由此也可知商代必已用铁。

（2）从甲骨文字看，商代农器是铁制的，商代是用犁耕。我们说，利黎本义是耕。说文有鑗字。此字又作鑗或鏊。这很明显，必就是利及黎字。从金是后世增加的。说文云：『鑗，金属，一曰剥也，从金黎声。』黎本义是耕，何以又是金属呢？这必是犁这种工具是金属制造的。金属最初发明的时候，必没有固定的名称，以之制造什么工具，作什么用途，就以那种工具名这种金属。以这种金属制造犁田的工具，所以就以犁这种工具名这种金属，因此，鑗是金属。

我们说□本义是种植，□也就是鐵字的初文。鐵又作鐡，从戜从金。戜应就是鐵字，从金乃是后世增加的。说文云：『戜，利也。一曰剔也。』戜义为利，利我们以为义实是犁。所以戜义也当为耕。又戜为剔，剔，我们以为义也为耕。剔实就是易字，易义为耕。孟子云：『深耕易耨。』荀子云：『民富则田肥以易』（富国篇），易义皆为耕种。戜义为利为剔，义就是耕，与□义为植相同。

戜字就是由□字演变而来的。甲文□演变而为□，再变而为戠，但另一方面又演变而为戜。铜器有□者钟□者鼎，□伯鼎，□者殷皿器，这是一个人的器。□者是作器者的人名。在这皿器中，□字就有□，□，□，□，四种写法。这四种写法正极清楚地说明了□字的发展变化。由□演变而为戜。由此可知□必也就是鐵字。

□义是种植，同时又是鐵，这又很明白地是用铁耕种。□从□从□这是锹锄两种农器，可知这两种农器必就是铁制的。殷代锹锄既已是铁制的，则犁及其他的农器也必是铁制的了。

（3）从殷墟文化遗物看，商代也必已用铁。殷墟出土的文化遗物有精美的青铜器、甲骨，此外还有很多极精美的玉和大理石雕刻物。甲骨文字的契刻，青铜工具是否可能，已有疑问。尤其玉和大理石的雕刻物似决不是青铜工具所能雕刻的。如西北冈和武官大墓出土的大理石文体雕刻的石虎，石鸮和石磬上的嵌饰虎纹，可以断言，非是用铁刀雕刻的不可。

（4）从理论上讲，商代也必已用铁器，现在考古学者都说商代是青铜时代，有人还更说商代的生产工具还是石制的。他们唯一的理由是殷墟只发现有青铜器和石器而没有发现铁器。这实是错误的。铁是极容易锈烂的，公元前一千余年以前的铁，保存到现在，是极困难的。我们不能因为没有发现商代的铁器，就肯定商代还不用铁，因为有与没有和发现与未发现，是没有必然关系的，殷墟诚然发现许多青铜器和石器，但青铜器多是礼器和兵器，石器多是艺术雕刻物和一些非农器的工具，青铜和石制的农器也同样的没有发现，怎么又能肯定的说商代的生产工具也是青铜或石制的呢？由此可知，考古学家的说法，在逻辑上是说不过去的，这乃是实验主义的说法。

恩格斯说：『青铜可造有用的工具及武器，但是还不能完全代替石器，只是有铁才可以做到。』青铜不能完全代替石器，所谓『青铜时代』应是石铜并用时代。这时候主要的生产工具依然是石器，只有铁发明了以后，铁器才代替了石器。由此可知，生产工具的制造，应该是铁器直接代替石器的，铜及青铜实不重要。

用这种方法来看，则铁器是否使用，不是看青铜的有无，也无需要发现铁，只要看石器的情况便可推知了。如果石器的数量种类很多，主要的农器多是石器，则这必还是没有用铁。反之，如石器的数量很少，种类不多，主要的农器已很少是石制的，则这必已用铁了。这就是石器已逐渐为铁器所代替。如果生产工具已不见有石器，则这必已完全用铁了。

商代石器显然已经很少了。殷墟出土的器物，主要的是青铜器。青铜器主要的是礼器和兵器，没有农器。石器虽然也有，但也没有农器。殷墟显然已不是石器生产了，至少也接近消灭了。石器已将消灭，也就是石器已被铁器所代替，商非已用铁而何？

由上面几点看，商代用铁器生产，必无可疑。铁是『慢慢地』代替石器的，我国铁的发明，当还在殷墟以前。

农业生产　商代农业已很发达，农业已是最主要的生产，是社会经济的基础了。

农产品主要的谷类已都有了。甲骨文有禾、黍、来、麦等字，禾就是小米，又称为粟。这种作物称为禾，结的实称为粟，去壳以后则为米（说文段氏注）。黍就是黍子，也就是黄米。来、麦都是麦。甲骨文又有字，学者释稻，五谷只有稷，甲骨文未见，按稷是我国古代主要作物之一，发明也最早，殷代不会没有。书盘庚上云：『越其罔有黍稷。』可证商代必也已有稷。稷程瑶田说就是高粱。

五谷之中最主要的，也即作为当时最主要最普遍的食粮的大概是禾及黍。甲骨文禾年即是一字，这是以禾一熟为一年。可知禾必是最主要的作物。卜辞『受黍年』的卜辞为数极多，黍也必是普遍栽种的主要作物。

商王对于农业也非常重视。卜辞向祖先祈年的卜辞非常之多。同时他们对于年岁的丰歉非常关切，常常卜问受年不受年，或那一方受年不受年。由这些事实，商代农业之重要可以想见。

『贞：不其受黍年。二月。』（后上卅一、十二）
『丁丑（缺）商受年。』（前八、十、三）
『癸卯贞：东方受年，北方受年，西方受年，南方受年。』（戬二六，四）
『己巳卜，贞：（缺）岁商受（缺）王□曰吉。东土受年，南土受年，西土受年，吉，北土受年，吉。』（粹九〇七）

对于耕作，常下令叫人民耕种。

『（缺）大令众人曰，劦田。其受年。十一月。』（徵，岁五）
『令尹大乍（作）田。』（缀一三六）
『贞：乎（呼）图（部）归田。』（缀二二〇）

有时还亲自去看耕种或视察各地的田。

『庚子卜，贞：王其雚（观）□，叀往。十二月。』（后下，二八，十六）
『贞：王省盂田，湄日不雨。』（粹九二九）
『叀宫田省，亡戋。』（粹九六六）
『叀噩田省，亡戋。』（粹九六七）
『（缺）寅卜，壬，王叀戈田省，亡戋。』（粹九七一）

由这些事实看，商代农业的重要可以想见。

除了谷物生产以外，商代又已养蚕，甲文有桑、蚕、丝等字，卜辞有『告蚕』『省蚕』，并且还祭祀蚕神，可见蚕丝在经济上必已有相当重要的地位了。

畜牧业　商代家畜马、牛、羊、鸡、犬、豕六畜都有了。牛羊的数量非常之多，商代祭祀用牲动辄用几头或几十头牛羊。多者甚至有用四五百牛的。商代祭祀既繁，用牲又如此之多，必非有大量的牛羊不可。卜辞云：

『辱鹿，其南牧，禽，其北牧，禽。』（宁一，三九七）

当时实有广大的牧场，牧养牛羊，这种畜牧业在当时必仍占相当重要的地位。不过，在整个社会经济上讲，畜牧业已不似农业重要了

手工业　商代的手工业也很进步，手工业的技术很高。现在可以知道的，有下列各种工业。

1.农产品加工　甲骨文有酒及鬯字，典籍谓商人嗜酒，商人必已知酿酒。

2.制陶业　陶器早在商代以前就已发明了，而且是很普遍的手工业。商代制陶工业的技术更加进步。代表殷墟陶器的是白陶，白陶制造精美之至。

3.金属工业　最足以代表商代手工业的自是青铜器工业。商代青铜器制造已达极盛的阶段。殷墟出土的铜器有几千件之多，铜器的种类至为复杂。礼器有鼎、鬲、甗、毁、盘、卣、尊、彝、觯、罍、觚、盉、壶、觥、匜、豆、□、簋等二十余种。兵器有戈、矛、矢、盔等。这些铜器都精美无比。上面都刻有文字或美丽的花纹，有的镶有松绿石的嵌饰。器物大者像『司母

戊鼎』，重达一千四百斤。殷墟又发现有制造青铜器的工场，铜范技术确已臻至纯熟境界，商代的青铜器制造必已有专门的知识和技术了。这种工业必已完全与农业分开。

4.美术工艺　殷墟出土的有许多象牙和玉石的雕刻物。这些雕刻物也非常精美，有的也有嵌饰，这种艺术雕刻物也说明了商代手工业技术的进步。

5.其他手工业　除上述的手工业之外，商代有弓、有矢、有舟、有车、有房屋宫室和城墙的建筑，这也都是重要的手工业。

由上述的情形看，商代的手工业实已很复杂，技术也非常进步。不过，这种工业多数是王室的工业，也是供给王室贵族器用的工业，民间的手工业很少。这种王室的手工业，可以推见出的是用奴隶制造，必已从农业分开了，但从经济上讲，这还不能说已有了独立的手工业者。商代的手工业还看不到制造供给人民需用的工艺品的工业，也就是手工业制造品还未成为商品。当时人民所需用的制造品如纺织品、农器、陶器、造酒等等必还是农村自造，也就是还没有完全与农业分开。商代手工业的情况应是这样：手工业的技术已很进步，手工业与农业已经分工，但手工业还没有完全与农业分开而成为独立的生产。

商代的商业　商代农业已很发达，手工业也有一定的进步，交换行为，可以推测，也必一定有的。

不过，商代的商业究竟达到怎样的程度，不得而知。

作为商业的尺度的是货贝。商代已有货贝了。商代的货贝是贝。商本地是不产贝的，这种贝都来自山东沿海各地。这种贝不是掠夺来的，便是交换来的，可知商与东方山东半岛地区必有商业行为。又卜辞云：

『贞：土方（缺）贝。』（前五，十二）

土方是商北方的国家，其本地也不产贝。这里贝与土方发生关系。不是土方掠夺贝，也必以贝与土方交易。由这些事实看，商与四周的地方已发生商业交换，是很可能的。

但贝价值毕竟很低，以贝为货贝，不能交换多量的货物，商品交换可知必还是很有限的。同时，商代贝的数量似也不多。商代赏赐贝，没有超过千朋的。卜辞有云：

『贞：王贝亡来自。』（前四，三十，二）

这是说王贝没有的来，由这片辞看，商王的贝是要依靠外来的，外面没有贝来，他就感觉缺乏。作为商代交换媒介的贝，数量如此之少，商代的商业似还没有脱离以物易物的阶段，这种商业必不能估计过高。

当时商业的经营也还很少看到个人经商的。书酒诰：『肇牵车牛，远服贾用。』这是说农民农隙的时候，远出经商，似是商末周初的时候已有个人经商了。但这种记载毕竟不多。按卜辞有云：

『癸未卜，贞：买权』（拾十，十六）

貝亦作貴，学者释贮，我们以为这实是贾字，权是部落的名称。『贾权』当就是与权进行交换。由这条卜辞看，这还是商王与权部落之间进行交换。这种行为似还是以部落首领为代表的交换行为。

总起来看，商代的商业实还是极有限的，她虽已有了交换，但还不发达，虽已开始有了货贝，但货贝的价值很低，数量很少，还没有金属货贝，也还没有脱离以物易物的阶段。人民的生活资料主要的还是自给自足。

商代的生产，总括起来看，似是这样，农业生产已很发达，是当时主要的生产，畜牧业也很盛。手工业技术也很进步。但除了供给王室器用的工业以外，民间的手工业还未与农业完全分开。商业也已发生，但犹不发达。在这样的生产情况之下，必还不能瓦解氏族公社而进入奴隶社会。

二、商代的社会结构

氏族组织　商代社会有些学者谓是奴隶社会。我们觉得商实还是氏族制社会。

『己亥贞：令王族追召方，及于（缺）。』（明六一六）

『丁酉卜：王族[illegible]多子族王于古』（明二二四）

『□[illegible]王族比（偕）酉萬山王事。』（后下，三八，一）

『贞令多子族众及犬侯寇周，𠙵王事。』（簋五三八）

『癸巳卜，王其令五族戍𢀛……』（粹一一四九）

『王□□令五族伐羌』（后下四二，六）

『己亥，㱿贞：三族王其令追召方，及□□。』（京四三七八）

『（缺）戌卜，㱿贞，令三族（缺）沚𢦏（缺）土（缺）受（缺）。』（甲九四八）

『（缺）辰贞：令犬族𠙵王事。』（京四七七七）

这都是战争的卜辞。这里出兵都是以族为单位，可见商代社会基本组织必是氏族。这里『王族』大概是王室氏族，『多子族』大概也是王的近亲氏族，其他『三族』『五族』似也是商同姓氏族。

卜辞又云：

『丁未卜，㱿贞：令庸𠂤出族尹中出友。五月。』（前七，一，四）

『族尹』显然就是族长，卜辞每称『多尹』，『多尹』我们疑心是族长。

甲骨文示字是大宗小宗的宗字，也就是宗族的宗字。商代的诸侯部落多称为示。卜辞云：

『癸卯卜，献贞：旬亾𡆥。王占曰出（有）希，其出来嬉，三至七日己巳，允出来嬉自西长友角告曰，𢀛方牧我示，㮚田，七八。五月。』

这是商西方的盟邦诸侯角来告𢀛方侵扰他㮚这个地方。此云：『牧我示。㮚田』，示似非指他的部落不可。又卜辞云：

『贞：令比（偕）沚戠示，七月。』（前四，五，八）

沚戠是武丁时代的一个诸侯，沚戠之国也称『示』，不可证『示』就是国。又甲骨有一种骨器刻辞，记载了许多人名或国名，如：

『利示六，屯[凶戈]。』（粹一五〇五）

『帚喜示二屯𠷎。』（善斋）

『帚祀示七屯㞢一丿[宀方]。』（后下，三三，十）

等等。这里『示』我们以为也是宗。商代诸侯之邦都称为宗，更可证当时的社会组织必还是氏族制。定公四年左传云：

『昔武王克商，成王定之。选建明德以蕃屏周。……分鲁以……殷民六族：条氏、徐氏、萧氏、索氏、长勺氏、尾勺氏，使帅其家氏，辑其分族，将其醜类，以法则周公。……分康叔以……殷民七族：陶氏、施氏、繁錡氏、樊氏、饥氏、终葵氏……分唐叔以……怀姓九家。』

周灭商，瓜分商的人民，依然以族为单位来瓜分，可见商直至其灭亡的时候，还是以氏族为其基本的组织。

土地制度 商代的土地制度怎样，我们不知道。土地私有的迹象一点也看不到。有人认为商代是实行井田制。甲骨文田字就是像井田的方块，田字有作▦更是像井田。商代是否实行如孟子所说的井田制实是有问题的。田字作或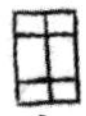实不能证明这就是实行井田制。井字金文义多为法则。如『先生作明井……女敢不明，不中，不井』（牧毁），『今余帅井先王』（师虎毁），井义皆为法。又诗『仪刑文王』，刑义也是法。井义为法则，可能是由划分土地引申的，即将土地很有规则的划分，故引申为法则。但这只能证明殷代可能有土地划分，不能证明土地已经私有。又卜辞和商代彝器皆不见有赏赐土地的记载，也足证商代土地还没有私有。

我们以为商代土地还是氏族公有。氏族公有实际上也就是族长所有，族长代表氏族全体管理着土地。

甲骨文王字学者解释纷异，皆不得的解，我们以为王字实表示土地所有者或土地管理者之意。甲骨文王字作，土字作，王字实只在土上加一横划。按土字也就是社字。社是土地之神。王字与社字相同，可知也必与社相似的含义。古称王为社稷主，可知王实是土地的所有者或管理者。我们以为王与社实是一字的两面，土地之神为社，土地的管理者为王。因为王是土地的管理者，所以他代表氏族祭祀社（土地之神）稷（谷物之神）。由此推测，商代土地，当犹为氏族公社所有。

又卜辞云：

『（缺）丑、贞：帚井田雚。』（甲三〇〇一）

『（缺）允贞：帚井禾雚。』（龟二，十三，十二）

『帚井』学者都说是武丁的妃子，这是不确的，卜辞云：『辛巳卜，口贞：登帚好三千，登旅万乎伐。』（库方三一〇）『帚好』学者也说是武丁的妃子。若『帚好』是武丁的妃子，怎能说『登帚好三千』呢？这是必不可通的。可知，『帚井』『帚好』决不是武丁的妃子。我们以为『帚井』也是氏族族长或部落酋长。此云：『帚井田雚』『帚井禾雚』是商王前往观看『帚井』的田和禾，这必是『帚井』氏族的田禾为『帚井』所有，也就是他代表其氏族全体而掌握土地。又卜辞，商王时常往各地『省田』，又常命人耕种，这也暗示土地为商王所有而未成为各家庭私有。

由卜辞看，商代大概是这样：土地为氏族公社所有而由族长掌管，但可能也已有土地分割了，即将土地分给氏族各家庭使用。

基本生产者 商代基本的生产者是『众』，卜辞云：

『（缺）大令众曰昝田，其受年，十一月。』（徵岁五）

『乙巳卜，□贞：王大令众人曰昝田，其受年，十一月。』（前七，卅，二，续二，二八，粹八六六合）

『贞：叀小臣令众黍，一月。』（纂四七二）

『众』许多学者都说是奴隶，这实是不正确的。说文云：『众，多也，从众从目，众意。』

甲骨文众作或，从字形看，众实只表示人多，丝毫看不出它是表示奴隶的意思。众字的本义必不是奴隶。又从卜辞看，也看不出众是奴隶。

『戊辰（缺）贞翌辛（缺）众人□条，乎保我。』（前七，三，一）

『己酉卜，𡆥贞：廾众人乎比王事。五月。』（前七，三，二）

『贞：勿隹王众人。』（诚明二六）

『癸巳卜，贞：令廾众人。』（粹一二八七）

『己巳卜，𡆥贞：勿乎众人先于𨤦。』（京一〇三〇）

『叀𠷎吕众人。』（明七三一）

『令众人伐羌。』（甲三五一〇）

这里众人一点也看不出其身份一定是奴隶。这里众字是形容词，意为多人，与后世的用法毫无不同。卜辞又有单称『众』的，如：

『贞：众㞢（有）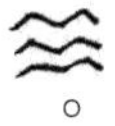。（災）九月。』（前五，四五，五）

『（缺）受，叀众百，王弗每。』（粹一一五〇）

『贞：王勿令𠷎众伐方。』（后上十六，十）

『甲辰贞：毛吕小臣众伐旨方，受又。』（粹一一二四）
『壬辰卜，王令毛吕众。』（明五三一）
『（缺）曰壬，王其吕众。』（甲一四三九）
『贞：𡌬，告众，涉于口』（后上二四，三）
『（缺）未卜，（缺）告众曰（缺）』（师友二，一〇四）

这许多『众』也看不出是奴隶。这里众意与众人相同，显然是『众人』的省文，『众』就是『众人』。

『众』和『众人』，我们以为实是自由民，是包括贵族和一切氏族成员在内的自由民。这由上面的卜辞就可以知道。商人对外作战主要的军队是『众人』，商王又常向『众』说话，而且还关心着『众』有灾无灾。这非是包括贵族在内的氏族成员不可。奴隶虽然作为军队，但决不能作为军队的主力，因为奴隶受奴隶主残酷的压迫，必定要反抗，如果奴隶主将武器交给奴隶，而且以奴隶为军队的主力，则奴隶必将倒矛相向，推翻奴隶主，奴隶主绝不会如此的。又奴隶主对于奴隶是极其残忍的，商代的统治者更以奴隶为牺牲，用奴隶殉葬，他们对于奴隶必不会有什么怜恤之心。奴隶有灾无灾，他们决不会如此关切，而为他们占卜的。由这种情形看，『众』和『众人』决不是奴隶，又书盘庚云：『王命众悉至于庭。王若曰：汝众，予告汝训。』这是盘庚迁殷，『众』人反对，他命『众』到他的宫庭中，向他们训话。如若『众』是奴隶，决不敢反对盘庚迁都的，如敢于反对，盘庚也必加以严厉的镇压，决不会请他们到宫中，向他们训话。又盘庚云：『邦之臧，惟汝众；邦之不臧，予一人有佚罚。』译成现在的话：『国家好，是你们众人的功劳；国家不好，那是我一个人的责任，我当受处罚。』如『众』是奴隶，盘庚会对奴隶这样说吗？决不会的，这显是对贵族和自由民所说的话。

我们以为卜辞『众』和『众人』与后世的用法没有不同。『众』与『众人』就是众多的人的意思。『众』和『众人』的身份，是包括所有贵族和自由民在内的，卜辞『昝田』和战争的『众』和『众人』是自由民，也是氏族成员。卜辞云：『（缺）曰壬，王其㠯众。』这里『众』随王者出猎，必是王的随从，当是贵族。众是氏族成员，商代主要的生产者是『众』是当时主要的生产者必是氏族成员的自由民而不是奴隶。

奴隶 商代是氏族社会，主要的生产者是氏族公社的成员。然则商代有没有奴隶呢？商代当然是有奴隶的。奴隶之发生早在野蛮中级阶段就开始了。父系家长制氏族社会时代更是奴隶制向前发展的时代。这是孕育以后奴隶社会的阶段。这时候更多的战争俘虏被转化为奴隶。商代已是铁器生产，其有奴隶必无问题。

甲骨文有两个字必是奴隶，一是罙字，一是妾字。罙即是隶字。说文罙、隶，同义，逻逮同义，罙隶必一字之变。隶显就是隶。卜辞云：

『（缺）乎罙（缺）』（前七，二十，三）

『壬子卜，叀戌乎眔。』（甲二二五八）

『癸巳卜，贞：乎比（偕）眔芇，六月。』（徵，人名六二）

这里眔都是名词，而且是呼唤的人，可知非为奴隶的隶字不可。眔甲骨文作，这必是像奴隶痛苦流放之形。卜辞云：

『丁巳卜，其尞于河，牢，沈妾。』（后上二三，四）

『酉妾。』（京四一四二）

妾用作祭祀的牺牲，可知也必是女奴隶。

由卜辞看，商代各氏族都有奴隶。

『贞：乎王族眔，疾。』（徵人名五七，续六，十四，六）

『三族令眔。』（宁一，五〇六）

『壬子卜，㱿贞：叀戌乎眔。』（甲二二五八）

『王族』『三族』都是商近亲氏族。戌是商的『诸侯』邦，他们都有奴隶，其他氏族必有奴隶可以想见。不过这种奴隶，由卜辞看，还不是个人私有的奴隶，这乃是氏族所有的奴隶。这种奴隶也必是族长所有。

商代奴隶参加生产劳动的情形如何，不甚明了，由卜辞看，用奴隶生产实不甚多。卜辞云：

『贞：乎牧方眔。』（拾五，十二）

『乎眔往，叀戌马。』（宁一，五〇七）

这似乎是用奴隶畜牧和战争的。但这一类的卜辞所见极少。而另一方面却看到以奴隶为牺牲。

『（缺）五牢，卯眔。』（宁一，二六一）

『丁酉卜，贞：卣用眔。』（续六，七，三。佚九五九，续存上，一二一七）

『贞：弜眔。』（续一，四六，五）

『弜眔。』（甲八八三）

『弜眔。』（摭续二七七）

『弜眔。』（摭续三〇一）

在奴隶制时代，奴隶主要的来源是战争俘虏。即将俘虏转化为生产奴隶。商代的情形似尚不完全如此。他们对待俘虏仍有不少的是被屠杀，而作为牺牲。

『贞：福于妣己，酉艮，卯宰。』（徵，帝系二二三）

『贞：尞于高妣己，㞢南，酉三艮，卯宰。』（珠上，十七）

『庚寅酒血三羊于妣庚，伐廿口，卌宰，卅艮，三。』（后上，廿，十一）

『冊𠬝一人，冊𠬝二人。』（佚二二五）

『癸未卜，𨚕庚妣（即妣庚）伐廿，其牢𠬝，丝（缺）。』（前四八，二）

『乙亥卜，执其用。』（京四一三九）

『𠬝』『执』都是俘虏，殷人将其当牛马一样作祭祀牺牲之用。殷人用为牺牲最多的是羌人。卜辞几触目皆是。屠杀一次有多至三十人，五十人甚至百人的。

『贞：十羌，卯十牛。』（京一〇八九）

『卯五羌。』（京四一二八）

『丁卯卜，贞：㞢于祖乙宰羌三人。』（甲二八〇九）

『己巳卜，彭贞：𨚕于沈，羌卅人。在十月又二。』（甲二四七一）

『祐，卅羌，五十羌。』（京四一三一）

『丁卯贞：其五十羌，卯三牢。』（京四一三二）

『（缺）其口𠤕于丁，㞢百羌，卯（缺）。』（佚四一三）

『贞昔乙酉𤰈旋（缺）百𩰫百羌，卯三百牢』（佚五四三）

『（缺）白人归于（缺）[illegible]「羌罘」用。』（师友一五六）

商代在生产上奴隶的利用，看不到有显著的迹象，而对于奴隶主要来源的俘虏又如此大量的屠杀，足见在商代的生产上奴隶必远不占重要的地位。

贵族　商代虽然还保持氏族组织，但无可疑的，也必已有阶级分化了。这时候已有不少的贵族。

由于生产的发展，掠夺战争日益激烈，而且成为经常的事。军事人员的地位愈加提高，在战争中，他们又掠夺了许多财物，于是他们便逐渐成为贵族。尤其在王左右的军事人员更容易成为贵族。商代战争甚为频繁。战争的规模也已不甚小，用兵的数目多至三千、五千，甚至有一万余人的。有时有许多『诸侯』参加战争。而商王似也已有常备军队的组织（详后）。在这样的情形之下，军队贵族必定是有的。我们疑心卜辞所习见的『多𠂤』就是这种军事贵族。

同时，在政治上，王权也增高了。商代的王已不复只是诸落联盟的军事首领而已，他已是统治者的王。他的权力已超越在各部落和氏族之上。商代已有了国家的组成，已有官员。这些国家的官员也必是贵族。

商代还有许多掌管宗教和文化的人，如卜辞所见的卜人，就是这种人。他们掌管祭祀、卜筮、历法和记载等等，他们有很高的知识，也必是贵族。

总起来看，商代的社会实还是氏族社会，其基本组织还是氏族公社。土地还是公社所有。当时虽已有不少奴隶，但主要的生产者——农业生产者，还是氏族成员而不是奴隶。当时已有阶级分化，而且也有了国家的组织。这个国家是高居于部落和氏族之上的组织，古代东方式的国家。

有人认为商代是早期的或家长制的奴隶社会，这也是不正确的。早期的或家长制的奴隶制实就是家长制的氏族社会。所谓早期的或家长制的奴隶制时代，其社会组织还是以氏族公社为基本组织，生产者还是以氏族公社的成员为主，奴隶大多还是家内奴隶，用于生产者还不多，这正是氏族社会的情形，所谓早期的或家长制的奴隶制和发达的奴隶制，应只是指奴隶制本身的发展而言的。早期的奴隶制是奴隶制的发生和发展的阶段，这就是家长制的氏族社会的阶段。奴隶社会是由氏族社会中孕育起来的。在这一时期社会主要的性质实还是氏族制。所以就整个社会性质而言，还应该说是家长制的氏族社会，而不能用早期的或家长制的奴隶社会这样的名词。

第三节　商代的政治

一、商代的疆域和国家组织

商汤以武力推翻夏，建立了一个新的王朝。汤和他以后的时期，商的政治情形如何，现在已不能明了。但从卜辞看，商实不仅是部落联盟而已，它已具有国家的规模。商代统治的地区相当广，而且也有了国家的组织。

商的疆域　商代的疆域，确切的情形现在还不清楚。但由卜辞看，其大致的轮廓也可以推见。

商西方的属国是周，卜辞云：

『壬戌卜，令周（缺）□（缺）若。』（清六四，佚六六〇）

『（缺）令周侯，今（缺）。』（新获二七七）

商能令周，周是商的属国无疑。周是周原，在今陕西岐山，是商的势力西方实达到渭水流域。

商西北有两个敌国：土方和𢀛方。土方的地望，郭沫若推考，在现在包头附近。𢀛方更在土方之西。商与这两个国家为邻，是商的西北境应达到现在山西的北部。

商东方的敌国是夷方，卜辞商末纣征夷方，曾到达雇、滆、攸、齐等，雇是现在山东范县，滆是德州，攸是济宁，齐是临淄。这些地方自未必皆属于商。但卜辞每称『攸侯』，似攸也是商的属邦。如此，则商东境当达到济宁附近。又卜辞云：

『（缺）东画告曰：兒白（缺）。』（后下，四，十）

『甲午卜，亘贞：翌乙未易日。王占曰㞢希。丙其㞢来嬉。三日丙申，允㞢来嬉自东画，告曰，兒（缺）。』（前七，四十，二）

这样看，兒也是商东方的敌国，与商接境。兒即春秋时候的小郳，在今山东滕县东南，商东与兒相邻，其东境实达到济宁附近。

商之南境及于何处，不易推知。卜辞有杞侯，但这是否就是春秋时代河南太康的杞国很难断定。卜辞又有淮和隹（淮）夷。但淮是否就是淮水，隹夷当时是否就居于现在的淮水流域也难以肯定。不过，诗殷武云：『天命多辟，作都于禹之绩。』汤既灭夏，尽占有夏的领土，则原来夏人所居的河南西部也属于商，当无问题。又最近郑州又发现商代文化遗址，可知河南实为商所有。

总起来看，商代的疆域至少西起陕西，东至山东的西部，南起河南，北至山西的北部，疆域实是非常广大的。这中间诚然有不少的部落，但其势力之大，可以推见。

商代的国家组织 商代政治组织已不仅是个部落联盟了，它已发展成为国家了。

首先，商王的地位已超越各部落之上，各部落对于商王已有属从的等级关系。商部落称为大邑商，或大商，或大邑。或又称为『正』。

『庚寅，王卜，在口贞：余其𠂤，在丝上□，今口其𦎫，其乎㴞，示于商正，余受又。王叽曰吉』（前二，五，三）

『越殷正百辟，率肆于酒。』（大盂鼎）

商的都城称京师，商自称为大邑商或大商，可知它的地位实已与其他的部落不同，超越于其他部落之上。商又称为『正』，其都城称京师，可知它已成为中央政权。

商代的部落已有爵位。称侯及伯。侯伯是否有高低之分不能确知，但必有它的意义。说文云：『侯，伺望也。』甲文作□，从厂从矢，照字形和字义看，侯当是保卫边境的。说文云：『伯，长也。』伯义当就是部落之长。商诸侯已有爵号，可知必已有相当严密的组织。

卜辞有云：

『贞：（缺）邑𢀛方。』（前四，三二，六）

『乎邑𢀛方。』（藏三九，四）

𢀛方是商西方的敌国，这里𢀛方却称邑，这必是𢀛方为商所败，成为商之属国，因而称邑，由此可知，商属国已向商王称邑，诸侯对于商王必有主从的关系。又卜辞云：

『王叀出循。』（乙缀一六〇）

『王勿佳隹循。』（同上）

『出循』即出巡，商王既能巡视诸侯，是商已有『巡守』。商王对于诸侯确有统治权力了。

其次，商代中央政府的组织，似也已有相当的规模了。商代的官制，现在不能确知，但由卜辞可知其有不少的官。卜辞云：

『辛未王卜，在召𡧊，惟□，其令卿事，亡灾。』（纂六一五）

『（缺）卿事卜，（缺）。』（前二，二三）

周代，卿士是政府最高的官。周当是因袭商制的。在商代，卿事也必是政府最高的官。卿事的机构，周代称为卿事寮（令彝），也称为『大僚』（多方），卿事寮之外，商还有太史寮，卜辞云：

『利令，其□太史寮令。』（前五，三九，八）

太史寮的长官是太史，卿事寮和太史寮当是商代中央官的两大部门，其下必有许多的属官。

卿事是执政官，卿事寮下，有许多属官，但商代卿事寮有哪些属官，不得而知，卜辞所见，有作冊（注一），有御事（注二），有亞。作冊是起草诏命的，这一官职，周代也有。御事是治事之官。亞似只是官阶而不是官职。卜辞有亞马、马亞、射亞、田亞等官。亞马和马亞，疑就是走马。卜辞有云：『庚申，翌日贞：其令亞夭马衣□隹鼎。』夭马显即是走马。走马而称『亞走马』，走马必是亞一级的官。

太史寮有太史和史，以及祝巫。这都是掌管记事、卜及祭祀的（注三）。此外，似还有右史。卜辞有云：『贞：其邗又史，王受又。』（粹五四四）卜辞又有西史（注四）。这是否也是太史的属官，不得而知了。

再次，商已有了常备军的组织了。商代的军队称师和旅（注五）。卜辞云：

『丁酉贞：王乍三𠂤（师）右、中、左。』

可见商王已有三师军队。卜辞又有『多射』。

『贞：翌日卯，令多射。』（后上三十，十五）

『（缺）未卜，允（缺）令多射术。一月』（后下，二六，一）

『癸酉卜，凶乇贞：令多射（缺）。』（甲二三一五）

『（缺）贞：令多射迈。』（粹十五）

『癸卯卜，凶乇贞：王令三百射，弗告。（缺）示（缺）王□之。』（乙缀二六四）

这似也是商王的常备军队。

商代政治组织，确切的情形，现在我们已不能考见，但由上所述，商代已有了政府组织，已有常备军队，国王已有超越在各部落之上而统治各部落的权力，必无问题。商代已有了政府的组织，王也有了统治的权力，商代已有国家，必无可置疑。

二、商代的政治形势

商代的历史事绩，因记载简略，依然不能详细地知道，武丁以前，所知更少。武丁以后，因有甲骨卜辞，所知较多。但卜辞的研究，及今犹未达到完善的程度，也远不能给予明确有系统的历史事实。

自汤至盘庚以前的事绩 汤灭夏，建立了新的王朝。汤卒，太子太丁早死，太丁弟外丙，中壬相继为王。中壬卒，太丁子太甲立。据说太甲『不明暴虐，不道汤法乱德』，伊尹将他废掉，放之于桐宫。太甲居桐宫三年，悔过反善，伊尹复迎立为王。伊尹是商代的贤相，他佐汤伐夏，卜辞商人对他也隆重的祭祀。

太甲以后，四传至雍己，商势力衰落，史称雍己的时候『诸侯或不至』，商部落联盟有不能维系的危险。雍己死。弟太戊立，用伊陟、巫咸为相，商复兴。

太戊死，子中丁立。中丁以后至阳甲九世，商统治集团内部争夺王位，发生大乱。同时，商又屡次迁都，不得安宁，人民怨恨，商又大衰。阳甲时，诸侯竟至没有『来朝』的了。

阳甲死，弟盘庚立。盘庚自奄迁殷，自此以后，不再迁都，商才逐渐安定。

武丁复兴 盘庚以后，经小辛，小乙，至武丁。史称『武丁修政行德，天下咸欢，殷道复兴』。（殷本纪）书无逸也说武丁『不敢荒宁，嘉靖殷邦，至于小大，无时或怨』。武丁时代商复由安定而复兴了。从卜辞看，武丁时代，商确很强盛。卜辞记载武丁时代战争的很多，他曾征伐西北方的土方、苦方、鬼方以及共方[illegible]下[illegible]等，这些国家大多被商击败。武丁必用武力讨平了不服的诸侯，并抵御了外面的侵略，使商复兴，孟子说：『武丁朝诸侯有天下。』这武力强盛，恢复了他的统治力量。

商之灭亡 武丁以后，经祖庚至祖甲。殷本纪说：『祖甲淫乱，殷复衰。』国语·周语说：『玄王勤商，十有四世而兴，帝甲乱之，七世而陨。』自祖甲以后至纣，商使逐渐衰落而至灭亡。

商灭亡的原因，约有下列几点：

1.统治阶级享乐腐化。书无逸：『自时（祖甲）厥后，立王生则逸。生则逸，不知稼穑之艰难，不明小人之劳，惟耽乐之从。』自祖甲以后，商统治集团就放纵享乐而腐化了。武乙、帝乙都好游猎。卜辞记武乙、帝乙田猎的非常之多。他们每隔一两天，甚至每天都出去畋猎。一次武乙畋猎，在四十天之内，天天逐鹿，没有中止（粹九五九）。就此一事，即可想见他们狂纵到如何的程度。

及至纣，淫乐腐化更甚。史称纣『好酒淫乐』，宠爱妲己，『以酒为池，悬肉为林』，『为长夜之饮』。不仅纣一人如此，商统治阶级实都如此。酒诰说：『庶群自酒，腥闻狂上，故天降丧于殷。』大盂鼎说：『唯殷边侯甸，粤殷正百辟，率肆于酒，故丧师祀。』商统治阶级如此腐化堕落，当然不能保持他的政权。

2.对人民搜刮压迫，人民反抗。统治阶级为着要满足他们腐化享乐的生活，必然要增加对人民的掠夺和压迫。牧誓说纣『收容四方逃亡之人，以为大夫卿士，俾暴虐于百姓，以奸宄于商邑』。立政说纣『惟羞刑暴德之人，同于厥邦；乃惟众习逸德之人，同于厥政』。又召诰说：『智藏瘝在，夫知保抱携持厥妇子，以哀吁天。徂厥亡，出执。』纣的时候，商的统治者对人民实进行了极残暴的统治，人民在其严酷的统治之下，哀号无告，逃亡不得，痛苦到极点。纣及其统治集团的贵族对人民这样残暴的压迫，人民必起而反抗。书西伯戡黎云：『今我民罔弗欲丧。曰：天曷不降威，大命不挚。』太誓云：『商兆民离，周十人同。』（成公二年左传引），微子云：『小民方兴，相为敌仇。』商的人民对于商的统治者实痛恨到极点，起而进行武装反抗。人民这样强烈地反抗商纣，商王国自非崩溃不可。

3.诸侯反叛及对外战争。左传云：『文王帅殷之叛团以事纣。』（襄公四年）商纣残暴地压迫人民，人民起而反抗，这必然也会引起各部落对纣的反抗。左传云：『纣之百克而卒无后。』当时纣对反抗的部落实进行严厉的镇压，引起长期激烈的战争。这些战争，现在已无法知道。据卜辞和商代金文所记，纣时曾伐开方（注六）、上⿱鱼酉和盂方（注七）。伐上⿱鱼酉，行军达数月之久（注八），而征盂方也『皆多匄于多伯』，这必都是规模相当大的战争，就是周也是这时候起而反抗商的。各部落的叛离，引起激烈的内战，这必与商以严重的打击。所以纣虽镇压了各部落的反抗，终因此而灭亡。

左传云：『商纣有黎之蒐而东夷叛之。』（昭公四年）又云：『纣克东夷而陨其身。』纣与东夷曾发生战争。据卜辞和铜器铭辞，纣十年和十五年曾两次征『夷方』（注九），纣征东夷也必经过长期而激烈的战争。

由于商统治阶级腐化堕落，对人民残酷的剥削和压迫，引起人民和各部落强烈的反抗，已使商的统治岌岌可危。而纣还想作垂死的挣扎，发动对外战争，这更促使其速亡。这时候周已兴起于西方了。周文王逐渐扩张其势力，及至武王，便击灭商。

注一　商已有『作册』，见乙缀二六八片反面，般作父已献（殷文存）及𤔲彝（殷历谱后记引）。

注二　卜辞云：『癸巳卜，其北㔁事（缺）。』（甲六三六）『（缺）卜，翌庚戌（缺）北㔁（缺）』（前四，三，二）是殷有㔁事之职。

注三　甲文有祝字，必有司祝之职。卜辞云：『乙巳，王贞：启，乎兄曰：盂方廾人……』呼兄必是呼祝。卜辞云：『乙未卜，出贞：大史壬酒，先酒其出〖于丁，卅牛，七月。』（前四，三四，一）是大史实司祭祀。又卜辞云：『贞：方其𢦏我史。贞：我史弗其𢦏方。』（乙缀一八七）这里史似也守土作战。

注四　『庚子卜，㱿贞：西史旨亡囚，庚子卜，㱿贞：西史旨其出𡆥旧。』（乙缀二五八）是殷有西史。

注五　卜辞云：『癸丑卜，𣪊贞：𠂤往衔亡旧。』（前四，三一，五）又卜辞每云：『𠂤不𨆖。』『𠂤亡祸宁。』又卜辞云：『贞：我旅才。』（前四，三一，七）是殷军队已有师旅之名。

注六　见乙亥作父丁鼎（续殷交存）。

注七　见甲二三九五，二四一六，及后上十八，六等片。

注八　卜辞通纂考释。

注九　卜辞云：『甲午，王卜贞：乍余酒，朕来酉。余步，比（偕）侯喜正尸方。上下□示。口受又又。不营𢦏旧。告于大邑商，亡壱在畎。王佩曰，吉。在九月，通上甲。隹王十祀。』是纣十年曾征尸方。又觪尊云：『丁巳，王省夒且，王易小臣觪夒贝，隹王来征尸方。隹十祀又五，曰。』是纣十五年又征尸方。纣时征尸方，至少必有两次。

第四节　商代的宗教与文化

鬼及祖先的崇拜　宗教的发生是起于人对于自然现象的解释。自然界一切现象的变化，原始人是没有科学的理解的，他们以为这种变化是冥冥中有一种力量操纵着，这种力量是人所不能见，也是人所不能胜的，他们将这种冥冥中的力量人格化起来，以为神而崇拜它。

人相信灵魂和鬼是由人对自己身体上的生理现象不了解而发生的。人身体上有脉搏和心脏的跳动，夜里睡觉会做梦。这些现象原始人不明白，便以为人除了人身体以外，还另有一个东西——灵魂。这个灵魂，人死了，它依然不死。这就是鬼，鬼也有超越的力量，可以为人祸福，因此人便崇拜鬼，祈求它为福不为祸。

商代人相信有鬼。他们以为做梦，就是鬼在作祟。他们称做梦为鬼梦。前夜做梦，次日必卜问一下有无祸咎。如卜辞云：

『庚辰卜，多鬼梦，不至旧。』（后下，三，十八）

『贞：王梦，不之（是）辞。』（掇四七三）

『贞：（缺）梦娄，不隹旧。』（京一一七一）

商代人极其崇拜祖先。这一方面因为他们相信鬼，一方面也因为商代已是父系家长制的社会了。在父系家长的社会里，祖和父的权力是极大的。在世的祖和父的权力大，因而他们相信死去的祖先的灵魂也同样的有很大的力量，可以作祸作福。商代人认为祖先不仅可以为祸作福于人，还能够操纵年岁和风雨。他们相信祖先有这样大的威力，当然要对他们崇拜了。殷人对于祖先的祭祀礼节极为隆重，用牲有达几百头羊、几百头牛的，还用人为牺牲。祭祀的名目极为繁多。殷王死，埋葬也极为隆重。陵墓形制宏大，殉葬的器物极其豪华，还用人殉葬。他们几乎任何事都问之于祖先，祈求祖先的福祐。

自然神的崇拜　人类的生活与自然是分不开的，人类生活资料的来源必仰赖于自然。尤其进入农业生产以后，这种关系更为显著。因为农业生产是与土地气候密切相关着的，自然界一切对人类的生活有这样重要的关系，因此，人对于自己生活有关的自然界事物就发生崇拜。实际上，所谓宗教，最初就是自然的崇拜。

商代的宗教是多神的。其主要的，都是与农业生产有关的。

1.社。这就是土地之神。礼记郊特牲云：『社所以神地之道也。地载万物，天垂象。取财于地，取法于天，是以尊天而神地也。』古代崇拜土地之神，就因为财物——生活资料之所出。商代社有邦社，有亳社，除祭祀以外，还向社神『宁风』，『𠦪雨』。

社神之外，我国古代还崇拜『田祖』。这商代似乎也有的。卜辞有云：『（缺）田母，（缺）[illegible]寅，二月。』（甲一九二五）『田母』当也就是与田祖相类的神。

2.谷物神。我国古代崇拜稷神，稷就是谷物之神。卜辞不见有稷神，商代是否也祭祀稷，不能断定。但卜辞有『来母』『丁未卜，今尞来母』（甲缀一一七），『来母』应是麦神。商代当是祭祀麦神的。

3.蚕神。商代已养蚕，所以蚕也有神。卜辞：『（缺）牢豕，五牢，蚕示三牢，八月。』他们于蚕神也与以祭祀。

以上是土地和农业生产的神祇。

4.日。太阳给与人光明，又是热的来源，是一切生物赖以生长的。所以古代几乎无一个民族不崇拜太阳。商代崇拜太阳，祭祀太阳，日出日落都祭祀。

5.四方。殷人崇拜四方神。四方之神也称之为帝。四方神大概是风神，卜辞记载有四方帝和四方风之名，与山海经所传的四方神和四方风略同。山海经云：『东方曰折，来风曰俊，处东极以出入风。』『南方曰因，乎夸，风曰乎民，处南极以出入风。』可知四方帝必是司风的。卜辞殷人除祭祀四方神以外，又常向四方帝祈『宁雨』『宁风』。古代所以崇拜四方风神，也就因为风有影响于农业。大风可以损坏农作物。卜辞习见占卜有无大风，和大风为祸不为祸。这种四方神的崇拜往后演变，便成为春秋战国以后的五方神。

6.上帝。商代已有最高神出现了，这就是上帝。殷人称上帝为『帝』或『上帝』。上帝的威力是至高无上的。一切自然的变化和人世的休咎，他都能管到。他能『令雨』『令风』降旱、降祸，年岁的丰歉，战争的胜败，都取决于上帝。上帝也有臣。『帝臣』有五个。但究竟是哪五个，则不得而知。

宗教的发展，是随着社会的发展而发展的。人对于鬼神世界的构造乃是按照现实社会制度而设想的。鬼神世界就是现实社会的反映。商代已有上帝出现，这就因为商代已有了有最高统治权力的王和国家组织的缘故。这一点也可以看出商代的社会和政治制度的情况。

殷人信仰这许多鬼神，对于这些祖先神祇的祭祀，则以殷王为代表，殷王也就是宗教的领袖。掌管宗教事务的则有太史寮属下的太史、巫、祝史等。宗教上主要的事务就是祭祀和占卜。占卜是沟通神与人的意志的。殷人凡事必卜询问神的意见。宗教的大权掌握在王和贵族们的手中，他们便假托鬼神祖先的意旨来欺骗压迫人民。他们权力之获得是『天命』给与他们的，他们压迫和屠杀人民是『天命』处罚有『罪』的。

文字 在一个民族的历史上，文字的发明是一件划时代的大事。有了文字之后，劳动经验的传播和交流，就愈加迅速，范围也愈加扩大。这就是有了文字以后，人可以将劳动经验智慧用文字记录下来，传至很远的地方和后代。因此，经验的积累愈加丰富，文化的进步愈加迅速，这样就进入文明时代。

我国文字的发明，究竟始于何时，现在还不能确知。过去传说始于伏羲作卦，或又说始于黄帝时候仓颉沮诵造书，这自属不可尽信的。八卦根本就不是文字。仓颉、沮诵一两个人创造文字，也必无其理。不过，早在商代以前，我国即有文字，则是必无可疑的。

现在我们所见到的我国最早的文字就是商代的文字。这些文字是刻在甲骨、石器、玉器、陶器和铸在铜器上面。其中最主要的是甲骨卜辞和铜器铭文。

商代的文字已是很进步的文字。文字的数目，估计已有五千以上。说文只有九千余字，商代的文字已占说文文字的一半以上，这在表达思想经验上完全够用。我国文字的创造，殷墟时代，可以说，已基本上完成了，这以后，只是文字的孕乳阶段。

在文字的发展上，殷墟的文字已完全脱离了原始文字的图画阶段了。文字都已有定形。不仅如此，我国文字学所谓六书中象形、指事、会意、形声、假借五种全有了。

商代也必有文字记载了。书多士云：『惟尔知：惟殷先人有册有典。』甲骨文有册字，殷又有『作册』之官，卜辞有长达一百余字者，这都可以证明商已有文字记载，又卜辞有云：『甲子，典其观。』（京四八五二）殷王观典，更足证商代非已有记载不可。

天文与历法 历法的发明也是件重要的大事。这对于农业生产有莫大的关系。因为农作物的生长是与节季有密切关系的。农作物的播种和收获必须按照节季进行。某种农作物在什么节季生长，则必须按照节季种植，节季不合，便不能生长。历法的发明，即由于农业上这种需要而发生的。历法既发明之后，大大地推进了农业。

我国的历法，传说黄帝时候就发明了。世本说黄帝使羲和占日，常仪占月，臾区占星气，冷伦造律吕，大挠作甲子，隶首作算数，容成综合起来作历法，称为调历。次之，尧典也说尧时制定历法，测四仲中星以定四时，以一年为三百六十六日，一年十二个月，并置闰。这种传说是否可信，诚不能定，但我国历法的发明是在商以前，必无问题。孔子说：『行夏之时。』诗经左传都可以看到西周春秋时代民间仍用夏历，夏代人已用十干为名，夏已有历法，必无可疑。

商代的历法已相当的完备。商代的历法是阴阳合历，即以地球绕太阳运转推算分至，四时和年。以月绕地球计月。

由卜辞看，商代已知有年。年称年，又称祀或岁。年是由农作物禾一熟而得名的。祀是祭祀而得名。岁则由岁星周天而得名的。一年分为十二个月。月有大小，大月三十日，小月二十九日，并知置闰。由此可知商代必已知道地球绕一周是三百六十五日或三百六十六日，月绕地球一周是二十九日有奇。闰月于岁终加一月称『十三月』。卜辞有『日至』，卜辞有一片云：『（缺）亡囚若，在（缺），行圣。五百四旬七日，至。丁亥从，在六月。』（殷历谱引）这正是从冬至到隔一年夏至的日数。殷正建丑，所以夏至在六月。由此可知商代已知冬至夏至。依理也非知二至不可，因推定年，必先推定冬至夏至。卜辞不见春分，秋分和四时。但商既能知二至和置闰，也必已知二分和四时了。因为置闰即是为着要调整节气的，即所谓『以闰月定四时正岁』。所以既知置闰，则必知四时，既知四时，也必知二分。商代记时的方法有年、月、旬、日。记日是用干支。

历法与天文是分不开的，要制定历法，必须要测定日月的运转，观测星象。商代既已有相当精密的历法，天文知识也必已相当的进步。卜辞有日月食的记载。又有『鸟星』『⿰鳥商星』『大星』『火星』『木星』『太岁』等。可知商代天文的知识确是很高的。

艺术 商代的艺术表现在青铜器制造、玉石雕刻和嵌饰上。这都是劳动人民的创作。青铜器是商代文化的代表作品。商代青铜器制造已达到极卓越的境地。铜器的形制极为复杂，铜器上刻满了花纹，极其厚重、富丽。花纹有龙、虎、鸟、鱼、螭等等。其主要的是云雷纹和饕餮纹，充满了神秘与恐怖的气氛。这乃因为这些器皿都是王室贵族的祭器，所以花纹也表现了神秘的神权的思想。

玉石的雕刻物有人、龙、虎、鸟、兔、鱼、蝉、蛙等等，嵌饰铜器、甲骨、石器上皆有，多以松绿石嵌成鸟兽和各种花纹。

第四章　西周氏族社会的破坏与封建制的发生(公元前十一世纪到公元前七七一年)

第一节　西周国家的建立

周之起源　周也是个旧氏族。姬姓。传说周始祖是后稷。后稷名弃，他的母亲姜嫄是帝喾妃，姜嫄履大人迹而生后稷。后稷居斄(陕西武功)，传说尧舜以他为后稷之官，因而称为后稷。

周很早就进入农业生产。周人歌颂后稷播植百谷。他们又传说『来』是天降予其祖先后稷的『瑞麦』。周人一直夸耀着他们祖先注重农业。又传说后稷孙叔均发明牛耕。周早就从事农业生产，当无问题。

后稷之后，周祖先重要的有公刘。传说后稷以后，遭夏之乱，其子孙弃稷不务，逃于戎狄之间，及至公刘，迁居于豳(陕西邠县)，又复重视农业，开辟土地，从事生产，周从此逐渐发展起来。

自公刘以后传了十世至古公亶父。古公亶父为狄人所攻，自豳迁居岐山之下周原。周原土地肥饶，古公亶父迁居于此，开辟土地，发展农业，并且建筑城邑宫室，设置『五官有司』。武丁时代的卜辞有记载周事的，从卜辞看，当时周虽臣服于商，同时与商又发生战争。卜辞云：

『（缺）允贞：令□比𢀛侯寇（？）周。』（前七，三二，四）

『贞：叀口令比寇（？）周。』（后下三七，四）

『癸未口令斿族寇（？）周。𠙵王事。』（前四，三二，一）

『贞：令多子族眔犬侯寇（？）周，𠙵王（缺）』（纂五三八）

这必是周逐渐强，不从商命，商因而讨伐周。

周的强大和灭商　自公刘以后传了十七世到古公亶父。古公亶父为狄人所攻，迁居于岐山之下的周原。周原土地饶沃，古公亶父迁居于此，发展农业，并建筑城宫室，置『五官有司』，使开始有了国家的规模。

周人一直是重视农业的，及迁居周原以后，周原土地肥沃，农业更容易发展，她的力量便更快地大起来，太王死，子季历即位，周的势力似就已颇强了。竹书纪年云：

『武乙三十五年，周王季伐西落鬼戎，俘二十翟王。』

『太丁二年，周伐燕京之戎。』

『四年，周人伐余鱼之戎，克之，周王季命为殷牧师。』

『七年，周人伐始呼之戎，克之。』

『十一年，周人伐翳徒之戎，捷其三大夫。』

王季时代，周已极力向戎狄部落发展，扩大其势力。卜辞云：

『癸卯卜，其克弋周，四月。』（掇二一六四）

『癸卯卜鼎周。』（同上）

陈梦家说卜辞『武丁以后不见有关周的记载』（综述），没有引这两条卜辞。

这是武乙文丁时代的卜辞，正相当于周王季的时候。这时候商伐周。这当是周不听命于商。这也可以推知此时周已相当的强了。竹书纪年谓文丁杀季历，可能即因为周势力强大，有脱离商而独立的缘故。

季历死，子昌即位，这就是周文王。文王是周人所推尊的『圣王』。他即位之后，勤劳政治，『遵后稷公刘之业，则古公公季之法』（周本纪），加紧生产，势力更强大起来。而这时候商则正衰落益甚。商贵族阶级腐化堕落，阶级矛盾深刻，诸侯叛离。又有对东夷的战争。文王即位不久，就伐犬戎，灭耆（即黎，山西黎城），灭邘（河南沁阳），降崇。自此周势力不断地发展。襄公三十一年左传云：『周书数文王之德曰，大国畏其力，小国怀其德。』又襄公四年左传云：『文王帅殷之叛国以事纣。』孟子云：『文王三分天下有其二。』纣曾命文王为西伯，文王时代，周已是个很强大的势力。周灭商的基础这时候便奠定了。

文王死，子发嗣位，这就是武王。这时候，周的势力已很强大。商纣的政权更岌岌可危，周武王即位，就准备乘机攻商。

周武王即位九年，起兵攻商。到了孟津，诸侯来会者八百。但武王看时机犹未成熟，退回去了。十一年，周武王见商衰乱更甚，时机已到，于是又起兵攻商。武王与商战于牧野，商人民因受纣压迫，都倒戈攻纣，周武王大败商纣，纣自焚而死，周遂灭商而取得了政权。

周公东征与封建诸侯 周武王灭商，建立了新的王朝。对于商，以纣子武庚禄父为殷后，命弟管叔、蔡叔、霍叔监视他，称为三监，又封了一些同姓和功臣为诸侯，想借以巩固周的统治。灭商后两年，周武王死，子成王诵年幼，周公旦摄政。文王子十八，长子伯邑考，次子武王、次管叔、次周公、次蔡叔。武王死，若依兄弟长幼行次，应由管叔摄政。周公摄政，管叔不服。因此，周宗室内部便发生争权的斗争。

管叔、蔡叔反对周公，说他将不利于成王。他联合武庚和东方的徐、奄、淮夷对周公进行反抗。当时周灭商未久，商的残余势力依然不小，东方东夷、徐、奄、淮夷的力量更依然强大。他们对周这个新征服者的统治原就是反抗的，现周内部的管叔蔡叔联合他们来反抗周，他们当然愿意。管叔蔡叔和武庚起兵，周公率兵东征，于是周初规模最大的一次战争便爆发了。周公东征，战争了三年，最后将管蔡的叛军击败，并击灭了奄和其他许多小国。

这次战争对周关系是极其重要的，不仅巩固了周的统治，并且使周的势力更进一步发展。

周公灭管蔡以后，采取一系列的措施，彻底消灭商的残余势力，巩固周的政权。他杀管叔和武庚禄父，另立纣庶兄微子为殷后，并将他迁离殷本土而封于宋。将商人民迁徙瓜分。将商贵族、诸侯和一部分人民迁至洛邑，其余都分给卫、鲁、晋三国。又营建洛邑为成周，以控制东方。这样商的残余势力便完全被消灭了。

同时，周公又大封同姓和功臣为诸侯。当时分封的同姓诸侯，为数有四五十国。昭公二十八年左传说：『武王兄弟之国十有五人，姬姓之国四十人。』荀子儒效篇说：『周公立国七十一，姬姓独居五十三。』封国最远的达到长江南岸，现在陕西、山西、河南、河北、山东，沿渭水，黄河两岸古代生产最发达的地方，皆为周所占有。在这些封国之中最主要的为卫、鲁、齐、晋等国。卫是周公弟康叔，封地就是以前商的本土。周公杀管叔和武庚，迁微子于宋，就以殷本土封康叔。这目的当然是统治商的余民。鲁是周公，封地是曲阜，这原是奄的故地，奄既被灭，以其地封周公。齐是吕尚。都营丘，这原是东夷薄姓的地方。周公，吕尚是周初最重要的人物，将他们封于东方，当然是为着要控制东夷的。晋是成王弟唐叔虞。封地是绛，这是河东的要地。

周初的分封是以同姓为主。此外也有异姓诸侯，这主要的是功臣和『先王』之后。如陈杞，这些异姓诸侯，周则用婚姻的关系将他们联系起来。经过这样的分封之后，周的统治便巩固了。当时东方也还有不少旧部落如东夷、徐夷、淮夷、楚等未被周征服，但他们也不可能摇动周的统治了。

第二节　西周社会经济结构

西周时代的社会是家长制氏族公社解体，封建社会发生的时期。商代是家长制的氏族社会。但同时氏族公社也在逐渐破坏中。商代社会的基本组织虽还是氏族公社，但同时很显然也已有显明的阶级分化了。在商代不仅已有了奴隶制，而且也有了封建制度的萌芽了。

商代家长制的氏族公社被瓦解以后，实际上原有几种制度仍在发展着。西周时代社会性质是很复杂的，它有氏族公社的成分，有奴隶制的成分，有封建制度的成分。

周在未灭商以前，它本身的社会也是在家长制氏族公社的阶段上。灭商以后，虽然摧毁了商许多氏族，但它自己却还保持原来的氏族形式。这就是宗法制。宗法制诚已不是氏族公社，但它却是由氏族公社发展而来的。同时即在被征服的地方也还有不少氏族的残余。至于未被周征服的地区，则更保持了原有氏族制了。

商代已有奴隶制存在，周灭商，奴隶制实也继续发展着，当周灭商的时候，有不少的俘虏被转化为奴隶，西周时代奴隶的数量显然比商代更多，西周没有发展成为奴隶社会，只是奴隶生产的比重不及封建制而已。

氏族公社解体，社会发展本有两个方向：一是奴隶社会的道路，一是封建社会的道路，但究竟走向哪条道路，是要看当时当地的具体的历史条件和生产条件而定的。西周不走向奴隶社会而走向封建社会，也就因为有它的历史条件和生产条件而定的。这就周本身还保持带有氏族社会性质的宗法组织，周以一个小的氏族部落征服了广大的地区，和当时生产以农业为基础。

一、宗法制度

宗法制度　西周的社会组织主要的是宗法制。西周的经济社会和政治无不与宗法有关。

宗法制之发生是起财产的承继。在父系家长制之下，财产的承继是父传子。这种继承权最初当然所有的儿子皆有继承权的，往后随着社会和家庭制度的发展。这种继承权也随之而改变。在父系家长制时代，婚姻制度是由对偶婚转向一夫一妻制。这时候部落酋长或族长虽然还是多妻，但只有一个正妻。这个正妻所生的儿子，称为嫡子，其他诸妻所生的儿子，则为庶出。这样就产生嫡庶之分。有了嫡庶之分以后，则财产只有嫡子可以承继，庶出的儿子则无权承继。嫡子承继最初是兄终弟及，即父亲的财产和在家庭中的地位，先由长兄承继，长兄死，以次轮及诸弟。这样就逐渐的产生宗法。

商代的时候，已经有了宗法制了。商代的继承是兄终弟及。但商也已有大宗和小宗的分别了。凡是直系的祖先皆称为大宗，旁系的祖先则称为小宗。大宗就是有继承权的，小宗就是没有继承权的。不过商代的宗法制还没有发展到完密的程度。

商代的宗法制未发展到很完善严密的程度，因此很容易发生争执。这就是商代虽有嫡庶之分，但嫡实都有继承权。因而凡嫡系的子孙往往容易发生争夺。周代的宗法制为弥补这一缺点，将商代的宗法更进一步严密化。

周代的宗法制是个极严密的组织。它规定只有嫡长子有权承继。其余诸子则另给土地而分出去。但分出去的儿子与嫡长子之间又保持着密切的宗法关系。其组织原则是这样：『别子为祖，继别为宗，继称者为小宗。』这就是嫡长子继承，其余诸子另给土地分封，但这些分出去的诸子却以嫡长子为大宗。其分出去的诸子自立门户，称之为祖，其继承也是一样，由他的嫡长子继承，其余诸子别给土地而分出去，但以其继承□的嫡长子为大宗，其余为小宗。其余都按照这个办法继承。在这样的宗法组织下，从上到下，从亲到疏，成为一个紧密联系的组织。

周代分封诸侯，就按照这种宗法制进行的。周天子的嫡长子即太子继承为天子，其他诸子则分封为诸侯。诸侯的嫡长子继承为诸侯，其余诸子则给以采邑为卿大夫。在这种宗法制之下，周同姓诸侯的子孙以其所自出的卿大夫为大宗，卿大夫以诸侯为大宗，诸侯以天子为大宗。西周封建诸侯，实就是周宗族的扩大，在这种组织下，在政治上讲，周天子是全国的王；在宗法上讲，则他是同姓诸侯的大宗，也即是族长。

西周时代不仅周有宗法制，其他各国也行宗法制。

小宗都要维护大宗，大宗要保护天子。诗云：『大邦维宾，大宗维翰。』……

宗法制对于西周的政治及社会经济关系是非常重的。在宗法制下，原来周氏族分裂成为许多小的宗族。这就使原有的氏族制破坏了，这种宗族虽然已不是氏族公社，而发展成为大家族了。

但它毕竟是由氏族公社发展来的，它还保存着许多氏族公社的性质。西周的统治建立在这种宗法制的基础上，所以他的统治也就是与大家族相结合的统治。宗法制的组织是那样严密，因此，社会不能迅速地发展，使西周的社会还存在着氏族公社的性质。

二、西周的土地制度与封建剥削

采邑制与土地分封　西周土地主要的是采邑制，这就是封建领主的占有形式。这种采邑制度商代就已萌芽了。按中鼒云：

『隹十有三月庚寅，王在□餗。王令大史兄（裒）王，王曰：中，兹裒人入事，易于武王乍邑。令兄女裒上，乍乃采，中对王休。』

这里裒曾给于武王作采邑，这必是文王时代的事，可知商末已有采邑制了。卜辞云：

『贞：州邑㝵。』（辅二四）

『贞：州邑不㝵。』（辅二四）

『乙酉卜，穷贞：州邑𡳿往自官又㝵。』（粹二六二）

这里的『州』称『邑』，显然也是采邑的性质，由此更可知商代已有封建性采邑制了。这种采邑制的发生，最初大概是由征服者对被征服者关系而产生的。即征服者征服了一个氏族部落以后，被征服的氏族部落服从了征服者，任征服者剥削奴役。由周王赐武王采邑看，商代末年，已有将被征服的土地赏赐给个人作采邑的了。这种采邑实际就是封建的土地关系了。

周灭商以后，这种封建性的采邑制度迅速的发展起来，成为西周时代主要的经济形态。

西周时代采邑制所以迅速地发展，主要的有两个原因：一是周灭商的时候，它本身的社会还是家长制的氏族公社。一是周征服了殷广大的土地。在家长制的氏族公社时代，土地还未进入私有，这时候土地所有者是氏族的族长。但土地已有分割，土地分给氏族成员使用。在这时候，就是掠得的土地也是属族长所有。周人由这样的社会发展而征服了商，所征服的土地当然都为王所有。所以周人说：『溥天之下，莫非王土，率土之滨，莫非王臣。』（诗北山）。又因为他是在氏族公社的阶段，所以他们既征服了商广大的土地，又按氏族分割土地的方式，将被征服的土地，分割给氏族贵族，周初的分封就是土地大分割。

西周时代土地分割，主要的有这几种方式，（一）按照宗法的组织分割土地。这就是天子将土地分封给诸侯，诸侯又将土地分封给他的子弟。（2）以土地为禄，不论天子或诸侯的卿大夫都以田为禄，不仅天子和诸侯的卿大夫以田为禄，即卿大夫以下的家臣也以土地为禄。如左传说：『施氏之宰，有百室之邑。』（成十七年）（3）天子赏赐，诸侯大臣有功者赏赐土地。不仅天子诸侯以土地赏赐有功的大臣，获得土地的人也可以将他的土地再赏给他下面的人。

西周时代土地经过这样的大分割。于是采邑制度便迅速的发展起来。

土地所有权，西周时代是属于王的，经过这样分割以后，在原则上讲，依然是属于王的。不过经过这样的分割以后，便逐渐地走向私有。因为土地既分割以后，即永久为其所占，这样名义上虽非私有，实际即等于私有。天子或诸侯不能收回已分割的土地，不仅分封的诸侯不能收回其土地，即一般赏赐的土地也不能收回。诗瞻卬云：『人有土田，女反有之；人有民人，女覆夺之。』幽王夺取人的土地，大家就认为非法，可知土地，王是不能收回的。

土地既经分割之后，便等于私有，久之自然便逐渐可以抵押，买卖。曶鼎云：『昔馑岁，匡众氒臣廿夫，寇曶禾十秭。臣匡季告东宫。东宫乃曰：「求乃人，乃弗得，女匡罚大。」匡乃稽首于曶。用五田，用众一夫曰益，用臣曰疐，曰朏，曰奠，曰：「用丝四夫。稽首。」曰：「余无攸具寇正□□不□□余。」曶或以匡季告东宫。曶曰：「必唯四朕□偿。」东宫乃曰：「偿曶十秭，遗十秭为廿秭，□来岁弗赏，则倍卌秭。」乃或即曶用田二，又臣□□，用即曶田七田，人五夫，曶觅匡季卅秭。』这是匡季之臣劫掠曶的禾廿秭，曶告匡季□东宫，东宫判断要匡季以田七田和人五人作赔偿。田既可以作为赔偿，当然可以抵押。

西周土地也开始能买卖了。格伯殷云：

『隹正月初告癸巳，王在成周。格伯叚良（？）马乘于朋（？）生，氏貯卅田，则析。……乎书史戠武立盟成邑。铸保毁，用典格伯田。』这段铭辞，我们以为乃是记格伯买田立界的。賁，学者释贮，于此不能通，我们以为这实是贾字。这是说格伯用马乘买朋生卅田，格伯画界立邑管理他新买的土地。西周时代土地虽还不完全能买卖，但由此可知，已开始有买卖的了。

西周时代，土地分割以后，即成为世袭，又可以抵押、赔偿，并且已开始买卖。这正是由过去的氏族公有向私有过渡的情形。

封建的剥削关系 西周时代，采邑制是最主要的土地形态，在这种制度之下，生产关系，当然是封建的剥削关系。

西周分割土地，人民和土地一道分割，这些人民被分割以后，就成为领主的『臣妾』。『臣妾』就是农奴。他们附着在土地上，不能脱离。

农奴耕种领主的土地，大概一家耕种一百亩。旧时儒家都谓西周时代曾行井田制。在井田制之下，农民每家有田一百亩，这实是不可信的。井田制之说是出于孟子，孟子说：『方里而井，井九百亩。其余为公田，八家皆私百亩。同养公田，公事毕，然后敢治私事。』这种井田制，周代实未实行过。孟子所说的这种井田，实只是他提出的建议。因为毕战问他井地之法，他看到当时『暴君污吏』皆『浸其经界』。所以他提出这样『均田制禄』的方案。孟子实并没有说西周曾实行过这样的井田制。汉代的儒者曲解孟子的话，才把它说成是『圣人』的制度。

不过，西周时代，农民种地每家一百亩，似是可信的。先秦的记载无不说农民一家种地百亩。如管子云：『一农夫之事，终岁耕百亩。』（轻重甲）。李悝说：『今一夫挟五口，治田百亩。』（汉书食货志）。孟子说：『百亩之田，勿夺其时，八口之家，可以无饥矣。』这种一家百亩之说，必不是毫无根据的，这必有其来源。这必以前有农民每家种田百亩的事实。所以西周时代农民每家种地百亩实是可能的。一亩宽一步，长一百步，一百亩大概相当于现在的二十五亩有奇，这正是一个劳动力所能耕种的。管子说：『地量百亩，一夫之力也。』这种制度似也不是西周的封建领主们所创的，疑心这乃是因袭过去的制度。这是因袭旧时氏族公社时代分割土地的办法。氏族公社将土地分给氏族成员使用。按照每家劳动力所能耕种的，每家分配百亩，这种制度西周采邑领主还保存着。

农奴耕种领主的土地，必须要向领主缴纳地租。西周时代地租如何，已不能确知。学者们有两种说法：一说是劳役地租。春秋宣公十五年初税亩。左传云：『初税亩，非礼也。谷出不过藉。』公羊传云：『古者什一而藉。』穀梁传云：『古者什一，藉而不税。』是春秋以前是行藉法。藉就是助，是劳役地租。一说西周是行实物地租。孟子说：『周人百亩而彻。』论语云：『哀公问于有若曰：年饥，用不足，如之何？有若对曰：盍彻乎。曰：二，吾犹不足，如之何其彻也。』周代行的是彻法，彻是征收十分之一的实物地租。

这两种地租形态，在西周的记载中，都得不到直接的佐证。从西周的金文和诗推测，西周时大概还是劳役地租，不过也缴纳一部分副产物。

西周时代领主们对于他的土地都派人直接管理的。如𢦏𣪘云：『王曰：𢦏。令汝作嗣上，官嗣藉田。』这是周王令司徒之官管理『藉田』。又宂鼎云：『隹王九月既望，乙己，遣中令宂藉嗣奠田。』这是领主遣中派人管理奠田。领主们对于耕种，又派人直接督促，这就是所谓田畯。又诗载芟云：『千耦其耘，徂隰徂畛。侯主侯伯，侯亚侯旅，侯疆侯以……』旧以侯主是户主，侯伯是长子，侯亚是次子，侯旅是众子弟。我们以为这也都是领主们管理和督促农奴耕种的。卜辞有田亚和啬旅，必就是这里的侯亚侯旅。由此以推，可知侯主侯伯也必是管理农奴耕种的。领主们直接派人管理和督促耕种，则必有为其耕种的劳动力。这种劳动力，不是奴隶便是农奴的劳役，按诗七月云：『三之日于耜，四之日举趾，同我妇子。馌彼南亩，田畯至喜。』这更明白地说，农奴到了春天的时候，全家去为领主耕种土地。由此可知，西周时代，实是行劳役地租。

除了劳役为领主耕种以外，农奴还要献纳其他的实物，为领主作其他的劳动。诗七月云：『蚕月条桑，取彼斧斨，以伐远扬，猗彼女桑。七月鸣鵙，八月载绩。载玄载黄，我朱孔阳，为公子裳。』『一之日于貉，取彼狐狸，为公子裳。二之日其同，载缵武功，言私其豵，献豜于公。』可知农奴养蚕织布，猎捕狐狸野猪，也要献给领主。又七月云：『九月筑场圃，十月纳禾稼，黍稷重穋，禾麻菽麦。嗟我农夫，我稼既同，上入执宫功。』

农奴农事既毕之后，还要往领主家里去服杂役。至于战争的时候，农奴们还要当兵，那更不用说了。

至于实物地租的彻法，孟子和论语都说得那么肯定，西周时代可能也实行了，不过时间上或者晚些了。

农奴遭受领主这样残酷的剥削，生活当然是极痛苦的。诗七月描写农夫贫穷痛苦的生活云：

『七月流火，九月授衣，一之日觱发，二之日栗烈，无衣无褐，何以卒岁。』

『七月食瓜，八月断壶，九月叔苴，采荼薪樗，食我农夫。』『……十月蟋蟀入我床下。穹室熏鼠，塞向墐户。嗟我妇子，曰为改岁，入此室处。』农奴无饭可食，无衣可穿，湫隘破烂的茅屋，几不能蔽风雨。天寒岁晚，饥寒交迫。西周封建剥削之甚，由此可以想见。

西周时代的奴隶　西周时代奴隶制很明显也在发展。在金文里可以看到许多赏赐奴隶的记载。『作册矢令尊宜于王姜，姜赏令贝十朋、臣十家。』（矢令毁）

『唯王正月，辰在甲午，王曰：𪓐，命汝嗣成周里人。……锡汝夷臣十家用事。』（𪓐毁）

『隹十又六年七月既生霸乙未，伯大师锡白克仆卅夫。』（白克鼎）

『唯八月初吉，辰在乙卯，公锡旂仆。』（旂鼎）

这样的记载，卜辞是从所未见的。西周时代的奴隶，必远较商代为多。商代家长制氏族社会解体社会向前发展，奴隶的数量必然要增加。

这许多奴隶，除了一部分家内奴隶以外，大多都从事生产的。师𣪘𣪘云：『汝有隹小子，余令汝死我家事，藉□我西㣝东㣝仆驭百工牧臣妾。』由此可知，西周时代，手工业、畜牧、驭马、实都用奴隶。

三、西周的生产

农业生产 周人对于农业，一向是注重的。西周时代的农业，不论在技术耕作或生产上，都比商代进步。

西周的农业生产工具有耜、有钱、有镈。诗云：『有略具耜。』（载芟）又说：『庤乃钱镈。』（臣工），又说：『其镈斯赵。』耜我们以为就是犁，钱、镈都是锄。这些农器都是铁制的。

西周时代耕种的技术也更进步。诗良耜云：『其镈斯赵，以薅荼蓼，荼蓼朽止，黍稷茂止。』甫田云：『今适南亩，或耘或耔。』载芟云：『厌厌其苗，绵绵其麃。』西周时代种植作物，已知道薙根除草了，而且还很仔细地除草。又诗大甫云：『既方既皂，既坚既好，不稂不莠。去其螟螣，及其蟊贼，无害我田稚。』西周时代也已知道捕捉害虫了。由这些事实看，西周时代农作技术已很精细了。诗白华云：『滮池北流，浸彼稻田。』西周时代也已知道灌溉了。稻是必需水的，西周既知种植，也必就知道灌溉。诗经有许多描写农作物茂盛的诗。如：『疆易翼翼，黍稷彧彧。』（信南山）『我黍与与，我稷翼翼。』（楚茨）。由这些诗，也都可以推见西周时代农作技术进步的情形。

西周时代，农作物的种类也很多。周人自夸他们『艺植百谷』。见于西周时代诗的，主要的农作物有禾、有黍、有稷、有稻、有梁、有麦、有来牟（大麦）、有菽（大豆）、有麻。此外又有稌、秬、秠、穈、芑。除了粮食作物以外，还有瓜果。瓜果见于诗的，有桃、李、梅、栗、枣、瓜、芦（葫芦）、壶（瓠）等等。西周时代，农作物已这样的多，农业的进步可以想见。诗经有不少歌咏收获丰富的诗。如：『我仓既盈，我庾维亿。』（楚茨）『倬彼甫田，岁取十千。』（甫田），『曾孙之稼，如茨如梁。曾孙之庾，如坻如京。乃求千斯仓，乃求万斯箱。』（同上）。『载获济济，有实其积，万亿及秭。』（载芟），『丰年多黍多稌，亦有高廪，万亿及秭。』（丰年）。『获之挃挃，积之栗栗，其崇如墉，其比如栉。』（良耜），这里所述的虽都是封建领主残酷地剥削所得，但封建领主能剥削这样多的粮食，也足以反映当时农业农产品收获量的情况。

手工业　西周的手工业也有相当的进步。在封建采邑中，纺织业和酿酒业已成为很普遍发达的家庭手工业。西周时代，麻已是农业中重要的作物。养蚕也是普遍的生产。诗经关于蚕桑的诗句很多。养蚕纺织已是妇女的主要劳动生产。在农奴的家庭中纺织已是仅次农业的生产。七月云：『载玄载黄，我朱孔阳。』纺织品已经染成各种颜色，技术当也颇进步。西周酿酒也很发达。贵族们宴客和祭祀都必用酒。诗楚茨云：『我仓既盈，我庾维亿。以为酒食，以享以祀。』载芟云：『万亿及秭，为酒为醴。』封建贵族们在收获之后，都大肆酿造狂饮。此外，在封建采邑中，陶器和农器制造，可以推想，也必是很普遍发达的手工业。

西周王室的手工业更为发达。西周已有『百工』，并且有『□工』之官。当时必有很多的手工业工匠和复杂的手工业制造。考古学发现西周的器物很多，有铜器、玉器、骨器等等。西周的手工业，依然以铜器最为重要。铜器有彝器和兵器。西周铜器制造，技术比殷代虽不一定有很大的进步，但数量却远较殷为多。而且作器也已不限于王室，其他公卿百官和有些诸侯也铸造铜器。这一点即足以说明西周的手工业，实较商代更为发达。

西周的手工业较商代为进步为发达。但西周的封建领主经济，基本上是自给自足的自然经济。手工业，除了王室的工业以外，大部分依然是农业的副业生产，和农业还没有分开而成为独立的生产。

商业　西周时代农业和手工业既较商为发达，商业当然也必有一定的进步。

西周的商业，可以看到有几点进步的地方：

一.已有金属货币的萌芽。西周时代物品交换，仍以物物交易为主，但以金属为交换的媒介似也已开始发生。卜辞不见有赐『金』的。而西周的金文却有不少『赏金』『赐金』的记载。如：

『王伐楚侯，周公某禽祝禽父㱿祝，王易金百孚。』（禽毁）

『隹六月既死霸壬申，白□父蔑御事历，赏金。』（竞金）

以铜为赏，疑铜也和以前贝一样，可以作为交换之用了。又曶鼎云：

『唯王四月既生霸辰在丁酉，井叔在异为□。（曶）使氒小子𩵦吕限讼于井叔：我既卖汝五（夫效）父，用匹马束丝。限许曰，𩵦则俾我偿马，效父（则）俾復氒丝束。𩵦效父乃许□曰：于王参门口木榜，用儥诞卖丝五夫，用百孚。』

这以铜百孚买五个人，更非已作为交换的媒介之用不可。西周时代，铜诚然还未正式和普遍地用作货币，也未铸成货币的形状，但已开始用作货币，当无问题。曶鼎是穆王时代的器，是穆王时代，金属货币当已开始萌芽了。货币是商业发展的尺度，西周已开始用金属作交换的媒介，这就指明当时已将有较进一步的商业出现了。

2.已有专门从事交换的商人出现，诗瞻卬云：『如贾三倍，君子是识。』贾必是商人。又颂鼎云：『王曰：颂，令汝官□成周贮廿家。监□新寤贮，用宫御。』贮，我们认为就是贾字。『贮廿家』必是专门从事交换的商人。不过，这里贾似尚未脱离官府而独立，他们主要的目的还是供给王室的用品。

3.商业的范围似已颇广，贵族已有从事经商的。兮甲盘云：

『王令甲政□成周四方责，至于淮南尸。淮尸旧我負晦人，毋敢不出其負其责，其进人其贾，毋敢不即归即𡴭。敢不用令，则即井（刑）𢉜伐。其隹我诸侯百姓氒贾，毋敢不即𡴭。毋敢或入蛮宄贾，则亦刑。』

由这一铭辞看，当时成周与淮夷之间必有商业往来。周人已有往淮夷经商的。成周已成为四方货物交会之所。『诸侯百姓』也已有经商的了。

曶鼎是穆王时候的器，颂鼎和今甲盘学者多谓是宣王时候的器。由这些记载看，西周自穆王以后，已开始有金属货币的萌芽，及至宣王商业愈益发达，已有商人出现，商业的范围也渐广大，贵族阶级也贪图高利而从事商业。由此可知，西周晚年，商业已逐渐发展起来，及至春秋时更发达。

第三节　西周的政治

一、西周的国家组织

天子与诸侯的关系　周初分封诸侯，天子对于诸侯以宗法和婚姻两种关系来联系。但在政治上天子对诸侯也有相当严密的统治。天子与诸侯之间，大概有这几种关系。

1.爵位：周代诸侯已有爵。周代诸侯的爵位大概有两种：即侯和伯，这也是沿袭商代的。方伯称公，是周的制度。旧谓周有公侯伯子男五等爵，实不确。周代的侯伯似已有高低等级之分，侯高于伯。

2.命卿：诸侯的卿由天子任命。诸侯的卿是掌握诸侯的政治和军事的，卿由天子任命，也即诸侯的政治和军事，天子可以控制。

3.军队：诸侯的军队也有规定，周制云：『二千五百人称师，礼天子六师，方伯二师，诸侯一师。』（隐公五年公羊传注）

4.朝贡述职：诸侯对天子必须贡献财物。贡的多少，由天子规定，所谓『班贡』。诸侯国内的政情必须向天子报告，即所谓『述职』。诸侯的命卿也须向天子报告政情，由此可知周代天子对于诸侯的政治军事皆可以控制，周对诸侯的统治的力量实已很强。周对诸侯的统治，不仅依赖宗法，实也依靠这种制度。

周的国家组织 西周国家比商更加严密，西周的官制，现在也不知其详，在行政上主要的机构是卿士寮。卿士寮的长官为卿士，其下的官员见于金文的有作册、作册内史、三事大夫、作册尹、司土、司马司工、司寇、宰、左右走马、虎臣、师氏、善夫。此外又有太史寮，太史寮的□□，金文又有太史、小史、内史、宗伯、太祝、司卜等官。西周政府的官员这样的多，其组织机构必已很复杂严密。

西周常备军的军力也很大。诗棫朴云：『周王于迈，六师及之。』在宗周方面，有军队六师，在成周又有八师，成周八师又称为殷八师。

『王呼尹氏册命曶曰：𤔲乃祖考作□嗣土于成周八师。』（曶壶盖）

『王命善夫克舍令于成周，遹正八师之年。』（克鼎）

『𠭯东尸大反，伯懋父以殷八师征东尸。』（小臣謎簋）

这是周公灭武庚，迁殷民于洛邑，以殷人组成的。周有军队十四师，如以一师二千五百人计算，则有常备军三万五千人了。这已是个很强大的武力。

西周既有国家，当然便有刑法。左传谓周有九刑，尚书穆王作吕刑，皆说周已有刑法。牧簋云：『先王作井，亦多虐庶民氒□庶右□，不井不中。』又云：『王曰：牧，汝毋敢（缺）先王作明井，用雩氒□庶右□，毋敢不明不井，不中。』这更明明地说周作刑法压迫人民了。井原义为法，西周时代，井义也已为罚了。如，甲盘云：『敢不用令，则即井（刑）。』又云：『毋敢或入蛮宄贾，则亦井（刑）。』井义皆为罚。井义由法转变而为罚，可知这必是用法来处罚人民。西周已有刑法必无可疑。不过这种法并不是对人民公开的法律。这只是统治阶级的秘密的法律。

二、西周政治的发展

西周自武王灭商至幽王灭亡，经过武王发、成王诵、康王钊、昭王瑕、穆王满、共王繄扈、懿王囏、孝王辟方、夷王燮、厉王胡、宣王静、幽王宫湦，凡十二代，大概有三百年左右。照旧史记载，西周政治形势的发展，大概可分三个阶段：一是成王康王时代，这是西周的盛世。二是昭王到夷王时代，这是周由强盛逐渐走向衰落。三是厉王至幽王时代，这是周由衰落而灭亡。

成康之治及对东夷淮夷的战争　周公东征以后，周的政权巩固了，周的势力更得到进一步的发展。从此，周便安定下来了。周公摄政七年，将政权交还成王。成王和康王大概都是相当明察的，对于政治也相当的勤劳，力求使他们新政权巩固安定。诗经歌颂成王和康王云：『自彼成康，奄有四方，斤斤其明。』（执竞）（注一）又云：『成王不敢康，夙夜基命宥密，于缉熙，单厥心，肆其靖之。』（昊天有成命）（注二）同时，他们对于农业生产也很注意。诗噫嘻云：『噫嘻成王，既昭假尔。率时农夫，播厥百谷。』成王对于管理农业的官员似时常告诫，要他们率领农民耕种。西周有不少歌咏收获丰富的诗，都足以想见当时生产发达的情况。成王康王时代，西周政权既已稳固，又统治着广大的地区，生产发达，人民生活得以安定，这就是『成康之治』。旧史称『成康之际，天下安宁，刑错四十余年不用』。成康时代实是西周最『太平』最强盛的时期。

成王康王时代，不仅周内部安定，对外似也有发展。铜器小臣誔簋和梦鼎都记载伐东夷。这都是成王时候的器物。可见成王时必曾伐东夷。小臣誔簋云：『遣自□𠂤东陕伐海眉。』这次伐东夷达到海滨，似获得很大的胜利。此外又有彔𢦚卣记载伐淮夷，遇甗、𤼈鼎记载伐猒，竞卣记载伐南夷，似也都是成王时候的器。大概周公东征，虽将东夷淮夷击败，但他们对周犹继续反抗，因而成王复前往征讨。

康王死，昭王即位。史记说：『昭王之时，王道微缺。』昭王时，楚国反抗，昭王亲自南征楚，溺死于汉水。穆王时，徐夷又反，穆王将它击败。金文有不少记载伐楚伐南夷和伐淮夷的，这些部落对周的反抗始终没有停止。

穆王以后，与西北各族又发生战争。穆王征犬戎。懿王时，西戎入侵，直攻至镐京。懿王时代，周势更衰了。

厉王被逐与宣王中兴　厉王即位，周内部矛盾又暴发了。据说厉王好利，以荣夷公为卿士。荣夷公教厉王专利。『国人』以厉王专利，『谤』王。厉王见『国人』批评他，大怒，派一个卫巫监视人民，如有人民批评他的，就以严厉的手段处罚批评他的人，以致路上的行人都不敢说话。过了三年，人民不堪他的压迫，起而反抗，驱逐厉王，把他赶到彘（山西霍县）去。厉王被逐以后，周召二公共同执政，称为共和。（一说共伯和干王位，称为共和）

周人暴动，驱逐厉王，是西周内部一次重要的斗争。此事的真相怎样，社会背景怎样，是哪种阶级之间的斗争，性质怎样，现在已不能知道了。这次斗争的起因，是由于厉王专利。按芮良夫谏厉王说：

『夫荣夷公好专利而不知大难，夫利，百物之所生也，天地之所载也。而或专之，其害多矣。百物皆将取焉，胡可专也。所怒甚多。』

据此，厉王所专的，似乎是山林之利。山林原是不分给贵族们的，即所谓『山林川泽不以封』。原则上，天子境内山林为天子所有，诸侯境内的山林应为诸侯所有。西周时代，对于山林已进行开发。周有林虞之官，管理山林的生产。大概因为生产日趋发达，以后贵族们也逐渐开发山林。山林的生产逐渐成为重要的富源。厉王想将贵族们开发的山林收归己有，或禁止贵族们开发，因此，遭受贵族们的反抗。

此事对于周关系甚为重要。这就使周的威望大大的衰落。

共和行政十四年（前八二八年），周召二公复迎立厉王子静为王，是为宣王。

据说宣王时代周又『中兴』。他派尹吉甫击退了西北猃狁的侵略，又命方叔平荆蛮，召伯虎平淮夷，尹吉甫平徐夷，仲山甫城齐。周国势复振（注三）。

但到了宣王的晚年，周又衰落了。前七九五年（宣王三十三年）伐太原之戎，不克。前七九〇年（宣王三十八年）伐条戎、奔戎，又为戎所败。前七八九年（宣王三十九年）伐姜氏之戎，战于千亩，又大败，周武力即已不振。国语云：『自我先王厉、宣、幽、平，而贪天祸，至于今未弭。』宣王时代实也和厉王幽王时一样衰落的。

幽王昏乱与西周灭亡　宣王死，子幽王宫涅即位。幽王昏乱，他宠幸褒姒，废申后和太子宜白，立褒姒为后，以褒姒所生的儿子伯服为太子。他又信任虢石父，虢石父佞巧好利，周人皆怨。周政治腐败，内部的矛盾也更甚。

太子宜臼逃往他舅家申侯，申侯便联合缯侯、西夷、犬戎攻幽王。杀幽王于骊山之下，掳褒姒。申侯立宜臼为王，是为平王。犬戎杀幽王，又另立王子余臣为王，攻平王（注四）。平王为犬戎所逼，迁都洛阳，于是西周便告灭亡。

注一　『自彼成康』诗传谓『用彼成安之道』，朱熹谓就是成王康王。由诗意和句法看，成康必是成王、康王。传误。

注二　『成王不敢康』诗传训成为成功之成，『成王』是『成此王功』。朱熹说，也就是成王。由诗意和句法看，成王也必就是周成王。

注三　宣王中兴是根据诗经小雅六月，采芑及常武，崧高烝民诸诗而言的。这几篇诗是否是宣王时代的诗，似尚有问题。宣王中兴之说，恐不能尽信。

注四　申侯联合犬戎攻杀幽王，犬戎原是平王的同盟，何以忽又攻平王，平王为其所逼而东迁呢？竹书纪年说，幽王既死，『虢公翰立王子余臣于携』。昭公二十年左传说：『携王奸命，诸侯替之。』可知幽王死后，实别有王子余臣立为王，与平王对立。当时申侯灭幽王，势力强大，虢公翰何所恃而能立王子余臣？这必是犬戎为其后援。换句话说，王子余臣实就是犬戎所立的傀儡。这大概因犬戎杀幽王灭周，也想树立自己的势力，因而立王子余臣为王，犬戎既立王子余臣，自与平王对抗，故遂攻平王。平王为其所逼，东迁洛阳。由记载推考，当时的情况应是如此。

第五章　春秋：初期封建社会的发展（公元前七七〇年到公元前四七七年

第一节　春秋时代生产的发展

一、农业和手工业进步

西周时代，农业生产已颇进步，春秋时代，更为发达。

生产工具的进步　春秋时代生产工具更为进步，这就是铁的冶炼更进步了。铁的冶炼最初是锻。这种方法炼成的铁，是不纯的铁，硬度比较软。进一步，则发明冶铁鼓风炉。鼓风炉发明，使炼铁的炭火的温度增高。这样，就可以使铁矿砂所含的杂质渣滓更加减少，炼成更纯的铁。而且这样，可以炼成硬度更大的铸铁（生铁）。

我国殷周时代即已用铁，但当时炼铁的技术如何，不得而知。及至春秋的时候，则确有冶铁风箱了。昭公二十九年左传云：晋赵鞅、荀寅『赋晋国一鼓铁，以铸刑鼎，著范宣子所为刑书焉』。这明是说当时晋已有冶铁的鼓风炉，并且能炼铸铁了。

冶炼技术的进步对于生产工具有极重要的关系。它不但使生产工具更加锋利坚硬，而且使铁的产量增加，可以供给更多的铁，使铁工具的使用更加普遍。

农业耕作方法进步 春秋时代耕作方法更加细致。左传云：『为国家者，见恶，如农夫之务去草焉，芟夷蕴崇之，绝其本根，勿使能殖。』（隐公八年）。吴语云：『譬如农夫之作耦，以刈杀四方之蓬蒿。』春秋时代，农夫除草更加除得干净，使草不能生长。论语说：孔子的弟子樊迟向孔子问学稼，孔子说：『吾不如老农。』樊迟问学圃，孔子说：『吾不如老圃。』可知春秋时代农业生产必已有相当精到的知识，这种生产知识已不是任何人都能懂得的了。由此可知，春秋时代必已有园圃。又子产说：『政如农功，日夜思之，思其始而成其终。』由这种比喻看，春秋时代农民的耕作，也必定是非常勤劳仔细的。

水利进步 春秋时代水利事业也较以前进步。有许多国家政府对农田灌溉已经注意。襄公二十五年（前五四八年）左传云：『蒍掩书土田，度山林，鸠薮泽，辨京陵，表淳卤，数疆潦，规偃猪，町原防，牧隰皋，井衍沃。』

『偃猪』是蓄水的池塘，『原防』是防水的堤坝，春秋时代必不仅知道筑堤防水，也知道排水和蓄水灌溉了。又襄公三十年（前五四三年）左传，郑国『子产，使都鄙有章，上下有服，田有封洫。』沟洫是分界的，也是流水的，这也必是开沟洫以利排水灌溉。孔子称道大禹说：『禹，吾无间然矣……卑宫室而尽力乎沟洫。』由此可知，春秋时代必已普遍知道灌溉水利的重要，而予以重视了。

荒地的垦辟与山林开发　春秋时代以前，人口稀少，有不少的地方犹是未开辟的荒地。例如郑国是在中原的中心地区，但当郑桓公初封于郑的时候，其地犹是一片荒芜。郑人『斩之蓬蒿藜藋』（左传子产语），才将其开发了。又如伊洛是在洛阳附近的地方，公元前六十三年，秦晋两国迁戎人于此，当时其地也是『狐狸所居，豺狼所嗥』（襄公十四年左传戎驹子语）的荒地。此外，在黄河两岸还有许多很大的湖泽，如荥泽、圃田泽、蒙泽、孟诸泽、巨野泽、雷泽、荷泽等等，这些湖泽地区也多是荒地。其他在边境的国家如齐、晋、楚、秦等国更不用说，荒地更多。秦直至战国还是地广人稀。这许多荒地经过春秋时代以后，便大多开发了。

春秋时代，不仅开辟平地使之成为耕地，对于山林也进一步开发了。晋国韩献子（厥）说：『夫山泽林盐，国之宝也。』（成公六年左传）楚王孙围说：『山林薮泽足以备财用，则宝之。』（国语楚语）春秋时代，山林川泽的生产已是重要的财货之源。这种山林川泽的生产，已不是仅供封建领主的生活之用而已，这已成为商品。据说管仲相齐桓公，『通鱼盐之利』。所谓『通鱼盐之利』，就是将海产的鱼盐拿来出卖。春秋末期齐国的田氏就经营木材和盐的生意。这都足以证明山泽的出产是多作为商品销售的。山林川泽的出产成为商品生产，山林川泽愈开发也就愈促进商业的发展。

春秋时代，手工业制造比西周也更进步发达了。

春秋时代，手工业的制造也普遍了，这由青铜器制造可以推见。西周时代青铜器制造工业主要的还是王室，诸侯各国虽已有青铜工业，但还不发达。春秋时代的铜器，诸侯各国不仅齐、鲁、晋、楚、秦等大国，就是杞、邾、徐、铸、江、黄、道、柏、邓、鄀等小国，以及辽远的吴国也都有。由此可知，春秋时代，青铜器制造工业各地皆有，而且兴盛。西周时代，青铜器，除了兵器以外，都是祭器，都是自己铸造以祭祀祖先的。这也就是说当时铜器铸造的数量必还是有限的。春秋时代便不限于自铸祭器了。此外还有许多媵品。以青铜器为媵器，必须青铜器制造很发达才可以。春秋时代，青铜器制造工业在各地普遍兴起，制造的器物数量大大地增加。铜器工业这样普遍发展，这就说明了春秋时代手工业已普遍发展起来了。

手工业进步 春秋时代，手工业发展比以前更进步。春秋时代手工业分工已更为复杂。记载春秋时代小工业的有考工记。考工记所载，当时手工业分工有攻木、攻金、攻皮、设色、刮摩、抟埴六大类，共有三十种，各种器物皆有专门的工人，各种器物皆有制造的方法和尺寸大小。分工已很复杂精细。考工记所载的还只是官府手工业，也只是手工业的一部分，其他人民日常所用的手工业品和农产品加工犹不包括在内。手工业分工的复杂，手工业技术必更进步，手工业制造品也必更多了。

独立手工业者出现 西周时代，手工业者是隶属于官府的。他们多是为王室贵族制造器用的手工业奴隶。此即所谓『处工就官府』（齐语）。此外，许多手工业则是农民的家庭副业，春秋时代，手工业普遍发展起来了。原来农民家庭的副业生产的手工业已有一部分从农业中分离出来了。例如，昭公二十六年左传说鲁国以锦贿赂齐国的将领，云：『鲁人买之，百两一布。』是织锦已从农业中分离出来，成为商品生产了。又晏子说，齐国诸市『屦贱踊贵』（昭公三年左传），足见当时必有制鞋的手工业了。这种手工业必是新起的。至于原来属于官府的手工业也必一部分逐渐脱离官府而独立。春秋时代，手工业日益发达，手工业者要求脱离官府的奴役，斗争非常激烈，有时他们武装暴动，进行反抗。贵族阶级迫于手工业者的反抗，不得不对他们让步。如卫文公为狄人所败，迁于楚丘，他『务材训农，通商惠工』，『惠工』当就是解除一些对手工业者的压迫。这样，手工业者自然就逐渐地脱离贵族阶级的奴役而获得自由。论语云：『百工居肆，以成其事。』这些『百工』可能就是独立的手工业者了。

二、商业逐渐兴盛

西周时代，商业已开始发展了。西周的末叶已见有专门从事物品交换的商人出现，又见有贵族从事经商，商业的范围似也不小。及至春秋时代，随着农业和手工业生产的发展，商业愈加兴盛起来。迨至春秋之末，商业便更发达。

市及都市的出现　西周时代，商业已开始兴起，但当时有没有商业买卖固定的街市，犹不得而知。春秋时代，则已有街市出现了。当时诸侯各国的都城已都有市。鲁『夫人姜氏归于齐，大归也。将行，哭而过市』（文公十八年左传）。

齐『齐人迁庄公，殡于大寝，以其棺尸崔杼于市』（襄公三十八年左传）。

晋『晋人获秦谍，杀诸绛市』（宣公八年左传）。

郑『六月丁卯夜，郑公子班自訾求入于大宫，不能，杀子印、子羽，反军于市』（成公十三年左传）。

楚『楚子闻之，投袂而起，屦及于室皇，剑及于寝门之外，车及于蒲胥之市』（宣公十四年左传）。

周『辛卯，鄩肸伐皇，大败，获鄩肸。壬辰，焚诸王城之市』（昭公二十三年左传）。

这种商市似已颇繁盛。左传说齐晏子之宅『近市，湫隘嚣尘，不可以居』（昭公三年），可以想见，市上往来的人必很多，人声喧哗，嘈杂，市场必很繁华热闹。春秋时代，各国都已有固定的专供买卖的商市出现，当时各地的商业必已相当普遍地发展起来了。

春秋时代，商业不断地发展，及至春秋末年，更进而有商业都市出现了。史记货殖列传云：『之陶为朱公。朱公以为陶天下之中，诸侯四通，货物所交易也。乃治产积居与时逐。……十九年之中，三致千金。』『陶天下之中，诸侯四通，货物所交易』，显是一个交通和货物集散中心。这必是个重要的商业都市了。

商业范围广大 春秋时代，商业的范围也日益扩大。成公三年左传记一事云：『荀罃之在楚也，郑贾人有将置诸褚中以出。既谋之，未行，而楚人归之。贾人如晋，荀罃善视之，如实出己。贾人曰：吾无其功，敢有其实乎。吾小人，不可以厚诬君子。遂适齐。』

荀罃是晋国的大夫，晋楚战争，为楚所俘。郑国商人往楚经商，想将荀罃营救出来。这个商人必已不是寻常的小商人而当是有相当的资本和活动力的商人了。他足迹所至，达楚、晋、齐三国，他经商的范围之广大，可以想见。这个商人经商的范围正说明了春秋时代商业的范围。又左传（襄公二十六年）说，晋国的『杞、梓、皮、革』都自楚去的，这也可以说明春秋时代商业范围的广大。

春秋时代，各国彼此之间商品的交换，似已成为必需的了。公元前五六二年，诸侯同盟于亳，载书（盟约）说：『凡我同盟，毋蕴年，毋壅利。』『毋蕴年』，杜预注云：『蕴积年谷而不分。』『毋壅利』，杜预注云：『专山泽之利。』这是说，各国的粮食不能囤积而不卖给他国，各国山林川泽的出产也不能禁止运销他国。诸侯会盟将这种物资交流的关系作为重要的事情而载入盟约，可知当时各国之间粮食和其他商品的流通实已相当迫切需要的了。当时各国的物产似已有互相依赖的现象。当时各国之间需要物资流通，足证商业必已相当的频繁，而这种需要必更促进商业的发展。

关税出现　春秋时代已有关税了。文公十二年左传云：『初宋武公之世，鄋瞒伐宋，司徒皇父帅师御之，耏班御皇父充石，……以败狄于长丘。……宋公于是以门赏耏班，使食其征。

……』

杜预云：『门，关门征税也。』据此，公元前八世纪中叶就有关税了。（宋武公在位是从公元前七六五年至前七四八年，即周平王六年至二十三年，据此，则东周初即有关税发生了。）昭公二十年左传云：

『县鄙之人，入从其政，偪介之关，暴政其私。』（晏子语）

又晏子春秋问上篇云：

『俭于藉敛，节于货财，作工不历时，使民不尽力，百官节适，关市省征。』

春秋中叶以后，已有关税，当无问题。墨子尚贤云：

『贤者之长官也，夜寝夙兴，收敛关市山林泽梁之利以实官府。』

春秋之末及战国之初，关税已普遍存在，成为了各国重要的财政收入。

关税完全是商品税，这是商业发达以后才发生的。春秋时代既已有了关税，可见当时商品往来必已很多，商业必甚兴盛。

金属货币 西周时代已开始用金属（铜）作为交换的媒介了。但当时主要的还是以物易物，铜也没有铸成货币，只是铜块，以重量计算。春秋时代，也没有脱离以物易物的情况。春秋时代所有『贡献』，纳税，赠予，还都是用谷帛。卫风氓云：『氓之蚩蚩，抱布贸丝。』商品交换，也仍是以物易物。但春秋时代用金属作为交换媒介应较西周更为广泛，春秋中叶以后似已逐渐萌芽正式的金属币了。史记孙叔敖列传谓楚，『庄王以为币轻，更小为大，百姓不便，皆去其业』。周语谓周景王发轻币，作大钱。□比，春秋中叶以后，统治阶级已有利用货币价格剥削人民的了。这种记载自不足以全信。但这当暗示春秋中叶以后以金属为交换媒介必已更多，可能已有正式货币的萌芽了。又史记货殖列传说陶朱公『治产积居』『十九年中，三致千金。』『子孙修业而息之，遂至巨万』，而子贡也，『家累千金』。（仲尼弟子列传）这似非金属货币不可。春秋末年，似已有正式的金属货币了。

货币是商业发达的尺度，也是社会发展的标志。春秋末年已有正式的金属货币，这也就说明春秋时代商业逐渐发达，迨至春秋末年，更为兴盛。金属货币出现和成为商品交换的主要手段以后，财产的对象就改变了。以前，土地是最主要的，几乎是唯一的财产，现在，土地不是最主要或唯一的财产了。现在，财产最重要的是货币。货币比土地更好，更有魔力，它可以变成你希望的任何土地或商品。谁握有货币，谁就能统治别人。以前封建领主阶级赖以统治农奴的是他们的采邑的土地，现在，他们的土地既已丧失其为唯一的财产的地位，封建领主的统治便也就不得不让与别人。这就是春秋以前封建领主阶级灭亡和战国以后新兴地主阶级兴起的基本原因。

商人阶级和富商出现　春秋时代，商业逐渐发达，从事商业者日益众多。当时各国都已有市，春秋末年更已有大的商业都市，在这些市和都市里，商人的数目必是不少的。这些商人必已逐渐成为一阶级了。左传云：『庶人工商，各有分亲。』（桓公二年）『商旅于市，百工献执』。（襄公十四年）当时都已将商人与农工并举，这就可以觇知商人在社会上所占的地位。春秋中叶以后，富商就逐渐出现了。前举郑国的商人能设法营救荀罃，他的足迹能达到楚、晋、齐三国，这个商人资本必已不小。春秋末年，陶朱公子贡更是著名的富商。商业的发展已有了商人阶级和富商出现，当时商业的发达也由此可见。

总之，春秋时代，商业已逐渐地发展起来了。及至春秋末年，商业已相当的发达。商业逐渐发达，旧的社会也就逐渐改变而灭亡，新的社会逐渐发展，这样就由春秋以前的领主阶级统治的封建社会转变为战国以后新兴地主阶级统治的封建社会。

第二节　春秋时代社会的变化

一、土地与赋税制度

土地私有制逐渐形成　西周时代，土地已可作赔偿之用，也已有买卖的情形。土地私有，在西周时代就已开始萌芽了。及至春秋时代，土地更进一步向私有制发展。

西周时代，土地是按宗法组织分割的，另一部分，天子诸侯以之赏赐。这种分割和赏赐的土地，既分割赏赐之后，便成为世袭的土地。这种世袭的土地事实上即等于私有了。春秋时代，这种情形看得更为清楚。春秋时代，有许多贵族彼此争夺土地。如晋『郤锜夺夷阳五田』。『郤犨与长鱼矫争田。』（成公十七年左传）『邢侯与雍子争田。』（昭公十四年左传）这些土地原都是他们的采邑。他们彼此之间既有土地的争执，可见这些采邑分给他们之后，即等于他们私有了。又春秋时代已有土地侵占的情形。襄公十年左传云，郑『初，子驷为田洫，司氏、堵氏、侯氏、子师氏，皆丧田焉』。子驷为田洫，这几家何以丧田呢？这就因为他们侵占了别人的土地。由这种土地侵占的情形看，也可知这些土地是他们私有了。又襄公三十年左传云：『子产使都鄙有章，上下有服，田有封洫，庐井有伍。……从政一年，与人诵之曰：取我衣冠而褚之，取我田畴而伍之。孰杀子产，吾其与之。三年，又诵之曰：我有子弟，子产诲之。我有田畴，子产殖之。子产而死，谁其嗣之？』『取我田畴而伍之』，『我有田畴，子产殖之』，这更明白地说明这些『田畴』是他们私有的了。

西周时代，贵族们按照宗法组织分割土地。这种土地既分割之后，就成为世袭。年代既久，原来的贵族子孙，『族远亲疏』，渐渐的『下传于庶人』。这些人应该也得到一些土地。春秋时代，必有一些自由民已有私有的土地。

西周以来，生产不断地进步，人口也不断地增加。春秋时代，有许多荒地都开发了。这些新开辟的土地，贵族领主必不能全部掠夺，这些土地也必有不少成为农民的私有土地。

春秋时代，土地趋向私有，从采邑和租税制度也可以推见。春秋时代，依然有不少的封建采邑，也以田邑作赏赐。但这种采邑与西周的采邑已略有不同了。春秋时代的采邑领主大多是食其采邑的租税。采邑的领主只食租税，那采邑的土地必不是为其直接所有了。土地必已渐为采邑的人民所有。

在记载上，不见有春秋时代土地买卖的情形。这大概土地正向私有转变，土地买卖还不普遍，但土地买卖必已经有了。自此以后，逐渐发展，迨至战国，便完全能自由买卖。

赋税制度的改变 西周时代，地租是劳役地租，即所谓『藉』。春秋时代，则改为实物地租了。春秋时代，各国诸侯征收农民租税都已征收实物。如前六〇五年，晋将河东割让与秦，左传云：『秦始征河东，置官司焉。』这是说秦得晋河东以后，设官征收实物地租。又左传云：

『先君庄王属之曰：无德以及远方，莫如惠恤其民而善用之，乃大户，已责……』（成公二年）

『晋悼公即位于朝……施舍已责……』（成公十八年）

『（齐景公）使有司宽政，毁关去禁，薄敛已责。』（昭公二十年）

『责』是『逋责』，即人民所欠的租税，『已责』即免除欠纳的租税，春秋时代，各国有时都免缴人民的欠租，这种欠租很明显是实物。

春秋时代，不仅各国诸侯对农民征收实物地租，采邑的领主对他采邑所属的农民也征收实物地租。前五三七年，鲁国孟孙、叔孙、季孙三家瓜分鲁国的『公室』的土地，他们『尽征之而贡于公』。鲁国孟孙、叔孙、季孙瓜分鲁国的土地，这些土地就成为他们的采邑了，而他们对其所分的土地是『征』，可见领主对他采邑的农民是征收实物地租的。孟子说：『求也为季氏宰，无能改于其德，而赋粟倍他日。』足证季孙对他的采邑实是征收实物的。又哀公十年左传云：『初，周人与范氏田，公孙尨税焉。』这更明白地说明领主对他采邑的农民是征收实物税的。

春秋时代，地租还有一种改变，即已按亩征税了。前五九四年，鲁国即实行按亩征税。从劳役地租转变为实物地租，再进而按土地征税，实是个重要的进步，这种进步主要有两种原因：一是农民的斗争，一是生产进步。劳役地租是将农奴束缚在领主的土地上的，是在领主的监督和鞭策之下进行劳动的。在这种情形之下，农奴被奴役压迫，痛苦不堪。同时，农奴大部分的时间是在领主的土地上耕作，为领主生产，他们自己的生产不能进行。因此，对这种残酷的压迫和剥削，农奴们必定激烈斗争。在农奴强烈的斗争之下，领主被迫，不得不让步，便将劳役地租改为实物地租。改为实物地租以后，农奴只将其收获的部分作为地租缴于领主，不再为领主耕种土地，这样，他们可以得到一点自由，可以进行自己的生产，可以获得较多的利益。领主们则借此可以稍缓和农奴的反抗。

在劳役地租改为实物地租之后，在我国似也有一个代役租的阶级。鲁宣公十五年，『初税亩』，左传云：『初税亩，非礼也。谷出不过藉。』『谷出不过藉』，当是以『谷』代『藉』的。

这应是代役租。

由代役租再进而为按亩征税。这一转变，盖由于生产进步，生产进步，生产量提高了，有更多荒地都开辟了。封建诸侯为增加他的剥削，扩大他剥削的范围，对这些新开辟的土地便也征税，对这些新开辟的土地，旧的劳役地租和代役租是不适用的，因而便出现了按亩征税的制度，鲁宣公十五年『初税亩』，儒家学者都反对，认为『非礼』，是增加人民的负担，足知按土地征税实是由于贵族阶级扩大剥削的缘故。

春秋时代，不仅农民的土地征收实物地租，贵族的土地似也开始征税了，昭公十八年左传谓郑国大火，焚烧了不少人家，子产命『书焚室而宽其征』。这里被焚烧的显多是郑国的贵族的房屋，子产因他们被焚而命『宽其征』，足证郑国的贵族也必纳租税。哀公十一年左传云：『初，辕颇为司徒，赋封田以嫁公女，有余以为己大器，国人逐之。』这里所赋的土地，显然也有贵族的土地，贵族的土地，原是纳『贡』的，现在也改纳税，这也必因诸侯要扩大他的剥削的缘故。

春秋时代，不仅地租改变了，赋也改变了。赋也逐渐改按土地征收。赋原是军赋，而战争的时候，出车、马、牛、兵等。军赋原是按地收的。春秋末年，也改『以田赋』了，前四八三年，鲁『以田赋』，以田赋当也是征收实物。自此以后赋与租便逐渐混合。

这种赋税制度的改变，关系至为重要的。这促使土地更向私有发展。因为地租改征实物，又按土地征收，则封建领土只要按土地征收租税即可，土地属于谁便无关紧要。这样，土地便可以自由转移，自由买卖，土地私有便从此完全确定，这样就更促进土地私有转向完全私有。实物地租和按土地征税既确定以后，农民的生产劳动可更加自由。农民凭借自己的劳动可以希望更增加自己的收获，农民劳动的兴趣大大地提高，因此促进生产力的发展，春秋以后迨至战国，生产蓬勃地发展，原因即在于此。

二、社会矛盾的发展与阶级斗争

封建贵族对农民的剥削 西周时代，封建领主对农民进行超经济的残酷的剥削。春秋时代，由于农民的强烈的斗争，获得了一些自由。但这不是贵族阶级对农民的剥削减轻了。春秋时代，贵族阶级对农民的剥削依然是非常凶恶的。在贵族阶级凶恶的剥削之下，阶级矛盾日益加深，阶级斗争也日益激烈。

首先，封建贵族对于人民横征暴敛，肆意压迫掠夺。昭公二十年左传云：

『县鄙之人，入从其政。逼介之关，暴征其私。承嗣大夫，强易其贿。布常无艺，征斂无度。……内宠之妾，肆夺于市；外宠之臣，僭令于鄙。私欲养求，不给则应。民人苦病，夫妇皆诅。』

这是齐国的贵族阶级剥削和掠夺人民的情况。据说在这样的剥削掠夺之下，人民的生产所入，三分之二都被他们搜括去了，人民衣食只有三分之一。又当时晋国也是『庶民罢敝』，『道饥相望』，『民闻公命，如逃寇仇』（昭公三年）。这种横征暴敛，在当时各国实普遍存在。

春秋时代，高利贷也出现了。如文公十六年左传谓宋饥，公子鲍『竭其粟而贷』。晋国魏绛建议晋悼公『输积聚以贷』（襄公九年左传）。齐国的田氏以减轻利贷的利息收买人民。这许多事实都足以证春秋时代必已有很厉害的高利贷剥削了。

农民在贵族的横征暴敛和高利贷的剥削之下，日益穷困。春秋时代，各国都有大量的贫民存在。成公十八年左传云：『晋悼公即位于朝。……施舍已责，……振废滞，匡乏困，救灾患。』昭公十四年左传云：『国之贫约孤寡者私与之粟。』昭公十四年左传云：『楚子使然丹简上国之兵于宗丘，且抚其民。分贫振穷，长孤幼，养老疾，收介特，救灾患，宥孤寡。』国语楚语云：『民之羸馁，日已甚矣。四境盈垒，道殣相望，盗贼司目，民无所放。』春秋时代，各国贫困无告的人民实属不少。在这种情形之下，农民与贵族之间的阶级矛盾日益加深，斗争自也日益激烈。

农民工商业者与贵族的斗争 春秋时代，农民对贵族阶级的斗争是相当激烈的，他们用逃亡或武装反抗以与贵族阶级斗争。封建贵族阶级是要将农民束缚在土地上，任他们剥削的，他们的希望是『民不迁，农不移，工贾不变』。农民逃亡，对他们自是个严重的打击。春秋时代，农民逃亡为数很多的。他们有许多逃亡以后，就聚而为『盗』，进行武装反抗。春秋中叶以后，各国都看到有这种农民起义反抗的情形。如晋国『寇盗充斥』（襄公三十一年左传）。『郑国多盗，取人于萑苻之泽』（昭公二十一年左传）。楚国『道殣相望，盗贼司目』（国语）。『鲁多盗』（襄公二十一年左传）。论语云：『季康子患盗，问于孔子。孔子对曰：苟子之不欲，虽赏之不窃。』可知农民的反抗，实都由统治阶级贪欲无厌，掠夺剥削所造成的。

春秋时代，手工业者和商人对贵族的斗争也是相当激烈的。小手工业者和商人原都是属官府的。春秋时代，各国都有『工正』或『工尹』管理着『百工』，甚至还将手工业者当奴隶一样赠送给别国。商人虽然比手工业者略有一些自由，但各国也都有『司市』或『贾正』管理商人，也就是对商人进行压迫和剥削。贵族阶级对于手工业者和商人自然希望『工贾不变』，『工之子恒为工，商之子恒为商』，永远供他们奴役和剥削。但春秋时代，手工业和商业都逐渐发展起来了，手工业者和商人当然要求挣脱贵族阶级的枷锁而争取自由。春秋时代，手工业者和商人往往直接参加当时的政治斗争。定公八年左传云：『苟卫国有难，工商未尝不为患。』可知卫国每次贵族阶级内部发生矛盾冲突，手工业者和商人都参加斗争。这就是手工业者和商人利用贵族阶级内部的矛盾，进行斗争。又前五二〇年周王子朝与王子猛争位，王子朝联合『百工』进攻王子猛。这也是『百工』利用贵族阶级内部矛盾而进行斗争。

这种斗争是获得了很大的成就。这催促了旧社会的灭亡，推动了社会的前进。农民手工业者逃亡和进行武装斗争，因之，有许多农民和手工业者从封建贵族的奴隶和压迫之下解放出来。这样，就逐渐瓦解了封建领主的封建组织。春秋时代，有不少的国家即因人民的斗争而使其灭亡的。襄公十三年左传云：『及其乱也，君子称其功以加小人，小人伐其技以冯君子。是以上下无礼，乱虐并生，……国家之敝，恒必由之。』这就说明了这种情况。同时，农民、小手工业者、商人，从贵族阶级的束缚之下解放出来，使生产力也大大的提高了。春秋以后，旧制度逐渐破坏，新社会逐渐发展，生产日益进步，这是个主要原因。

成文法的出现 春秋时代，农民的斗争还有个重要的成就，就是成文法因此而出现。

我国古代何时开始有成文法，现在不能确知。传说我国古代夏有禹刑，商有汤刑，周有九刑。尚书又有吕刑。但这种说法是否可信，却不无疑问。金文有『作刑』的记载，但这是否就是正式的法，也属可疑。西周时代可能已有法，但即使有法，也是秘密的法，而不是公开的法。我国成文法之出现，似始于春秋。这些成文法，实都是由农民的斗争而获得的。

春秋时代第一部成文法应是前六二一年赵宣子所制的『事典』，前五一三年，晋赵鞅荀寅铸刑鼎，『著范宣子所为刑书』。孔子批评说：『且夫宣子之刑，夷之蒐也。晋国之乱制也。』可见范宣子所著的刑书乃是根据『夷之蒐』之法的。『夷之蒐』之法，实就是赵宣子所制的『事典』。这一年，赵宣子为晋卿，蒐于夷，制『事典』，行之于晋国。

孔子批评『夷之蒐』之法是晋国的『乱制』，可见『事典』必是在晋国的『乱制』之下才制定的。什么是『乱制』？这就是农民对贵族阶级的斗争，文公六年左传云：

『春，晋蒐于夷。……宣子于是乎始为国政，制事典，正法罪，辟狱刑，董逋逃，由质要，治旧污，本秩礼，续常职，出滞淹。既成，以授太傅阳子与太师贾佗，使行诸晋国，以为常法。』

这是『事典』主要的内容，这里值得注意的是『正法罪』『辟狱刑』『董逋逃』『由质要』『治旧污』几点。『正法罪』，杜预云：『轻重当。』『辟狱刑』即治理刑狱。『董逋逃』即追治逃亡的人。『由质要』杜预谓用券契。『治旧污』杜预云：『治理污秽。』由这些规定看，当时晋国必定刑法不当，经济关系上有欺压伪诈的情况，贵族阶级官吏贪污不法。由这种情形可以推想当时晋国必是这样：贵族阶级贪污不法，对农民肆无忌惮地剥削掠夺，并对人民压迫和屠杀。在这样严重的剥削掠夺和压迫之下，农民大量的逃亡。由于人民这样的反抗，晋国的贵族阶级，才制定这个『事典』，规定经济关系要根据契约，不能滥刑罚，禁止贪污，想借此缓和农民斗争。所以，『事典』实是由农民的斗争才出现的。

春秋时代第二部成文法是前五三六年，郑国子产所铸的刑书，这也是农民的斗争获得的。子产铸刑书的时候，晋叔向写信给他，表示不赞成。子产复信说：『吾以救世也。』子产颁布刑书，他说是为着『救世』，为什么是『救世』呢？怎样『救世』呢？子产既说他颁布刑书是救世的，则当时郑国必有相当严重的危机存在，他这部刑书是非常迫切需要的，是解救这种危机的。然则，这种危机是什么呢？我们看，这就是农民强烈的反抗。因为农民强烈的斗争，威胁了贵族阶级的统治。所以他感到这是危机，按叔向给子产信说：『民知有辟，则不忌于上，并有争心，以征于书。』又说：『今吾子相郑国，……铸刑书，将以靖民，不亦难乎？……民知争端矣，将弃礼而征于书。锥刀之末，将尽争之。乱狱滋丰，贿赂并行，终子之世，郑其败乎。』由此可知，当时的『争端』实存在于农民和贵族阶级之间。子产的刑书，目的是要解决这种『争端』。子产的刑书主要的必是规定贵族与农民之间的经济关系。这很明显地可以看出，这必是因为农民强烈的反抗，迫使子产不得不制定这一刑书。

又从当时郑国的社会情况也可以看出，昭公二十年左传云：

『郑子产有疾，谓子太叔曰：我死，子必为政，唯有德者能以宽服民，其次莫如猛。夫火烈，民望而畏之，故鲜死焉。水懦弱，民狎而玩之，则多死焉。故宽难，疾数月而卒，太叔为政，不忍猛而宽。郑国多盗，取人于萑苻之泽。太叔悔之，曰：吾早从夫子不及此。兴徒兵以攻萑苻之盗，尽杀之，盗少止。』

由这段话可知当子产执政的时候，郑国必定多『盗』，子产曾用严酷的手段加以镇压。这些『盗』由何而来？这显然必须是农民不能忍受贵族阶级的掠夺压迫，逃亡为『盗』，进行武装反抗的。由这种情形看，子产执政的时候，郑国的社会矛盾必非常严重。子产面临着这样严重社会形势，所以他一面用严酷的手段镇压农民的反抗，一面颁布刑书，使贵族阶级不能肆无忌惮地剥削和掠夺人民，以缓和农民的斗争。子产刑书的制定，其社会背景当是如此。由此可知，子产刑书的颁布实也由农民斗争而获得的。

自此以后，前五一三年，晋赵鞅、荀寅铸刑鼎，著范宣子所为刑书。前五〇一年，郑邓析又编竹刑。成文法陆续出现。这也必由农民的斗争而产生的。

成文法之出现，具有重要的意义。这沉重地打击了贵族阶级，削弱了他们的特权，而从此以后，法治思想兴起。这种思想发展，成为新兴地主阶级向封建领主阶级斗争的重要思想武器。

初期封建制的崩溃 初期封建社会，西周初年开始发生，以后逐渐发展。及至春秋时代，生产日益发达，阶级斗争日益复杂而激烈，这种制度便逐渐破坏。迨至春秋之末，便完全崩溃了。

初期的封建制是建立在两种基础之上的。一是土地制度。封建领主阶级按照宗法的组织瓜分土地，封建领主阶级掌握着土地，对其所属的土地上的农奴进行剥削和奴役。二是宗法组织。封建领主阶级以宗法的组织结成一个统治势力，对农奴进行压迫。这种组织自天子、诸侯、卿大夫、士，构成一个相当严密的系统。春秋时代，生产日趋发达，阶级斗争日趋激烈，以及政治的发展，迨至春秋之末，这种封建制度的基础和组织完全被破坏，因此，这种封建制度也就灭亡了。

摧毁初期封建制的基本原因就是生产发达。春秋时代，生产日趋发达，农奴要求脱离领主的奴役也日趋迫切，农民与贵族领主阶级斗争也愈益激烈，这就促使旧的封建制度逐渐被破坏。尤其重要的，生产发达了，社会阶级也日益复杂。这中间最主要的，出现了新的独立的小手工业者和商人阶级。这两个阶级有力地摧毁了旧的封建社会的基础和组织。旧的封建社会的基础，是建立在封建领主占有土地上面的。西周以来，土地虽已逐渐转向私有，但在春秋时代，还未完全变为私有，土地还未完全自由买卖，这也就是未能完全脱离领主的掌握，但自春秋时代，商业日渐发达，商业资本日益强大。商人阶级是要求土地也和商品一样能够买卖的。同时，土地是当时最主要的生产手段，商人阶级也要求掌握这种生产手段。因此，商人阶级既兴起以后，便促使土地更迅速地转向私有。土地既完全私有，则土地便从封建领主手中转入商人和新兴地主阶级的手中，这样就将封建领主的基础彻底破坏了。

旧的封建制度是将农民束缚在土地之上的，同时也将人束缚在宗法组织之内的。独立的手工业和商人兴起以后，这种组织也被破坏了。因为手工业者和商人必须要脱离土地和宗法组织。手工业和商业愈发达，旧的封建组织便愈被破坏。

及至春秋之末，商业已很发达了，此时不仅各国有市而且已有大的商业都市出现了。因此，春秋末年的时候，旧的封建制度的基础和组织便也完全被摧毁，旧社会走向灭亡。

生产发达，政治也发生变化。因为生产普遍发展，诸侯各国的力量逐渐强大。他们彼此进行战争，掠夺土地。周自东迁以后，原就衰弱，春秋时代，诸侯日益强大，天子的权力更加衰落。春秋时代，诸侯各国战争日益激烈。因为战争的缘故，春秋中叶以后，各国掌握军权卿大夫又逐渐强大，他们又篡夺了诸侯的权力。旧的封建组织是天子、诸侯、大夫层层统治的。现在，诸侯夺取了天子的权力，大夫又篡夺了诸侯的权力。这样，就将旧的封建的统治组织完全破坏了。春秋末年，许多国家政权都入卿大夫之手了。旧的封建社会便也宣告灭亡。

中央集权制的萌芽 封建领主的封建制没落了，代之而起的是中央集权的封建制。这种制度在战国时代迅速地发展起来，但这种制度在春秋时代实已萌芽了。

中央集权的封建制是以新兴地主阶级占有土地为基础的，其在政治上的表现：一是郡县制，一是官僚士人参政。这两点春秋时代既已萌芽了，及至春秋末年便更加显著。

县原是封建领主的采邑。封建领主的采邑，领主自己所住的称为都，其他小的称为邑，或称为县。这原是封建领主管理农奴耕种的地方，并不是政治上的行政组织。封建领主派往管理邑者称为邑宰。诸侯派往的称为大夫或尹。

春秋时代，这种县邑逐渐地发展成为行政的单位。这种行政组织的县的发生，最初是诸侯战争并吞其他的国家或掠得土地，设官治理，如果楚灭申、吕，改设为县。秦穆公取晋河东，在那里设官治理。这就都是带有行政性质的县了。自此以后，生产发达，人口增加，社会不断地改变，许多诸侯的邑或卿大夫的采邑也都逐渐变为行政区域的邑或县。行政单位的县与领主的采邑性质上是不相同的，最初领主的采邑只是领主管理农奴，征收租税的村落，行政单位的邑或县，则已不是领主管理农奴的村落了。这里有复杂的阶级，有复杂的阶级矛盾，邑宰已有『公权』，维持社会的『秩序』，春秋中叶以后，有许多邑，就已是这种性质了。

『子游为武城宰。子曰：女得人焉尔乎？曰：有澹台灭明者，行不由径，非公事未尝至于偃之室也。』（论语）

『子游为武城宰。孔子之武城，闻弦歌之声。夫子莞尔而笑，曰：割鸡焉用牛刀？子游对曰：昔者偃也闻诸夫子曰：君子学道则爱人，小人学道则易使也。』（论语）

『子夏为莒父宰，问政。子曰：无欲速，无见小利。欲速则不达，见小利则大事不成。』（论语）

这里邑已有『公事』，邑宰要治理和教育人民，想为人民求利，还要求『贤』，这显然已是行政单位的性质了。这种邑再往后发展，到了战国，便成为郡县制度。

士，原是封建领主下面服务的人，他们是武士，为封建领主作战，也为领主管理政治或采邑。不仅诸侯有士，卿大夫也有士。卿大夫的士，称之为『家臣』。士为封建领主服务，但他们本身并非全是贵族。他们的来源甚为复杂，有没落的贵族，有自由民，甚至领主的奴隶也可以上升为士。士为诸侯和卿大夫服务，一部分以田为禄，食其租税，大部分是食秩廪，即以谷为俸。他们没有采邑，他们的职务是由诸侯或卿大夫指派。在政治和军事上实际做事的就是士。

春秋时代，随着社会和政治的变化，士这一阶层日益发展和重要起来。春秋时代，战争激烈，大国诸侯、卿大夫之间彼此斗争，他们的私邑也有扩大，不论在军事或政治上，士的需求是更加迫切的，因此士的数量大大地增多，地位也更加重要。春秋时代，就有许多诸侯和大夫养士，『聚士』。春秋时代，社会逐渐变化，土地逐渐转向完全私有，手工业者和商人逐渐兴起。这些新兴地主和商人阶级，也逐渐要求政权，要求参加政治，他们就利用士这一阶级与封建领主阶级相对抗，也就是他们自己上升为士，春秋末，就有『庶人』为官了。如曹声公以公孙强为司城便是显例。这样，随着社会的发展，士这一阶级发展得更快。及至春秋末年孔子和墨子出现，便有专事训练士的了。自从孔子墨子培养了大量的弟子，士更形成一有力的阶级，从此，不仅政治上士成为一个大的势力，思想上也出现了新的思想，这就是尚贤论。士是代表新兴的地主阶级和商人阶级的，新兴地主阶级反对封建领主，反对封建领主的特权，尚贤论就是反对封建领主的思想武器。春秋末年，士的势力既大，封建领主统治的时代便也走向结束，而中央集权制度便逐渐发展起来了。

第三节　春秋时代大国争霸与大夫兼并

周自东迁以后，日益衰落，逐渐丧失其统治的力量，代之而起的是诸侯大国争夺霸权。西周之初，出现了新的封建制的生产关系。在这种新的生产关系之下，生产发展更迅速。

经过西周几百年的时间，各地的生产已普遍地发展起来了。西周之末，东周之初，诸侯便逐渐强大起来，因此，周东迁以后，王室衰落，诸侯大国便起而争夺霸权。同时，也就因为生产发达，各国诸侯对于土地的贪求也日益增加，他们都想掠夺新的土地，想扩大自己的领土。尤其到了春秋以后，生产更加发达，他们对于土地的掠夺也就更甚。因此，他们争夺霸权，也即掠取土地的战争，便也愈演愈烈。春秋三百年间，就全在这些大国掠夺土地和争夺霸权的战争中。大国争霸，掠夺土地，小国一一灭亡，天子的权力愈趋衰落。不仅诸侯大国掠夺土地，春秋中叶以后，各国卿大夫也掠夺土地。因此，诸侯大国的政权又逐渐为卿大夫所篡夺，土地为卿大夫所掠取。诸侯的权力又因此而衰落。春秋时代，诸侯强大，周天子统治衰落，卿大夫强大，诸侯的统治衰落，最后，周的统治系统完全瓦解，旧制度因此而灭亡。

周室的衰落与诸侯强大 周平王为犬戎所攻，东迁洛邑，周室就已衰弱了，但，最初因为有诸侯拥护，也还有相当的力量。平王时曾击灭王子余臣，收复宗周就可以看出这一点。

周一蹶不振，大概始于平王末年和桓王初年。其衰落的原因，大概有两点：一是失去了诸侯的支持，一是戎又一次入侵。周东迁洛邑，主要的是依靠晋郑两国的支持，但平王二十五年（前七四六年）晋文侯死，晋国内乱，无暇顾及周室，周便失去了晋国的支持。及平王之末和桓王之初，郑与周又决裂。桓王即位，郑攻周。这样，周又失去了郑国的支持。周之东迁，原依晋郑两国，现在这两国的支持都丧失了，周自更加衰落。

周平王末年，又有一次戎人大入侵。后汉书西羌传云：『及平王之末，周遂陵迟，戎逼诸夏。自陇山以东，及乎伊洛，往往有戎。于是渭首有狄、豲、邽、冀之戎，泾北有义渠之戎，洛川有大荔之戎，渭南有骊戎，伊洛间有扬拒、泉皋之戎，颍首以西，有蛮氏之戎。』据此，周平王末年，戎人又大举入侵，周关中乃至洛阳附近之地皆为戎人所侵占。大概周受了这一次严重的打击，丧失了大片土地，遂更加衰弱不振。

周既衰弱，丧失了其统治的力量，诸侯大国便代之而起。

周室既衰，周内外的形势便发生变化。首先，这时候，南方的楚和北方的戎狄，都向中原侵略。楚原是个独立的部落，原就不属周统治，西周以来，一直是与周为敌的。这时候，楚强大起来了。他吞并了许多小国，进攻中原陈、蔡等国。同时，这时候，北方的戎狄也向南侵略。当时，自今陕西、山西、河南、河北，以至山东境内，都有戎狄散布。她们侵扰黄河北岸的各国。这中间尤以楚势力最大，给予『诸夏』各国的威胁最为严重。以后中原的霸主，主要的，就是对楚的战争。其能否称霸，也就看她能不能击败楚。当时，周王室衰落，诸侯纷争，外面又有□□□□患，就在这样的情形之下，大国诸侯便起而称霸。她们喊着『尊王攘夷』的口号，将『诸夏』的国家团结起来，结为『同盟』，以图恢复周王室的统治权力，抵御『南蛮』『北狄』的侵略。

所谓『霸』，意就是诸侯之长。西周原有方伯，方伯就是诸侯之长。霸就是伯，是袭用方伯这一名称的。霸是将诸侯组成『同盟』，霸即是『同盟』的『盟主』。

齐桓公称霸 齐自西周以来原就是大国。齐都临淄（山东临淄），在山东半岛。山东半岛地理环境优良，古代生产甚为发达。其地又近海，有鱼盐之利。因此，齐很早就能强大起来。前六八五年，齐桓公继位。他用管仲为相。管仲是我国历史上有名的政治家，他辅佐齐桓公，治理齐国。齐因之便强大起来。

齐桓公的时候，正是南方的楚和北方的戎狄严重地威胁『诸夏』安全的时候。他即位不久，即向外扩张，败鲁、灭谭、灭遂。前六七八年，便会鲁、宋、陈、卫、郑等国于鄄（山东濮县境），开始称霸。前六六三年，山戎侵燕，桓公救燕，击败山戎。前六六一年，狄入侵邢，桓公救邢。前六六〇年，狄入破卫，桓公又救卫。前六五六年，遂率诸侯伐楚。楚也屈服，自认不贡王室的错误。前六四二年，戎人寇周，他又率诸侯城周。次年，他就死了。

齐桓公是春秋时代第一个霸主，他团结了中原诸侯，抵抗了北方戎狄和南方楚国的侵略，使『诸夏』免于灭亡，这不能说不是很大的功绩。但，自此以后，大国争霸，掠夺土地的战争，也就愈趋愈烈了。

晋国称霸 晋是周成王兄弟唐叔虞之后。西周末年，晋似就已相当的强了。周平王东迁，主要的，是依赖晋文侯。晋文侯且将犬戎击败，杀王子余臣，收复了宗周故地。但晋文侯死，晋国发生内乱，晋又衰弱了。

前六七六年，晋献公继位，晋又复兴。献公击灭骊戎（陕西骊山下），魏（山西芮城），虢（河南陕县），虞（山西平陆），以及其他许多小国。晋献公死后，晋又发生内乱，及前六三六年，晋文公即位，晋复强，称霸。

齐桓公死后，宋襄公曾想称霸，为楚所击败。此时，中原各国没有霸主，北方的狄和南方的楚又都向中原侵略，尤其楚国势力强大。当时，陈、蔡、郑，甚至曹卫都倒向楚国。晋文公即位，正周王室内乱，王子带勾结狄人逐周襄王。前六三五年，晋文公即起兵『勤王』，击败王子带，迎周襄王复位，他的声望就高起来了。前六三三年，楚围宋，宋求救于晋，文公率兵救宋。前六三二年，他首先进攻楚国与卫和曹。将卫曹击败以后，便救宋攻楚。与楚战于城濮（山东濮县南），大败楚军。晋文公会诸侯于践土（河南荥阳），结为同盟，晋遂称霸。从此以后，晋更加发展。文公死后，晋犹为霸王。

秦穆公霸西戎　秦也是个旧氏族部落。传说是伯益之后，嬴姓。其最初住地是西犬丘。周初的时候，秦是西戎之间的部落。周夷王时，有非子为夷王养马，夷王命他为附庸，封于秦亭（甘肃清水县）。由此遂称为秦。非子时代，秦依然是个小部落。及周厉王宣王的时候，秦仲助周攻西戎，便开始扩张，逐渐强大。犬戎杀周幽王，攻平王，秦襄公助周。平王东迁，封秦襄公为诸侯，赐以岐山以西之地，秦始列为诸侯。从此以后，秦不断地沿渭水向东发展，经过文公、宁公、武公、德公、成公几代，逐渐取得了渭水流域的地方。及至穆公便尽有黄河西岸关中之地，秦便强大起来。

秦穆公时代，更想向东发展。晋献公死，晋国内乱，他参加晋国的内乱，以兵送公子夷吾回晋，立为惠公，并夺取了晋河东之地。晋惠公死，他又派兵送晋文公回国。晋文公称霸，他出兵助晋攻楚。晋文公死，他遂想争霸中原。前六二七年，秦穆公出兵攻郑。此时，晋是中原霸主，秦穆公想称霸，晋自不允许。晋襄公派兵攻秦，切断秦军的归路，大败秦军于崤（河南陕县崤关）。秦穆公争霸中原的企图遂告失败。

秦穆公为晋所败，用百里奚、由余，励精图治，转向西戎发展，并吞许多西戎小部落，遂霸西戎。自此以后，秦更成为一个大国。

楚之称霸　楚也是个旧部落，是颛顼之后。她一直是个独立的部落，不属周统治。西周时代，不时与周发生战争。

楚周初居丹阳（丹水之阳）。楚文王熊赀迁郢（湖北江陵）。这正是江汉大平原地区，土地肥饶，生产容易发展。因此，当春秋时代，各地的生产普遍向上发展的时候，楚也迅速地发展起来。

东周初年，当楚武王时代（前七四〇年—前六八九年），楚就逐渐强大了。前六八九年，楚文王立，迁都于郢，遂更加强大。楚文王时代，楚更向外扩张。他灭亡了申、吕、息、邓及其他汉水流域的许多小国，更进而攻蔡，威胁『诸夏』。往后中原霸主齐桓公、晋文公兴起，虽然阻止了楚国向中原的进攻，但却不能阻止楚国的发展。楚文王以后，成王穆王时代，又吞并了许多国家，汉水流域全为其所占有，并且更向淮水流域扩张。前六一三年，楚庄王即位，楚便称霸。

楚庄王即位，前六一一年灭庸，又屡攻郑宋。前六〇六年灭陆浑之戎，进逼洛阳，楚庄王向周问鼎之轻重，就想取周而代之。前六〇一年，又伐陈，灭舒蓼。前五九七年，围郑，大败晋于邲（郑州东）。次年，又围宋，宋降，于是郑、宋、陈、蔡都归到楚国的势力之下，甚至齐国也与楚结为同盟，楚便称霸。

晋楚争霸及弭兵之会　邲之战以后，楚势力强大。但晋国为保持她中原霸主的地位，也不退让。她一方面屡出兵与楚争夺当时中原枢纽的郑国，一方面与东方的吴国联络，令吴扰乱楚国的后方。公元前五七五年，晋大败楚于鄢陵（河南鄢陵），于是晋又恢复霸主的地位，但陈、蔡始终为楚所有。

晋楚两国争霸，长期的战争，人民痛苦，各小国诸侯也罢敝不堪，都厌恶战争。前五四六年，宋大夫向戌倡议弭兵，要晋楚两国停止战争。晋楚两国迫于人民的要求，不得不答应。于是晋楚两国及两方同盟的诸侯会于宋。但在盟会的时候，两国依然争夺盟主的地位，楚令尹子木以武力威胁晋大夫赵武，结果楚竟为盟主，夺得了霸主的地位。前五四〇年，楚灵王即位，楚更大肆扩张。前五三八年，楚灵王会诸侯于申，除晋、宋、鲁、卫以外，其他各国都到了，楚不异是诸侯的霸主了。此后数年之间，楚伐吴，灭陈、蔡，伐徐，势力大涨。直到楚灵王死后，吴国强大，楚势力才被阻止。不过，自弭兵之会以后，楚国发展的方向转向东方，战争的中心转向吴楚两国，楚晋的战争确减少了些。

吴之称霸 吴是周太王的儿子太伯仲雍之后。太王三子，太伯、仲雍、季历。据说太王想将王位传给季历的儿子昌（周文王），意欲立季历为太子。太伯、仲雍听说父亲有这种意图，就逃往荆蛮，以让季历。他们最初居梅里（无锡东南），后世迁姑苏。

自西周直到春秋之初，吴国是默默无闻的。她与中原的国家也没有往来。及至春秋中叶以后，吴才开始逐渐地强起来。因为春秋以来，各地的生产都向上发展，吴国受了中原文化的影响，生产也逐渐发达起来了。

在楚庄称霸以后，晋楚两国争霸激烈。前五八四年，有楚国的亡人申公巫臣向晋国建议，派人往吴，与吴相结，要吴扰乱楚国的后方。晋派申公巫臣往吴，并教吴车战，吴自此始与中国正式交通。

吴既与晋相结，出兵攻楚，原属于楚国的许多小国都为吴所取，吴遂渐强大。而在这以后的几十年之间，吴楚两国为争夺淮水流域的土地，不断地战争。前五一四年，吴王阖闾即位，吴国的势力更强大起来。阖闾攻楚，夺取楚国的舒、六、灊、居巢等地。前五〇六年，吴更大举攻楚，败楚于柏举（湖北麻城），乘胜攻下楚国的都城郢。楚昭王逃走。此时，越以吴王阖闾在郢，乘虚攻吴，楚又乞师于秦抗吴，吴王阖闾前后受敌，才退还。

吴王阖闾自楚退回，攻越。与越王勾践战于槜李（嘉兴）受伤而死。子夫差即位。夫差报父仇。前四九四年，攻越，大败越王勾践。夫差败越，想争霸中原，便北上攻齐，败齐于艾陵。前四八二年，夫差又北上，会诸侯于黄池（河南封丘），与晋争霸。正当夫差与晋争长的时候，越王勾践乘虚袭吴，夫差匆忙退回。夫差连年战争，人民罢敝，不能抵抗，向越求和。此时，越国日益强。前四七八年，吴又为越所败。前四七五年，越又攻吴，围姑苏。前四七三年，越攻下吴，夫差被俘，吴便灭亡。

越之称霸　越传说是夏少康的后代。其地在会稽（浙江绍兴）。越国兴起，是始于越王允常。允常与吴王阖闾同时。这以前越国的事实也毫无所知。

越自允常才开始大起来。吴王阖闾攻楚入郢，允常乘虚攻吴，吴楚两国便结为仇敌。允常死，子勾践立。吴王阖闾攻越，勾践抵御，击败吴国，吴王阖闾受伤而死。吴王夫差即位，为父报仇，攻越，越王勾践大败，退保会稽，向吴投降，贿赂了吴国的大臣太宰嚭，才免于灭亡。

越王勾践既败之后，卧薪尝胆，刻苦自励，和他的大臣文种范蠡图谋复兴。『十年生聚，十年教训。』果然强大起来了。前四八二年，吴王夫差北上争霸，他就袭击吴国。最后，终于将吴灭掉了。

越王勾践灭吴以后，北上会诸侯于徐州，朝贡天子。周元王命越王勾践为霸。勾践死，越仍是个强国，直至战国，越王无强时，为楚所灭。

春秋时代，自齐桓公至越王勾践，二百余年之间，一直是在大国争夺霸主的战争中，大国这样争霸的结果，是大国吞并小国，小国灭亡，大国的势力强大，周天子的统治愈益衰落。大国争霸，基本上是为着掠夺土地。因此，当他们争霸的时候，无不侵略小国的土地。不仅大国，即二三等的国家也掠取小国的土地。据说大国争霸的时候，齐桓公『并国三十五』（荀子仲尼篇）。『晋献公并国十七』（韩非子难二篇）。楚文王『兼国三十九』（吕氏春秋直谏篇）。楚庄王『并国二十六』（韩非子有度篇）。秦穆公『并国二十』（李斯谏逐客书）。据左传记载，春秋时代，原有一百四十余国，到了春秋之末和战国之初，只剩下十几个了。大国兼并小国，大国的领土扩大，对诸侯的统治权也落入霸主之手，这样，以前周天子的封建统治的组织便完全被破坏了。

大夫兼并和篡夺　春秋时代，诸侯大国掠夺土地，周天子的统治逐渐衰落。但同时，各诸侯大国国内卿大夫的势力又逐渐强大，他们彼此之间也互相兼并。最后，诸侯的土地被大夫所窃取，诸侯的政权又被大夫所篡夺。

春秋时代，卿大夫势力强大，主要的，是由于战争。春秋时代，掠夺土地的战争是愈演愈烈的。为着要进行战争，各国都扩充军队。不仅霸王增加军队，即次等的国家也没不扩充军队。例如晋国，原只有一军，晋献公的时候，扩充为二军。及至晋文公便更扩充为三军。后更想扩充为六军。鲁国原为一军，后也扩充为三军。又因为战争的缘故，军人的权力提高了，地位也重要了。春秋时代，各国的卿，原就是掌政治和军事的，因为军事重要，他们的权力更加增高。他们不仅掌握国内的政权和军权，同时，他们又主持盟会。尤其霸主之国的卿，他们更是诸侯盟会的主持者和战时军队的指挥者。因此，他们不仅掌握各国的政权、军权，还掌握外交。春秋时代，尤其中叶以后，各国的卿大夫，实是当时最活跃的人物。因为政治、军事、外交等大权都落入卿大夫之手，诸侯的权力便也逐渐为他们所窃取。春秋时代，各国的卿大夫，大多是世袭的。因此，□之，各国多形成许多大家族，卿的位置都被这些大族所把持。卿大夫的权力既大，他们通过封邑乃至要求，强占的手段，占有大片的土地。因此，诸侯的土地又为少数卿大夫所瓜分。春秋中叶以后，晋、齐、鲁、卫、郑、宋等国，无不如此。这些卿大夫权力既大，他们彼此之间，又争权夺利，互相兼并。最后，各国极少数卿大夫，并吞了其他各族，形成最大的势力，因而便篡取诸侯的政权。

春秋各国卿大夫兼并篡夺，最重要的是晋齐两国。

晋国的世卿，是从晋献公、文公以后逐渐形成的。晋国以后，有势力的大族大概都是献公、文公时代卿大夫的后裔。晋国的大族最著的前后有狐氏、先氏、郤氏、乐氏、范氏、中行氏、知氏（即荀氏，原与中行氏为一族）、赵氏、韩氏、魏氏等。晋国的卿都是异姓，这乃因为晋公室内部争权造成的。最初晋文侯死，晋国内乱，公室争位，晋献公即位以后，大肆屠杀同姓，这以后晋公室贵族在政治上便没有权力，公子公孙长大也都流放于外国。因此，晋国的卿大夫多是异姓。晋国的卿位，都由这些大族占据，年代稍久，他们便成为世卿。

晋国卿大夫势力既大，他们彼此之间便也争夺而冲突。在这些大族之中，狐氏、先氏，比较早的时候就衰落了，余下的有九族。前五八八年，晋置六军，六军将就是卿。六卿的位置都在这些大族之手。他们逐渐窃取晋侯的权力，同时彼此之间又复争权，于是矛盾斗争日益复杂激烈。前五七三年，晋厉公以诸大夫势力太大，想完全将他们去掉，他与胥童相结，灭郤氏，而乐书。中行偃又弑厉公，灭胥氏。前五五〇年，范氏与乐氏争权，范氏又灭乐氏。这以后，晋只剩了六大族，这六族占有六卿的位置，这就是所谓晋国的六卿。这六族彼此依然斗争。及至弭兵之会以后，六卿势力更大，晋侯权力全落入他们之手，而他们彼此兼并也更加激烈。前四九七年，赵、魏、韩、知氏与范氏、中行氏爆发大战，战争达八年之久，灭范氏和中行氏。于是六卿只余赵、魏、韩、知四家，他们将范氏、中行氏的土地完全瓜分了。春秋末，四家之中，知氏最强，知伯瑶想吞并三家，前四五三年，赵、魏、韩三家联合攻灭知氏，晋国遂为三家所有。

齐国的世卿，最初有齐同姓高氏、国氏。稍后又有齐同姓的崔氏、庆氏和异姓的陈氏、鲍氏、晏氏。起初，高、国、崔、庆之间彼此争权。前五四八年，崔杼弑齐庄公，前五四八年，庆封杀崔杼，明年，高氏又逐庆封，于是崔、庆两族皆衰。崔、庆两族衰落之后，陈氏的势力日益强大。齐景公的时候，田乞为大夫，他看到齐国的大族争权，也树立自己的势力。他放利贷，以大斗量出，以小斗量入。同时，他又经营商业，他所经营的木材鱼盐，市场上的价格和在产地一样。他用这样的阴谋方法示好于人民，争取人民的支持。前四九〇年，齐景公死，高昭子、国惠子立公子荼，田乞乘机夺取政权，别立景公子阳生，攻灭高氏及国氏。于是大权便入田氏之手，田乞死，子常代立，尽杀齐大族鲍氏、晏氏及齐公族之强大者，并割齐国土地的一半为己有。齐国实际上便为田氏所篡夺了。及至前三九二年，田和迁齐康公于海上，田氏便全占有齐国。

春秋时代，政治上重要的大事就是大国争霸和各国大夫兼并和篡夺。大国争霸，使小国灭亡，周天子的统治削弱，大夫兼并，又使诸侯的统治削弱。这样，迨至春秋之末，旧的封建统治的组织便完全破坏。三家分晋，田氏篡齐以后，政治的局势便完全改变。同时大国争霸，小国灭亡。古代以来的诸侯林立的局面也渐趋灭亡，为后来的统治创造了条件。

第二篇　秦汉时期

第一章　秦中央集权的封建帝国的建立及其灭亡（公元前二二一年到公元前二〇二年）

第一节　秦始皇专制主义中央集权制的确立

自商鞅变法以后，秦国日益强大，经过一百多年激烈的战争，秦终将六国完全灭亡，统一了全国。秦帝国的出现是当时历史发展的必然结果，是新兴地主阶级的要求。秦始皇灭六国以后，自然要采取各种办法巩固他帝国的政权。在秦始皇灭六国以后的十余年间，他在政治、经济、文化各方面的措施，都针对着这个目的。

镇压六国贵族和防止人民反抗　秦始皇并吞六国，六国的政权灭亡了，但六国残余的贵族依然存在。他们必不就甘心于灭亡，他们必将继续反抗，想死灰复燃。秦始皇为要巩固他的政权，对于这些残余的贵族，也势必严加镇压。

（一）收天下兵器　秦始皇为要防止六国贵族和人民的反抗，消灭他们反抗的力量，他灭齐以后，立即没收各国的兵器。公元前二二一年，他将没收的兵器聚之咸阳，完全销毁，铸为钟鐻和十二个铜人放置于宫廷中。

（二）徙六国豪族富户于边境和咸阳　这种政策当秦始皇进攻六国的时候就已实行。他每进攻一国，即俘虏其地的豪族富户迁之于边境。如临卬卓氏原是赵人，『秦破赵，迁卓氏』。又程、郑也是『山东迁虏』。宛孔氏，其先梁人，『秦代魏，迁孔氏南阳』（史记 货殖列传）。当时这样被迁徙的六国贵族富户为数必已不少。及至既灭六国之后，更大批的迁徙。公元前二二一年，徙天下豪富十二万户于咸阳。他这样大量迁徙六国的贵族富户，其目的即在削弱六国贵族阶级反抗的力量，同时便于自己控制。经过这样大批迁徙以后，六国贵族所受的打击确实不小。我们看，十几年之后，陈胜、吴广起义的时候，六国嫡系的宗室贵族寥寥无几便可想见了。

（三）堕毁城郭，决通川防　秦始皇防止六国贵族和人民的反抗，又将各国城郭拆毁，『川防』决通。所谓『川防』就是沿河的堤。战国时代，齐、赵、魏都筑有『川防』。这种『川防』，一方面是防备敌国决河以灌本国的，另一方面也是据以防守敌国进攻的。如『齐筑防以为长城』（水经注 汶水及苏秦列传 正义引纪年）。燕策云：『齐有长城巨防，足以为塞。』秦始皇唯恐六国的贵族和人民依据这些城郭川防反抗，将它们都毁掉。

（四）严刑峻法　秦自商鞅变法以来，本就重刑罚。秦始皇为镇压六国的贵族和统治人民，更加重刑。他『专任刑罚』（汉书 刑法志），『乐以刑杀为威』（史记 秦始皇本纪）。为要实行这种残酷的统治，他还用一套理论来作为借口。他说按照终始五德之说，秦是水德，水是阴杀的，必须要『刻削，毋仁恩和义』才合于『五德之数』（史记 秦始皇本纪）。贾谊说秦始皇『堕名城，杀豪俊』。秦始皇用这种严酷的刑罚统治人民，当时六国贵族和人民被他屠杀者为数极多。

（五）巡行郡县，显示威武　秦始皇灭六国之后，屡次巡行全国各地，这也是有他的政治目的的。秦二世胡亥说：『先帝巡行郡县，以示强，威服海内』（史记秦始皇本纪）。他盖想借此显示他的威力，要人民见了他这种威严而骇怕，不敢反对他。

确立郡县制、实行中央集权和皇帝专制　郡县制和中央集权制是当时历史的要求。这种制度，战国时代已经发展起来了。当时各国都已设置郡县。秦国并吞六国的时候，每占领一地，也都置郡。秦始皇灭齐以后，有些思想保守的人认为燕、齐、楚地方太远，不容易统治，主张恢复古代的分封制度，封诸子为诸侯。但分封诸侯的制度，战国时代已经破坏了，也就是历史的发展，已不可能允许这种制度再恢复了。战国以来，新兴地主阶级所要求的是中央集权。当时丞相王绾提出立诸子为诸侯的建议，李斯反对。于是秦始皇确定不再分封诸侯，而行郡县制。分全国为三十六郡，郡置守、尉、监御史，守掌行政，尉掌军事，监御史掌监察。皆由皇帝任命。这样郡县制和中央集权制便完全确立。

秦始皇不仅实行中央集权，他更极端的专制。本来，自战国以来，君主专制就已发展起来了。当时新兴地主阶级就要求君主专制。法家主张尚势，就是主张君主应绝对专制。秦自商鞅变法以后，也就已实行君主专制。及至秦始皇，专制更甚。

专制首先是君主有崇高的威势，他的地位特别高，与人不同。秦始皇统一六国，自以为『德兼三皇，功高五帝』，过去的帝或王的名号都不足以表示他的『功业』，乃更号为皇帝。他又以『命为制，令为诏』，『天子自称曰朕』，表示君主地位的特殊。他又以谥法是『子议父，臣议君』，甚为不当，废除谥法，自称始皇帝，后世以数计，二世、三世，以至无穷，这就说皇帝是不可以议论的。

专制必须权力绝对集中。秦始皇几乎一切大小的事都操在他自己的手里。史记秦始皇本纪云：『天下事无大小皆决于上。上至以衡石量书，日夜有呈，不中呈，不得休息。』他对于权力几乎一点都不肯放松。

在皇帝之下有一个官僚组织的中央政府。秦官制是所谓三公九卿制。丞相、太尉、御史大夫称为三公。丞相有时又称相国，是『丞天子，助理万机』的，他是朝廷『百官之长』，掌全国政事；太尉掌军事；御史大夫是『副丞相』，掌监察内外百官。九卿是奉常，『掌宗庙仪礼』；郎中令，『学宫庭掖门户』；卫尉，『掌宫门屯卫兵』；太仆，『掌舆马』；廷尉，『掌刑辟』；宗正，『掌亲属』；治粟内史，『掌谷货』；少府，『掌山海池泽之税，以给共养』；中尉，『掌循徼京师』。这种官制是从战国以来逐渐发展形成的。九卿掌国家的一般行政。但这中间有许多如郎中令、卫尉、太仆、少府等实只是管理皇帝宫廷生活的。

统一度量衡货币和文字 秦始皇统一是战国以来社会经济发展的必然结果。他既灭六国之后，必然要采取措施，满足社会经济和文化统一的要求。

战国时代，各国的度量衡是不一致的。公元前二二一年秦始皇统一全国以后，立刻诏『丞相状、绾，法度量则不一嫌疑者，皆明一之』（秦权铭）。以秦国度量衡作为全国统一的度量衡。同时，他又统一货币。战国时代有刀、布和楚国的方格钱。秦统一以后，这些钱都停止使用，全国都用秦国的半两钱。度量衡和货币统一，这就使赋税统一，商业交换方便，促进全国经济的统一。

公元前二二一年，秦始皇又下令『车同轨，书同文。』『车同轨』是要促进全国的交通。秦始皇又建筑驰道，国内大部分地区驰道都可以通达。这种交通的开辟也加强了国家的统一。

我国文字原只有一种。现在我们所看到的文字都是从甲骨文演变来的。但自西周以后，文字变化发展，文字笔画增损不同，春秋战国时代各国文字的字形有些不同。所以许慎说战国时代，各国『文字异形，言语异教』（说文序）。秦始皇统一六国以后，立刻统一文字、全国一律用『秦文』，凡是『不与秦文合者』禁止使用。李斯将过去的文字加以『省改』，制成小篆；同时，程邈更将过去的文字大加简化，制成隶书。秦就用这两种文字。从此我国的文字就统一了。

秦始皇采取这些措施统一全国的经济和文化，其意义是很重大的。从此，我国的经济文化就形成了一个统一的整体，我国民族也形成一个统一的永远不能分裂的民族。

树立帝国政权的理论根据和焚书统一思想 秦始皇是用武力征服六国的，六国的人民，尤其六国的贵族，对他自然不服。他要人民服从他，承认他的政权，他又找出一种理论来证明他的政权是合理的，想借此迷惑人民。这便是终始五德之说。

终始五德之说是战国时代齐人邹衍所倡的。邹衍倡五行之说，他认为宇宙的本体是金、水、木、火、土五种物质构成的。宇宙现象的变化是由五行相生相胜形成的。这乃是一种朴素的唯物主义的思想。他又以这种理论来解释历史的发展。他认为历史上政权的转移也受这种五行相生相胜的规律支配。『帝王受命』就由于得到五行中的一德。过去的政权，黄帝土德、夏木德、殷金德、周火德。秦始皇时，有齐人将这种学说告诉他。秦始皇看到这种学说正可以利用来欺骗人民，巩固自己的政权，便采用了。周是火德，秦代替周，『从所不胜』，应为水德。这样，他便说，他的政权之来，不是用武力夺取的，乃是五德演变的必然。他各种制度也根据『水德』来制定。甚至他用严刑峻法压迫人民也说是『水德』的缘故。

为了从思想上统治人民，秦始皇又焚书。原来法家的思想就是反对诗书百家之说的。他们认为诗书文学无益于富国强兵，而且妨碍政令的执行。法家主张思想统一，人只需学习法令，以吏为师。秦自商鞅以来，原就以这种思想为指导思想。秦始皇并吞六国，为要巩固他的政权，便把这种政策推行全国。

公元前二一三年，李斯建议焚书。除秦记以外，诸侯各国史记及诗书百家书籍非博士官所藏者，一律焚烧。所不烧的只有医药卜筮种树之书。又制定挟书之律，『有敢挟书者族』，『有敢偶语诗书者弃市，以古非今者族』。人民有想学法令者，就以吏为师。这种政策，其目的就是要统一思想，不许六国的贵族和人民怀念古国，不许议论政令，妨碍政令的推行。

第二节　秦与匈奴南越的关系

秦始皇既灭六国，统一国内以后，接着又向外扩张，建立了一个空前的大帝国。

春秋战国以来，我国就逐渐向外扩张了。尤其战国时代，我国经济迅速地发展，新兴地主和商人阶级都要求新的土地。当时，在边境的燕、赵、秦、楚诸国都向与她们邻接的落后民族进攻，略取了很多的土地。大体上说，秦始皇时代的秦帝国疆域，大部分战国时代就已形成了。秦始皇向外扩张乃是在燕、赵、秦、楚诸国已有的基础再进一步。

匈奴的兴起和秦与匈奴的战争　战国时代，赵、燕等国向北发展，赵武灵王灭林胡、楼烦，阴山以南的地区就已被赵所占领。赵沿阴山筑长城，并设置云中、雁门、代郡。燕国向东北发展，击败了东胡，设置了上谷、渔阳、右北平、辽西、辽东五郡，势力一直伸张到朝鲜半岛。秦在战国时代也灭义渠，占有黄河以东的地方。秦统一以后，便与匈奴发生战争。

匈奴是东胡族的一支，是古代貉族的一部（注一）。她是以游牧为生的部落。其最初住地大概就在阴山山脉中。她与中国发生交涉，始于何时，现在已难确知了。史记李牧列传说，李牧『常居代、雁门备匈奴』，这是匈奴之名见于中国记载最早的可信的记载。大概战国时代燕、赵两国向北发展，赵破林胡、楼烦之后，便与匈奴发生交涉。当时赵既感到匈奴的威胁，而不得不经常驻兵防备，其时匈奴的势力必已相当的强了。

秦始皇进攻匈奴是为着与匈奴争夺河南（鄂尔多斯）。河南地战国时代大概就已属于赵国。史记匈奴列传说：『赵武灵王北破林胡、楼烦，筑长城，自代并阴山，下至高阙为塞。』高阙在现在黄河外腾格里湖东北。赵国的长城包括了河套，河南地显然是为赵所有。又史记赵世家说：『武灵王二十年，西略胡地至榆中。』榆中也就是河套（注二）。这更足以证明战国时代河套必已属赵。秦始皇统一六国的时候，河南地为匈奴所侵占。匈奴究于何时侵占河南之地，现已不能确知，我们推测，大概是在赵将灭亡的时候。因为此时秦连年攻赵，赵自救不暇，无力兼顾北边，匈奴遂乘虚入侵，占有河南。

秦始皇既灭六国，即命蒙恬率兵进攻匈奴。经过几年的战争，将匈奴击退，收复了河南之地（注三）。秦在此设立了三十四县（匈奴列传谓四十四县）。旋又渡河夺取高阙、陶山、北假中，建筑长城防守。

南越的征服　我国向南方发展是始于春秋时代。春秋时代楚、吴、越就已开发江淮之间和长江以南的一部分土地。及至战国，楚国势力的发展更速。战国时代，楚国的疆域已达到南岭的北麓。现在的湖南和江西的一部分都已为楚所有。史记越世家云：『复雠、庞、长沙，楚之粟也；竟泽陵，楚之材也。』长沙及其附近的地方，战国时代已成为楚国经济上很重要的地区了。又近年长沙出土不少战国时代楚国的文物，战国时代，长沙附近地区受楚国文化的影响也已很深了。

战国时代，楚国的势力也向贵州、云南发展。楚威王时（华阳国志谓是楚顷襄王时），楚派将军庄蹻率兵沿江而上略地，庄蹻至滇（云南昆明），占有其地。后因秦攻楚，断绝庄蹻的归路，他便自做了当地的王。战国时代，云南、贵州虽然没有并入楚国的版图，但楚国的势力实已向这方面发展了。

战国时代，楚国的政治势力没有达到五岭以南的南越。但当时楚与岭南已有相当频繁的商业，必无问题。春秋以来，中原的国家都说象牙出于楚。象是热带的动物，楚不出产。春秋时代，楚有象战的记载，当时楚国或许还有象。但战国时代，就不见楚国产象了。战国时代，象牙似就来自岭南。又春秋战国时代，中国已有珠玑、玳瑁，这显然也都来自南海，这也足以说明战国时代，楚与岭南地方商业必已相当的频繁。汉书地理志谓番禺『多犀象、玳瑁、珠玑、银铜、果布之凑』。汉代番禺（广州）是象牙、珠玑、玳瑁的大集散地，这一大都市战国时代可能就已兴起了。战国时代，楚国积极地向南发展，主要的，固然由于新兴地主阶级的领土要求，商人阶级要求打通这条商路，可能也是个原因。

秦始皇征南越，就是继续楚国未竟的事业。公元前二二一年（注四），秦乘灭楚之势进攻南越和闽越，很快就将其地占领了。在闽越地方设立闽中郡。但南越的人民犹坚强地抵抗。他们退入山林之中，伺机袭击秦军，秦军大败。直到公元前二一四年，秦派大军增援，才将越人击败。秦在此设南海桂林、象郡。从此，岭南的地方就成为中国的领土。

通『西南夷』　『西南夷』是指现在四川西部、南部和贵州、云南一部分地区。这一广大的地区，古代有许多小部落。其中比较重要的有邛（西昌）、筰（清溪）、冉駹（茂县）、夜郎（四川南部及贵州北部）、滇（昆明）等国。这些地方，秦代也占有了。史记司马相如列传云『邛、筰、冉駹者近蜀，道亦易通，秦时尝通为郡县，至汉兴而罢』。又史记西南夷列传云：『秦时，常颎略通五尺道，诸此国（指夜郎、滇、邛、筰等国）颇置吏焉。』这些地方秦时都已『通为郡县』而置吏，可知必已在秦的版图之内了。

秦代的疆域和国防　秦始皇向外扩张，略取了这许多新的土地，建立了一个空前的大帝国。这个大帝国的疆域『东至海暨朝鲜。西至临洮、羌中。南至北响户。北据河为塞，并阴山至辽东』（秦始皇本纪）。这就是北至阴山山脉，南至越南，西起现在甘肃黄河上游，东至朝鲜半岛（注五）。我国后世的疆域这时候已基本上确定了。

为要保障帝国的安全，秦始皇又建立了一个坚固的国防。当时，最主要的敌国是北方的匈奴，因此，他对匈奴建立了一道坚固而周密的长城防线。同时，南越人民对秦的统治强烈地反抗，他对南越也严加防范。他对国防主要有下列几种措施：

（一）筑长城　战国时代，燕、赵、秦三国为防御北方游牧民族的冲击，就已筑长城了。赵筑长城『自代并阴山，下至高阙』，燕筑长城自造阳（今宣化）至襄平（今辽阳）。秦昭王灭义渠，也『筑长城以拒胡』（史记匈奴列传）。秦始皇既击败匈奴，更大规模地修筑长城。他将过去燕、赵、秦的长城连接起来，修筑一道『西起临洮，东至辽东万余里』的长城，以防备匈奴的侵扰。

（二）建立防守设备，军事组织和派兵屯戍　秦始皇不仅仅是修筑一道长城而已，在这条长城的防线上，还布置了一个严密的防守设备和军事组织。在长城沿线各处都设有亭障，以瞭望敌人的动静。每十里即设一亭。亭有亭长，负责管理十里之内的侯障和伺察敌人动静。百里设一尉，统率亭长，负责百里之内防守的任务。沿边各郡又设都尉。都尉是统率尉的（注六），这一军事组织，实是相当周密的。这道长城防线秦汉时代确实起了保障我国安全的作用。

此外，又派遣大量的军队屯戍边境。据说当时戍五岭者有五十万人，戍长城者有三十万人。秦代的制度，人民每人须屯边一岁（汉书食货志师古注）。又发『逋亡人，赘婿，贾』戍边。当时边境都有重兵防守。

（三）移民实边　除了派遣军队防守边境以外，秦又迁徙大量人民于边境，借以充实国防的力量。公元前二一四年（秦始皇三十三年），既驱逐了匈奴，在河南地方设立了三十四县，就

『徙谪实之』。前二一一年（秦始皇三十六年），又『迁北河榆中三万家』，名这个地方为『新秦』。他平定南越，也迁徙许多罪犯和人民『与越人杂处』。秦这样大量地将人民移至边境，不仅边境的人力增加，边境也开发了。这不仅增强了当时国防的力量，对于后世也有重要的影响。因为这将中国先进的生产方法和先进的文化传到边境，使其地从此开发了。

注一　匈奴或以为是突厥族，或以为是东胡族，或以为即古代的猃狁昆夷，皆不确。按匈奴自称为胡，匈奴必是胡族。考胡与古代的貉实即是一族，如赵武灵王胡服骑射，而竹书纪年则说他貉服，可知胡就是貉。

注二　榆中，张守节云：在『胜州北河北岸』。史记陈馀列传云：『蒙恬为秦将，北逐戎人，开榆中地数千里。』可知榆中就是河南地。

注三　秦始皇本纪云：『三十二年……始皇乃使将军蒙恬发兵三十万人北击胡，略取河南地。』似秦始皇三十二年始进攻匈奴。但蒙恬列传云：『蒙恬将三十万众北逐戎狄。……暴师于外十余年。』又匈奴列传云：『头曼不胜秦，北徙十余年而蒙恬死。』蒙恬死于秦始皇三十七年。自此上推十年为秦始皇二十七年，可知秦击匈奴至少在秦灭六国以后就已开始，不等到秦始皇三十二年。大概秦在灭六国以后就开始击匈奴，到秦始皇三十二年才将匈奴驱逐，完全占有河南之地。

注四　秦始皇本纪谓，秦击南越在秦始皇三十三年，即公元前二一四年。按史记南越尉佗列传云：『秦时已并天下，略定扬越。……十三岁……闻陈胜等作乱。』陈胜起义在秦二世元年即公元前二〇九年。自此上推十三年实为始皇二十六年，即公元前二二一年。参看冯承钧译秦代初平南越考。

注五　史记朝鲜列传云：『自始全燕时，尝略属真番、朝鲜，为置吏，筑障塞。秦灭燕，属辽东外徼。』是真番战国及秦时就属中国。真番，杨守敬谓，即汉志乐浪郡的带方、列口、吞列、长岑、提奚、含资、海冥、昭明八县之地（汉书地理志图）。汉乐浪郡有浿水、列水、带水。浿水是现在大同江，列水是临津江，带水是汉江。秦时，疆域至少已至汉江流域。

注六　后汉书光武纪李贤注云：『亭侯，伺候望敌之所。前书曰：秦法，十里一亭，亭有长。汉因之不改。』是秦长城十里设置一亭。又史记匈奴列传索隐引如淳云：『近塞皆置尉，百里一人，士史、尉史各二人。』是秦代长城百里置一尉。尉应就是统率亭的。水经注河水云：『河水又北径富平县故城西，秦置北部都尉，治县城。』可知秦代沿边又有都尉，都尉应是统率尉的。

第三节　秦末农民战争与楚汉政权的争夺

一、秦帝国内部矛盾的发展

秦代为时只有十五年（公元前二二一—前二〇七年），而其真正统治全国，只有十二年，即从秦始皇灭齐到他死。公元前二〇九年陈胜起义，秦政权就瓦解了。秦灭六国的时候，势力那么强大，何以又这样迅速灭亡呢？这主要的原因就是在秦始皇统治时期，社会矛盾迅速发展，阶级斗争日益激烈。

六国残余的贵族反秦　秦始皇灭六国，对于六国的贵族曾用各种方法予以严厉的镇压，但六国贵族终未完全消灭。这些六国残余的贵族自然极端仇恨秦始皇，他们也用各种方法反抗秦的统治。例如楚南公说，秦灭六国，楚最无罪，『楚虽三户，亡秦必楚』。又如东郡陨石，附近的人刻其石云：『始皇帝死而地分。』又如前二一一年，有使者自关东回咸阳，夜间经过华阴，有人遮着使者说：『今年祖龙死。』这许多事都可以说明当时六国的贵族对于秦始皇是如何的仇恨和希望其灭亡。在这些贵族中有的更以实际的行动来反抗秦国。如张良、项梁便是显例。张良是韩国的贵族。韩国灭亡，他散家财结客，欲为韩复仇。公元前二一八年，秦始皇东巡郡县，张良谋刺杀秦始皇。项梁是楚国的贵族，楚亡以后，他亡命于吴。他交结吴中的『贤士大夫』，并『阴以兵法部勒宾客及子弟』。这显就是想待时而起，推翻秦政权。六国残余的贵族这样强烈地反抗秦始皇的统治，所以，当陈胜吴广起义，他们便也都立刻蜂拥而起。

秦始皇对人民的搜括压迫 战国以来，新兴地主阶级迅速发展。他们对农民进行剥削，掠夺农民的土地，社会矛盾本来就已逐渐加深。秦始皇统一六国，不但没有使这种矛盾缓和，相反，由于他穷奢极欲的建造，向外扩张而进行长期的战争，更加紧对人民的搜括，使矛盾更加深刻。

秦始皇为了巡行全国以『威服海内』，修筑驰道。驰道的工程非常浩大，它所通达的地方，『东穷燕齐，南极吴楚，江湖之上，滨海之观毕至』（汉书 贾山传）。驰道的规模是『道广五十步，三丈而树，厚筑其外，隐以金椎，树以青松』。这样大的工程不知靡费了多少金钱，役使了多少人力。这些财力人力都是由人民负担的。

秦始皇为着『章得意』（二世语），又极奢侈地建筑许多宫室和骊山陵。他所建筑的『离宫别馆，周遍天下』（史记 李斯列传）。据说『关中计宫三百，关外四百余』（史记 秦始皇本纪）。这中间尤其以阿房宫和骊山陵工程最大，最豪奢，滥费最巨。阿房宫是他准备建筑的宫殿的前殿。『阿房宫，东西五百步，南北五十丈，上可以坐万人，下可以建五丈旗』，所用的石料是从北山运来的，木材则是从蜀荆运来的。骊山陵工程更大，穿凿骊山，下及三泉，里面有『宫观百官』，并且藏满了『奇器珍怪』。更『以水银为百川江大海』。这两处工程役使人工有七十余万人，都是从各地征发去的。阿房宫自秦始皇三十五年开始建筑，到秦灭亡还未完成。骊山陵更自秦始皇即位就已开始，直到秦灭亡，历时四十年还未竣工。单就这两处工程便不知搜括了多少民脂民膏，使多少人民丧失生命。

同时，秦始皇又发动对外战争。不论对北方的匈奴或南方的南越，战争的规模都是相当大的，而且是相当长期的、艰苦的。击败匈奴和征服南越之后，又大规模地修筑长城，征发大量的人民戍边，迁徙大量人民于边境。这又加重了人民的负担和痛苦。

由于这样的大事兴造和长期的战争，秦始皇对人民便加紧搜括，将极苛重的赋税徭役加在人民的头上。当时人民的负担：吏卒、屯戍、力役三十倍于古，『田租、口赋、盐铁之利，二十倍于古』（汉书食货志董仲舒语）。『头会箕敛』，残酷地搜括。当时人民『男子力耕，不足粮饷；女子纺绩，不足衣服；竭天下之资财以奉其政，犹未足澹其欲』（汉书食货志）。人民生活痛苦到极点，因此，非起而反抗不可。

秦始皇对人民又进行残酷的压迫和屠杀。秦始皇灭六国，对于六国的贵族用严酷的刑罚镇压。这在新兴地主阶级取得胜利，对待反动的贵族阶级，还可以说是必要的。但秦始皇不仅用严刑峻法对待六国的贵族，他对于人民也这样残酷的压迫。秦始皇『乐以刑杀为威』，他的统治几乎是以屠杀为唯一的手段。旧史说当时『刑者相半于道，而死人日积于市。杀人众者为忠臣』（史记　李斯列传）。当时人民所遭受的迫害和屠杀实非常之惨。

在秦始皇统治的十余年间，他给予人民的是重赋、战争、迁徙、奴役、压迫和屠杀，人民处于水深火热之中，当然要以暴动、革命来回敬他了。

二、陈胜吴广起义与秦之灭亡

公元前二一〇年（秦始皇三十七年）秦始皇死了。他死后一年，反秦的起义便爆发了。公元前二〇九年七月，陈胜、吴广和九百戍卒首先起义。陈胜、吴广起义推翻秦，正代表了当时全国人民的愿望和愤怒，因此，他们起义以后，反秦运动便立刻像狂风一样吹遍各地。在两三个月之内，各地的农民和残余的六国贵族都迅速地暴动起来。他们都杀死或驱逐秦的地方官吏，起兵推翻秦的统治。在很短的时间内，秦在关东大部分地方的政权便瓦解了。

陈胜起义及其失败　陈胜阳城（河南登封）人，是个雇农。吴广阳夏（河南太康）人。公元前二〇九年（秦二世元年），发闾左戍渔阳，陈胜、吴广皆被征发。他们行至蕲县大泽乡（安徽宿县境），遇雨，不能行走。他们因雨耽搁，到达渔阳，必定过期了。秦的法律，过期就要杀。于是陈胜、吴广商议，秦这样残暴，人民痛苦至极。现在到渔阳已经过期，过期必死；逃亡也是死，『举大计』也是死。同样的都是死，宁可为国而死。于是他们将押他们往渔阳的两个都尉杀死，号召戍卒九百人起义。

陈胜、吴广起义以后，将蕲攻下。攻下蕲以后，一面派葛婴进攻蕲以东地区，一面自己率兵北上攻陈。沿路人民参加者极多，及至陈，就有『车六七百乘，骑千余，卒数万人』。很快将陈攻下了。

陈胜攻下了陈，陈人民父老都拥护他为王。于是陈胜就建立新的政权，称王，国号张楚。这时候，各地的人民都风起云涌地起兵响应，杀秦的官吏，六国的贵族也乘机而起，图谋复辟，秦在山东的统治便瓦解了。

陈胜既占领了陈，派大军继续攻秦。他派吴广攻荥阳，武臣、张耳、陈余渡黄河北攻赵，周市略魏。吴广围荥阳。陈胜又派周文西攻秦。这时候，陈胜的声势是非常大的。

九月，周文入关至戏，有军队数十万。秦命章邯免骊山徒击周文，周文大败，退出关。章邯追击，又大败周文于渑池，周文自杀。章邯既破周文，进攻吴广于荥阳。吴广将田臧以广骄傲，杀广。田臧引兵御章邯于敖仓，又败死。章邯进击荥阳，又击败起义军，杀李归。于是陈胜的许、郏等地的军队都为章邯所破。章邯进攻陈，陈胜走，至下城父，为其下庄贾所杀。陈胜的起义便告失败了。

陈胜失败的原因　陈胜起义之初，声势非常的浩大，但为时不过六个月即告失败。他之所以失败如此之速，其原因大概有下列几点：

（一）缺乏组织　陈胜是个淳朴的农民，他所领导的军队也绝大多数是淳朴的农民，他们组织的能力原来就很缺乏。因此，他们不但未能好好团结和组织广大的农民，即其本身的组织也不健全。他建立政权以后，内部立刻就发生问题。

陈胜称王以后，有许多亲戚故人和以前和他一道佣耕的农民都来见他。他们见陈胜出来，就搁在路上喊他。他们入宫看到『殿屋帷帐』，非常惊讶，出来便乱说陈胜过去的情况。这样，严重地损害了陈胜的威望。后来有人向陈胜说，这些农民这样乱说不妥当，陈胜将妄语的人杀了。这样，原来和陈胜一道起义的故人又不满意，他们都脱离陈胜而去。因此，没有人和他亲近。

陈胜信任朱房、胡武两个人，以朱房为中正，胡武为司过，主司群臣。这两个人作威作福，对于诸将领任意加罪，与他们不对的，更加陷害。因此，诸将解体，不能团结。因为内部不能团结，诸将领便或脱离陈胜而独立，或彼此互相冲突。例如葛婴，陈胜命他徇蕲以东之地，他到东城（安徽定远），便脱离陈胜而立襄彊为王。又如吴广是和陈胜首先倡义的人，是陈胜之下第一个重要的人，他围荥阳，其下田臧竟将他杀了。

陈胜内部这样组织不健全，甚至自相分裂，当然容易失败了。

（二）农民没有阶级的自觉　陈胜失败的第二个原因是农民没有阶级的自觉。陈胜、吴广和各地农民的起义，本质原是农民推翻地主阶级统治的阶级斗争。但农民却不认识这一点。农民没有阶级斗争的意识，不了解这一运动的意义，他们的力量便不能团结，他们不知道团结在陈胜的旗帜之下共同奋斗。不仅这样，因为他们不认识阶级的共同利益，他们便自相分裂，甚至不自知的为贵族阶级所利用。例如陈胜起义以后，『楚兵数千人为聚者，不可胜数』，这许多起义的农民军都没有与陈胜相联合起来。又如陈胜为王以后，『陵人秦嘉，铚人董緤、符离人朱鸡石、取虑人郑布、徐人丁疾等』也都起兵。陈胜派武平君畔去领导他们，他们不但不接受武平君畔的领导，反将他杀死了。其他为六国贵族阶级所利用者更多。农民没有阶级的自觉，不能团结，这就使陈胜的力量大大地受损失了。

（三）六国贵族阶级破坏，盗窃胜利的果实　陈胜起义以后，六国的贵族也大肆活动。有许多参加了陈胜的阵营。但他们的目的并不是拥护陈胜，而是要恢复他们的政权。他们参加陈胜起义，只是一种手段，想利用陈胜起义军的力量作为他们复辟的工具。例如陈胜称王，前魏国的贵族张耳、陈余便不赞成。他们说陈胜称王是自私，而建议『遣人立六国之后』（史记张耳陈余列传）。又如陈胜失败，楚国的南公批评他失败的原因是由于『不立楚后而自立』（史记项羽本纪）。这都足以说明当时六国贵族阶级的意图。

六国贵族阶级既有这样自私的阴谋，所以当陈胜起义军势力发展的时候，他们便采取分裂政策，尽量设法利用起义的力量恢复自己的政权。这中间最重要的是赵、燕、魏脱离陈胜而独立。陈胜攻下陈，命武臣、张耳、陈余徇黄河以北，他们既攻下赵地，张耳、陈余便说服武臣自立为赵王。后武臣为其将李良所杀，他们便求得前赵国的后裔赵歇，立以为王，恢复了赵国的政权。武臣派韩广攻燕，燕国的贵族又拥立韩广为燕王。陈胜派周市徇定魏地，市又立魏贵族宁陵君魏咎为魏王，恢复了魏国的政权。这些贵族都脱离陈胜而独立，这就使陈胜力量分散，大大地削弱了他的力量。不仅这样，当陈胜与秦军作战，为章邯所败，他们也不援救。陈胜失败，这实是最主要的原因。

陈胜虽然失败了，但秦的政权也由此而灭亡了。

项羽灭秦 陈胜失败，推翻秦政权的斗争便由项羽领导，也即由六国贵族阶级领导。

陈胜起义以后，六国的贵族阶级也即积极地活动。因为他们盗窃农民起义胜利的成果，或有农民的支持，他们的势力发展也相当的迅速。两三个月之内，赵、魏、燕都恢复了政权。同时，齐国的贵族田儋也起兵，自立为齐王。楚国的贵族项梁也起兵于江东。

项梁是楚将项燕的儿子。楚灭亡，他和他的侄儿项羽都逃亡于会稽。陈胜起义后不久，他们也起兵于江东。陈胜失败，项梁率兵渡江，立怀王孙心为楚王，恢复了楚国的政权。

此时，章邯已破陈胜，北攻魏，围魏王咎于临济，齐王田儋救魏，为章邯所败被杀，魏咎也自焚而死。田儋弟荣和魏咎弟魏豹逃往东阿，章邯又将他们包围。项梁闻齐、魏为章邯所破，引兵救东阿。梁初犹胜利，旋也为章邯所败，被杀。章邯既破魏、齐，杀项梁，遂北渡河攻赵，围赵王歇于巨鹿。此时，六国贵族阶级的形势实岌岌可危。就在这时候，项羽击破了秦军，挽回了六国贵族阶级的危局，于是他便成为六国贵族阶级的领袖。

章邯围巨鹿，各国都派兵援救，楚怀王也派宋义率兵救赵，另一方面派刘邦西攻秦。宋义至安阳，停兵不进。项羽杀宋义。楚怀王因令项羽救赵，羽率兵渡河，攻章邯，与秦军大战。项羽切断秦军粮道，大败秦军。章邯投降。章邯围巨鹿，兵力声势极为强大，当时齐、燕、赵等国的军队，没有敢与之为敌的，项羽一举而将他击破，他的威望便立刻提高，而成为各国的领袖。

项羽既破章，即率领着诸侯大军西向攻秦。秦主力已为他击破，沿途便没有什么抵抗。此时刘邦由河南西进，已由武关进入关中。秦王子婴已向刘邦投降了。及项羽到达咸阳，更杀子婴，屠烧咸阳，秦帝国的政权便灭亡了。

三、刘邦与项羽政权的争夺

项羽灭秦之后，立刻又转入一个新的斗争，这就是刘邦与项羽政权争夺。这一斗争自公元前二〇六年到公元前二〇二年凡五年，最后，刘邦胜利了。

刘邦与项羽争夺政权的经过 刘邦，沛人。原是泗上亭长。陈胜为王，各地人民纷纷起兵响应，刘邦也联合了农民几十个人起兵。当时沛郡人民也起兵反秦，他们推刘邦为首领，攻下丰沛等地。项梁渡江，他乃从项梁。

楚怀王派宋义、项羽救赵，同时又派刘邦攻秦。当时楚怀王与诸将相约，谁先攻进关中，谁就为关中王。刘邦进攻秦河南各地，先攻入关中，秦王子婴向他投降。后项羽率诸侯兵至关中。项羽的势力是远在刘邦之上的，他要做诸侯的霸主，树立自己的势力，他自立为西楚霸王，分封了自己的许多将领为王。他不遵守楚怀王之约，以刘邦为汉王，王汉中。

项羽不遵约封刘邦为汉王，刘邦自然怨恨不满。公元前二〇六年四月项羽回彭城，八月，刘邦即起兵攻项羽。他首先攻下关中，公元前二〇五年，刘邦东攻彭城，大败，退守荥阳。公元前二〇四年，刘邦命韩信攻魏和赵，将两国灭了。同时又联络九江王英布，使叛项羽、联络彭越，使扰乱项羽的后方，汉的势力逐渐强大。公元前二〇三年，韩信又降燕灭齐，刘邦势力便更强大。项羽恐惧，与刘邦议和，约以鸿沟为界。项羽撤兵东归，刘邦从后追击，大败项羽。公元前二〇二年，刘邦与项羽大战于垓下，项羽又大败。项羽逃至乌江，为汉军所围，自刎而死。刘邦遂夺取了政权。公元前二〇二年三月，他自立为帝。

项羽失败和刘邦胜利的原因　刘邦、项羽争夺政权，项羽失败而刘邦胜利了。项羽之所以失败，其主要的原因是他没有阶级立场，执行着反动的政策。

项梁渡江，立楚怀王，这就确定了他的目的是要恢复楚国的旧政权，他是代表旧贵族阶级利益的。项羽渡河救赵，率诸侯之兵入关灭秦，这更无疑的是代表六国贵族阶级利益的。

但他灭秦之后，他的态度立场改变了。他灭秦之后，分封了许多国家，他将以前的六国分裂而封许多自己的将领为王：

①楚分为衡山（吴芮），临江（共敖），九江（英布）三国。

②齐分为临淄（田都），济北（田安），胶东（田市）三国。

③赵分为代（赵歇），常山（张耳）两国。

④魏分为西魏（魏豹），殷（司马卬）两国。

⑤韩分为韩（韩成），河南（申阳）两国。

⑥燕分为辽东（韩广），燕（臧荼）两国。

⑦秦分为雍（章邯），塞（司马欣），翟（董翳），汉（刘邦）四国。

同时，他自己立为西楚霸王，建都彭城。他尊怀王为义帝，迁都于郴，最后将他杀了。他这种政策很明显是要削弱旧有各国的力量，树立自己的势力。这种政策显然是违背了六国贵族阶级利益的。项羽采取这种违反六国贵族阶级利益的政策，他的立场便改变了。他由代表六国贵族阶级改变为反对六国贵族阶级。

这时候，阶级斗争主要的是新兴地主阶级与六国贵族阶级的斗争，项羽既然反对六国贵族阶级，然则他是否就代表新兴地主阶级了呢？他的政策又不代表新兴地主阶级利益。新兴地主所要求的是统一的中央集权的国家，项羽分封十八王，自己想做天下的共主，这又违背了历史的要求，换句话说，他依然是反动的。

项羽既脱离了六国贵族阶级，同时，他又不代表新兴地主阶级，因此，他就处两面夹攻之中。这就是他失败的主要原因。

当时，首先反对他的是六国的贵族阶级。当他分封十八王以后，齐国的田荣和赵相陈余首先起兵反抗，他所封的诸侯与原来六国贵族也都发生冲突。田荣拒绝田都击杀田安、田市。陈余击败张耳。臧荼攻杀韩广。这样，项羽不但未能扩大他的统治力量，反而引起了内部的混乱，削弱他自己的力量。因此，与刘邦斗争的时候，力量日益衰弱，不能与刘邦相抗。

刘邦与项羽不同，他始终是代表新兴地主阶级的。刘邦初起的时候，主要的力量是农民，其中一小部分如萧何、曹参是秦中下级官吏。后来他势力发展的时候，也是继续吸收农民和游士。刘邦集团除了韩王信和张良以外，极少有出身于六国贵族阶级的。他这一集团可以说自始就是个游士领导的势力。

尤其重要的是他的政策。在政策上，刘邦反对六国贵族阶级，代表新兴地主阶级。当他进攻彭城败退的时候，郦食其曾建议立六国之后，张良反对。史记留侯世家云：

『（张良曰）且天下游士，离其亲戚，弃坟墓，去故旧，从陛下游者，徒欲日夜望咫尺之地。今复六国，立韩、魏、燕、赵、齐、楚之后，天下游士各归事其主，从其亲戚，反其故旧坟墓，陛下与谁取天下乎？……且夫楚唯无强，六国立者复桡而从之，陛下焉得而臣之。诚用客之谋，陛下事去矣。汉王辍食吐哺，骂曰：竖儒，几败而公事。令趣销印。』

很明显，这就是必须要代表新兴地主阶级的利益。当时的历史是古代贵族阶级将最后灭亡，新兴地主阶级发展的时代。新兴地主阶级是进步的阶级，刘邦代表了这一个阶级，他当然获得胜利。刘邦称道张良说：『运筹帷幄之中，决胜千里之外，子房功也。』张良有这样的本领，就是他符合了这种历史的真理。

第二章　西汉初期的政治与经济

第一节　汉封建地主政权的建立与巩固

一、汉代的政治制度

公元前二〇二年，刘邦击败了项羽，建立了一个新的地主政权。自此以后，在政治、经济各方面，采取各种政策，建立各种制度，稳定社会，巩固政权，满足地主阶级的利益。汉政权也日益巩固，封建地主经济也逐渐恢复且趋繁荣。

汉官制和兵制　汉初一切制度都是因袭秦代的，改变的地方极少。汉初的中央官制完全袭用秦代的三公九卿制，只从景帝以后，名称略有更改而已。地方官也袭用秦制，设郡县。郡置守、尉，只取消了监御史。县万户以上者置令，万户以下者置长，县有『蛮夷』者，称为道。县以下也沿秦制有乡和亭。

汉代兵制也是沿袭秦代的。汉中央有南北军。南军由卫尉统率，主要的任务是守卫皇帝宫城门户。北军由中尉统率，其任务是保卫京师治安。又京辅都尉兵也归中尉统率，三辅（京兆尹、左冯翊、右扶风称为三辅）保卫也由中尉负责。汉地方各郡也都有兵，称为材官，由郡尉统率。这是镇压各地人民的。

法律的制定　法律是统治阶级保护他们的利益，压迫被统治阶级的工具。封建社会的法律是保护地主阶级的利益，压迫农民的工具。战国时代，我国就已有法典出现。魏文侯时，李悝著法经。自商鞅以后，秦国以法统治人民，也有法律。秦律大概就是根据李悝的法经。

刘邦建立政权以后，令萧何定律令。何根据秦律取其宜于时者，制定汉律九章。萧何九章律是盗律、贼律、囚律、捕律、杂律、具律、户律、兴律、厩律。前六章都是沿袭秦律的，也是沿袭李悝法律的；后三章是他新增的。孝惠帝时，叔孙通又作傍章十八篇。这是原来的九章律不能完全包括的，增加了许多律文。以后晁错又改定律令。汉律不断地修改增加，到武帝的时候，律令多至三百五十九章，最多的时候，达百余万言。这是用极繁苛的法律来统治人民。

但汉代的刑法比之秦代也略有改变。这就是有些法律和刑罚略微减轻了。秦始皇用极残酷的刑罚压迫人民，而人民又大量的被屠杀，卒致人民切齿，将秦政权推翻。汉有鉴于此，将一些人民最痛恨的苛刻法律和残酷的刑罚取消了。惠帝四年，除挟书之律。吕后元年，除三族罪和谣言令。文帝元年，除收孥相坐法。二年，又除谣言诽谤之罪。十三年，又除肉刑。这都是秦时最为人民所深恶痛绝的法律和刑罚。汉初统治者为着『从民之欲』，也就是要缓和人民的反对，将它取消了。这些法律的取消，其实主要的还是要取地主阶级的好感。如挟书之律、谣言诽谤之罪都是秦时地主阶级的知识分子最反对的，汉将这些法律取消，显然是顺从这些人的要求。

更重要的，汉初用刑比较减少，不像秦始皇『乐以刑杀为威』。史记吕后本纪云：『孝惠皇帝、高后之时，黎民得离战国之苦，君臣俱欲休息乎无为……刑罚罕用，罪人是希』。又汉书刑法志谓文帝时，『将相皆旧功臣，少文多质，惩恶亡秦之政，论议务在宽厚，耻言人之过失。化行天下，告讦之俗易。……风流笃厚，禁罔疏阔。选张释之为廷尉，罪疑者予民，是以刑罚大省，至于断狱四百，有刑措之风』。汉这样用刑，就使人民感觉刑罚的压迫减轻了些，对统治者的反抗也就和缓了。

汉代的法律是不平等的。汉代有罪可以出钱赎罪。惠帝元年，令『民有罪得买爵三十级以免死罪』，一级值钱二千，这就以钱六万即可以赎死罪。文帝时，晁错又建议入粟赎罪。这样，官僚、地主、富人便都可以利用他们的金钱免于法律的处分。同时，汉代的统治者有时对统治阶级的官僚贵族犯法者减刑。如惠帝即位，令『爵五大夫、吏六百石以上及宦皇帝而知名者，有罪当盗械者皆颂系。上造以上及内外公孙耳孙有罪当刑及当为城旦舂者，皆耐为鬼薪白粲』（汉书惠帝纪）。

总的来看，汉初法律实还是很苛刻的，这也就是对人民的压迫依然是很严酷的。但因为它取消了一些秦以来人民所最痛恨的律令和刑罚，暂时减少了用刑，对人民的压迫不似秦始皇那样残酷，因此能够缓和人民的反抗。同时，它对贵族、官僚、地主、富人更加宽大，更能获得地主阶级的拥护。因此，汉政权便能稳定而巩固。

选举制度 汉政权是地主阶级的政权，地主阶级必然就要把持政权。选举制度，就是地主阶级把持政权的手段。战国时代，地主阶级就已参加政权。但当时主要的还是以游士为地主阶级政治上的代表，还没有一套便利地主参与政权的制度。这种制度则开始于汉代。

汉初政治上主要的势力是宗室和功臣两种。宗室分封为王侯。功臣则掌握朝廷的政权。功臣原就是刘邦与项羽争夺政权的时候，帮助刘邦有汗马功劳的人，也就是刘邦集团中的人物。刘邦既取得政权，他们便自然成为政治上主要的势力。汉初制度，丞相必须封侯，而封侯者必须是功臣，因此丞相一职必须是由功臣担任。只有功臣方能任丞相，所以中央政权也就完全在功臣手中。在宗室和功臣之外，还有大量的官僚。这些官僚都来自地主阶级。汉初的选举制度就是官僚和地主阶级把持政权的手段。

汉代的选举有三种：保任、訾选和察举。保任是二千石以上的官员视事满三年以上者可以任一人子弟为郎。史记张苍列传云：『苍任人为中候』，据此，似也可以保任子弟以外的人为其他的官。不过这毕竟不多见。这种选举显然使官僚阶级能把持政权。訾选是以财产为标准任官，也就是有财产者才能任官。汉初规定『訾十算以上乃得官』（汉书景帝纪注）。汉代钱一万税一百二十七钱，称为一算。十算就是财产在十万以上者才能任官。景帝时，改为四算。又汉仪注云：『訾五百万得为常侍郎』（史记张释之列传集解）。如张释之就是『以訾为骑郎』。汉代的法律，商贾不得为官，訾选实只许地主为官。这显是地主阶级垄断政权的办法。察举是由官员推举。这是始于文帝的时候。文帝二年，诏郡国举贤良方正。十三年又诏『诸侯王公卿郡守举贤良能直言极谏者』。文帝并加以策问，这也可以说是考试制度的萌芽了。这种制度显然是汉统治者扩大其政权的基础，吸收中小地主阶级的知识分子参加政权。总观这种选举办法，只有官僚和地主才能参加政治，汉代的政权全在地主阶级的手中，由此可见。

赋税制度　汉代的赋税制度也袭秦代。汉代的赋税有田租、算赋、口赋和更赋。

汉代田租最初十分税一，后改为十五税一。及景帝三年，又改为三十税一。汉代田租是较秦代减轻。减轻田租表面似减轻人民的负担，实际这也是地主阶级的要求。田租减轻，地主阶级获利最多。算赋是财产税。汉代一万钱算一百二十七钱。口赋又称口算，即丁口税。汉初口算七岁至十四岁纳二十钱，十五岁至五十六岁纳百二十钱。更赋即兵役和徭役。汉制男子二十三岁（景帝元年改为二十岁）至五十六岁，每年须服徭役一月，称为更卒。不服役者则纳钱二千，称为践更。一生须服兵役一年，守长安。人民又必须戍边三日，不能去者出钱三百，称为过更。

汉代赋税制度也是不平等的。官僚往往可以免徭役。如高祖的时候，曾令『七大夫以上皆令食邑，非七大夫以下皆复其身及户，勿事』（汉书高帝纪），惠帝时，又令『吏六百石以上父母妻子与同居及故吏、尝佩将军都尉印将兵及佩二千石官印者，家唯给军赋，他无有所与』（汉书 惠帝纪）。

二、『清静无为』政治

汉政权是新兴地主阶级的政权，新兴地主阶级当然要求他们自己的利益能够获得充分的满足，他们能够自由地充分地发展。同时，汉初统治集团都是由反抗秦的暴虐的统治起来的。他们深知道、眼看到秦的灭亡是由于农民的反抗。他们唯恐农民也同样地反抗自己，为要稳定他们的政权，不得不略向农民让步。汉初『清静无为』政治就是这样产生的。

『清静无为』政策是萧何、张良、曹参等制定的。这种政策基本精神就是『与民休息』，『因为之欲而不扰乱』。其根据是老子的两句话：『我无为而民自化，我好静而民自正』。在这种政策之下，因为对人民不加干扰，听其自然发展，地主和商人阶级便能自由发展，而获得最大的利益。同时，农民所受的压迫和剥削也略微轻，因而缓和了阶级的矛盾。

清静无为是个总的原则，它表现在政治、经济等各方面。在政治上，清静无为就是少做事。这可以曹参为典型的代表。史记 曹相国世家云：

『参代（萧）何为汉相国，举事无所变更，一遵萧何约束。择郡国吏木诎于文辞、重厚长者，即召除为丞相史。吏之言文刻深、欲务声名者，辄斥去之。日夜饮醇酒。卿大夫以下吏及宾客见参不事事，来者皆欲有言，至者，参辄饮以醇酒，间之，欲有所言，复饮之，醉而后去，终莫得开说，以为常。相舍后园近吏舍，吏舍日饮歌呼。从吏恶之，无如之何，乃请参游园中，闻吏醉歌呼。从吏幸相国召按之，乃反取酒张坐饮，亦歌呼与相应和。参见人之有细过，专掩匿覆盖之。府中无事。』

曹参为相国，总揽全国的政治，他用人不用贤能而专用忠厚长者乃至无能的人，不许人有任何政治上的建议，这就是要政治上不做事。

这种政治主要的目的是使官吏不能或减少对人民的欺压和搜括。封建社会的政治本质上就是贪污的、压迫人民的。政治上多做一件事，就多给官吏们一个贪污和搜括人民的机会，多给官吏们一分压迫人民的权力。不做事或少做事，反可以减少官吏对人民的欺压和搜括。这样，人民可以得到一点安定，减轻负担。清静无为政治能在一定的程度收到一些效果，能安定社会，能缓和阶级矛盾，就因为它有这样消极的作用。

『清静无为』政策也贯彻在经济、刑法、外交等方面。在财政经济方面，他们实行节俭，减轻人民的负担。汉高祖时，因在战争残破之后，人民生活困苦，财政困难，就实行节省，同时，减轻赋税，什五税一。这种政策直至文帝景帝时都维持着。尤其汉文帝，更以节俭著名。文帝时又屡次减免田租。景帝时，便规定三十税一。减免田租自然是大地主得利最多，但中小地主、小自耕农也得到一些利益。这样，人民负担减轻，便可以安定生活。汉初，在刑法上实行省刑，对人民的压迫也稍减轻了些。在外交方面，汉初对外不轻易用兵。汉初最大的敌国是匈奴，汉对匈奴自汉高祖时起就实行和亲政策。汉对匈奴实行和亲政策，主要的就唯恐对匈奴发动战争将引起人民的不安，影响它的政权。吕后时，匈奴冒顿单于写信给吕后侮辱她，当时汉廷大臣有人主张进攻匈奴。樊哙说：『臣愿得十万众，横行匈奴中。』当时季布反对，他说：『樊哙可斩也』。他说：『秦以事胡，陈胜等起。今疮痍未瘳，哙又面谀，欲摇动天下。』吕后终听了季布的话，不出兵击匈奴。由此可知，汉实行和亲政策基本原因实恐对外战争引起内部的不安。

汉『清静无为』政策确获得了很大的效果，社会很快地安定下来，地主经济得到充分的发展，汉政权也很快地稳定了。

三、对六国残余贵族及山东豪强富室的打击及诸侯王的翦除

秦政权的灭亡，六国残余的贵族起了很大的作用。尤其齐、楚两国的贵族是领导了推翻秦政权的。因此汉政权既建立以后，唯恐他们对他也将发生同样的威胁，对六国残余贵族的势力便也实行消灭。前一九八年（高祖九年），刘敬建议迁齐诸田，楚屈、昭、景及六国的大族于关中，汉将六国贵族迁徙十余万口于长陵。这样就削灭了六国残余贵族的反抗。

在此以后，汉继续执行着与此相同的政策。六国残余的贵族既已迁徙了，进而又迁诸功

臣，二千石以上官吏及各郡国的豪强富室。汉书地理志云：『汉兴，立都长安，徙齐诸田、楚昭、屈、景及诸功臣家于长陵。后世世徙二千石高訾富人及豪杰并兼之家于诸陵。盖亦以强干弱支，非独为奉山园也。』大概每一个皇帝修建陵墓，即徙各地强族富人于陵墓所在地。

异姓诸侯王之翦灭　当刘邦与项羽争夺政权的时候，为要扩张自己的势力，分封几个功臣为王。①楚王韩信（先封为齐王，项羽灭后改封楚王），②韩王信，③梁王彭越，④淮南王黥布（项羽封为九江王，降汉后改封淮南王），⑤燕王卢绾，⑥长沙王吴芮（项羽所封，后降汉）。

这种诸侯王的发生，大概不外两种原因：①当时一般人的思想旧的意识还存在，还想望着旧时分封诸侯为王的制度。有些人犹以为这种制度是巩固政权最好的制度。他们幻想分封许多诸侯王可以『屏藩王室』。同时，为统治者争夺政权的『功臣武将』也想望能有『尺土之封』，他们能得到封王封侯，方肯出力。②这种制度的发生是由于刘邦与项羽争夺政权的时候，为着要利用人，使他们为自己出力，不得不用一部分土地来收买他们。换句话说，这是个暂时的政策，如刘邦所封的最主要的诸侯王，韩信、彭越、黥布，便都是在这种政策下分封的。

这种诸侯王，与春秋战国时代以前的诸侯性质显然是不相同的。古代的诸侯是由氏族制度发展起来，它有它的历史基础。而汉初的诸侯王则不是如此。汉初诸侯王的发生是由于当时落后的保守思想和暂时的利用，而其能暂时存在（不论异姓诸侯王或同姓诸侯王），则是由于封建经济的分散性。所以这种诸侯王实只是割据势力。汉代的政权是新兴地主阶级的政权。新兴地主阶级是要求有一个统一的中央集权的国家，所以这种诸侯王割据势力与新兴地主阶级的利益和要求是不相容的。他们不仅阻碍了社会的发展，而且威胁了新兴地主阶级的政权。因此刘邦非要消灭这些诸侯王不可。而这些诸侯王既是违反了历史发展的反动势力，也必然要灭亡。

刘邦既破项羽，便立刻进行削灭诸侯王。

韩信（前二〇一年，汉高祖六年） 高祖五年追项羽，齐王韩信引兵来会，刘邦既破项羽于垓下，便立刻袭夺韩信的军队，徙封他为楚王。明年，人告韩信谋反，刘邦乃伪游云梦，会诸侯于陈，韩信来会，便将他逮捕，废为淮阴侯。过了几年，又将他诛杀。

韩王信（前二〇一年） 韩王信是韩国的贵族。刘邦攻项羽，令信攻项羽所封的韩王郑昌。信败郑昌，略定韩地，刘邦便立韩信为韩王。项羽既败，刘邦以信材武，而所王之地又迫近洛阳、巩、宛、叶、淮阳等要害之地，不甚放心，于是迁信王太原以北，治马邑。六年秋，匈奴入寇，围韩王信，信遣使与匈奴言和，刘邦又疑心他与匈奴相通，韩王信恐诛，遂降匈奴，与匈奴合兵攻汉。后败奔匈奴，往来寇扰边境者数年。高祖十一年，为汉军所杀。

赵王张敖（前一九八年，汉高祖九年） 最初项羽封张耳为赵王。赵王歇为代王。陈余为代王相不服，攻张耳。耳败，降汉。汉高祖四年，韩信破赵，杀陈余，汉高祖复立张耳为赵王。四年耳死，子敖继立。七年，汉高祖击韩王信，还过赵，慢易张敖。赵相贯高赵午等怒，阴谋刺杀汉高祖。九年贯高怨家告发其事，高祖遂捕赵王敖，废为平宣侯。

梁王彭越（前一九六年，汉高祖十一年） 高祖十年，代相陈豨反，高祖击豨，征兵于梁王彭越，越称病不往。高祖怒，责让越。越将扈辄教他起兵反，越不听。明年，事被发觉，汉高祖使人捕越，囚之洛阳，旋杀之。

淮南王黥布（前一九六年，汉高祖十一年） 韩信、韩王信、张敖、彭越一个个地被消灭了，其余的诸侯王自然也就惴惴不安。高祖十一年，汉杀淮阴侯韩信和彭越，黥布大恐，遂起兵反。高祖自将兵击布，布败，奔番阳，为人所杀。

燕王卢绾（前一九五年，汉高祖十二年） 汉高祖这样翦灭诸侯王，所有的诸侯自然人人自危。代相陈豨反的时候，燕王卢绾以为陈豨既灭，汉必将进而灭燕，因此，他便暗与陈豨相结。汉高祖十二年，陈豨既灭，其降汉者言卢绾与陈豨通谋，汉高祖遂召卢绾。绾称病不去，汉高祖就遣樊哙击燕。绾逃往匈奴。

汉高祖灭燕之后，除了长沙王以外，其他异姓诸侯王都被消灭了。长沙因为地方稍微辟远些，不能威胁汉的政权，所以暂时还能任其存在。

同姓诸侯王的削弱 汉高祖的时候，异姓诸侯王问题解决了。但十几年之后，到了文帝（刘恒）的时候，同姓诸侯王问题又渐发生了。

汉初同姓诸侯王之发生，可以说完全是由于当时反动的思想作祟的缘故。他们看到周代年代长久，秦政权很快地灭亡，以为这全由于周封同姓和秦不封同姓的缘故。秦不封同姓为诸侯，『王室孤立』，所以速亡。因此，汉高祖要想他的政权长久，遂封同姓为王，幻想他们能『屏藩王室』。

汉封同姓诸侯王是与他灭异姓诸侯王同时。高祖六年擒韩信，有人名田肯者对汉高祖说，齐为东方大国，土地富饶，人民众多，非亲子弟不可王齐。汉高祖听了他的话，遂分楚为二，以刘贾为荆王（王淮以东五十二城），以弟交为楚王（王淮以西三十六城），又立兄喜为代王（王五十三城），长子肥为齐王（王七十三城）。这是封同姓诸侯王之始，其用意就是要『王同姓以镇天下』，因为当时异姓诸侯王势力很大，为要防范异姓诸侯王，所以在东方重要的地方，树立强大的同姓势力。自此以后，每灭一个异姓诸侯王，同时便立自己的儿子为王。六年韩王信反，七年便立子如意为代王。九年废赵王张敖，又徙代王如意为赵王。十一年代相陈豨反，立子恒（即文帝）为代王，捕彭越，立子恢为梁王，子友为淮阳王。十一年黥布反，立子长为淮南王，十二年荆王刘贾死，又立兄喜子濞为吴王。异姓诸侯王被完全消灭了，同姓诸侯王的局势便也就形成了。

同姓诸侯王的势力是很大的。汉书诸侯王表序说：『藩国大者，夸州兼郡，连城数十。宫室百官，同制京师』。他们不特有很大的土地，他们的政府组织也和汉一样，除丞相以外，其他的官吏都自己任命，又自己纪年。几乎就是个独立的国家。

分封这种同姓诸侯王，最初的用意是想借以保卫刘氏的政权，但实际这只是一种幻想而已。这种同姓诸侯王性质是和异姓诸侯王一样的，乃是封建割据势力。而当时历史的发展，是要求有一个统一的中央集权的国家。所以这种同姓诸侯王依然是与历史的发展相违背的。他们必然与地主阶级发生矛盾。他们的命运也必然和异姓诸侯王一样。

惠帝吕后的时代，同姓诸侯王分封未久，势力犹未强大，还未发生严重的冲突，及至文帝即位，诸侯王与汉之间的矛盾便发生了。汉也采取各种办法削弱诸侯王。

（一）文帝时代济北王兴居淮南王长谋反与贾谊建议削弱诸侯　当『吕氏之乱』的时候，汉大臣周勃陈平与齐王襄的兄弟朱虚侯章、东牟侯兴居诛诸吕。刘章和刘兴居的用意，原想诛诸吕以后，奉其兄齐王襄为帝。他们遣人告知齐王襄，要他起兵，他们为内应。但事平之后，周勃陈平却立代王恒（即文帝）而不立齐王襄。这章和兴居自然失望。文帝即位，封章为城阳王，兴居为济北王，二人仍不满。文帝三年，匈奴入寇，文帝往太原御匈奴，济北王兴居遂乘机起兵。不久为汉所虏，自杀。

当汉大臣周勃陈平诛诸吕的时候，汉高祖的儿子只有文帝和淮南王长二人了。二人都是庶出，做皇帝的机会是相等的。诸大臣立文帝，他也不服。文帝即位，他就『骄蹇，数不奉法』，后更『不用汉法，出入警跸、称制，自作法令』，并且逐汉置二千石，自置相。这就无异要脱离汉而独立了。后更阴谋起兵，派人与南粤匈奴相结。事被发觉，文帝遂命人将他逮捕，放置蜀严道。长自杀。

文帝的时候，诸侯王既想用武力反抗汉，企图夺取政权，其情势自属严重。淮南王长谋反发觉以后，袁盎、晁错便主张削诸侯之地，贾谊上治安策，痛言诸侯王形势的危险，建议应当削弱诸侯的力量，他主张应『众建诸侯而少其力』。他说：

『欲天下之治安，莫若众建诸侯而少其力。力少则易使以义，国小则亡邪心。……令齐、赵、楚各为若干国，使悼惠王、幽王、元王之子孙毕以次各受祖之分地，地尽而止。及燕、梁他国皆然。其分地众而子孙少者建以为国，而置之，须其子孙生者举使君之。诸侯之地，其削颇入汉者为徙其侯国及封其子孙也』。（汉书 贾谊传）

贾谊的办法是将诸侯王的土地完全分给他的子孙。这样，一国变为几国，诸侯王的数目虽然增多，但各个诸侯的土地却小了。土地小则力量弱，自然就不能反抗。文帝采用了贾谊的政策，将齐分为齐、城阳、济南、济北、淄川、胶西、胶东七国，将淮南分为淮南、衡山、庐江三国。

文帝采用贾谊的政策，削弱诸侯，只是削弱诸侯的开始，诸侯王的问题并未因此就获得解决，所以到了景帝的时候，就有吴楚七国之乱发生。

（二）晁错的削地政策与吴楚七国之乱　吴楚七国合兵反抗汉，是同姓诸侯王问题中最重要的一件事，也是汉与割据势力斗争中一次最激烈的战争。

吴楚七国之乱，主要的是由吴而起。吴在当时是诸侯王中的大国。吴地方富庶，其地有豫章之铜。吴王濞招致亡命冶铜铸钱，『煮海水为盐』。当时吴钱遍天下。吴国家既富，势力强大，自然也就与汉发生冲突。吴王濞利用他地方的富饶，收买人心。当文帝的时候就已发生问题了。文帝的时候，晁错就主张削吴。及景帝即位晁错主张削诸侯之地，吴便联合其他的诸侯王起兵反抗。

晁错一向主张削地的。景帝即位，他为御史大夫，更极力主张，他认为『不如此，天子不尊，宗庙不安』。尤其对于吴，他主张非削小他的土地不可。他说：『（吴）公即山铸钱，煮海为盐，诱天下亡人，谋作乱逆。今削之亦反，不削亦反。削之其反亟，祸小；不削之其反迟，祸大。』景帝听了晁错的话，遂对诸侯采取削地的政策。这就是说用强硬的手段对付诸侯王。二年，以赵王遂有过，削其常山郡。又胶西王卬以卖爵事削其六县。三年冬，又削楚东海郡（楚王戊传谓削东海薛群）。于是进而议削吴。吴王濞遂连合楚王戊、胶西王卬、胶东王雄渠、淄川王贤、济南王辟光、赵王遂举兵反抗。这就是所谓吴楚七国之乱。

吴楚七国之乱不久便平定了。自此以后，汉对诸侯王便采取更严厉的手段削弱他们。

①削地。如胶东、淄川、济南三国皆取消了，其地并归于汉。

②减官。汉诸侯王的官制，也就是他们政府组织，原与汉中央政府一样。这样，不但诸侯权重，而且可以利用官爵来收买许多『游士』。及是，减少诸侯的官吏，改诸侯的丞相为相，由

皇帝任命，罢御史大夫以下官。这就大大地缩小了诸侯政府的组织，减少他的权力，也可以使他们不致利用官爵来招致『游士』。

③分裂大国为小国。这就继续采用贾谊『众建诸侯而少其力』的政策，分裂大国的土地。如梁孝王武死，分封孝王子五人为梁、济川、济东、山阳、济阴五国。

④严厉地监视贵诸侯王。汉书中山靖王胜传云：

『武帝初即位，大臣惩吴楚七国行事，议者多冤晁错之策，皆以诸侯连城数十、泰强、欲稍侵削。数奏暴其过恶。诸侯王自以骨肉至亲。先帝所以广封连城，犬牙相错者，为磐石宗也。今或无罪为臣下所侵辱，有司吹毛求疵，笞服其臣，使证其君，多自以侵冤。建元三年，代王登、长沙王发、中山王胜、济川王明来朝，天子置酒，胜闻乐声而泣』。

由此可见，吴楚七国之乱以后，汉对待诸侯王如何严厉。

吴楚七国之乱以后，汉对诸侯王采取各种削弱其力量的政策，诸侯王的势力便大大地衰弱了。及至武帝的时候，同姓诸侯王的势力便完全消灭。

汉异姓诸侯王消灭、同姓诸侯王削弱以后，中央的权力大大地提高，汉政权也更加巩固了。

第二节　西汉初期经济的恢复与发展

一、农业生产的恢复与发展

秦汉之际，因为残酷的战争，农业遭受严重的破坏。在战争中，人民饥饿，『人相食，死者过半』（汉书食货志）。汉高祖的时候，人民生活和政府财政都还很困难。当时『民无盖藏』，『天子不能具钧驷』。

汉既灭项羽以后，即采取各种办法恢复生产。汉高祖灭项羽，即令兵皆罢归家，并令『以功劳行田宅』。同时命令以前因战争而逃亡，『保聚山泽』者，也都回故乡，恢复他们原有的爵位田宅。人民因战争饥饿卖为人奴婢者免为庶人。这就使一切在战争中不能生产的人都回家生产。此后，汉仍不断地设法奖励生产。汉惠帝四年，令郡国举孝悌力田者，免除其徭役。吕后元年，又置孝悌力田二千石者一人，专事提倡农业生产。及至文帝时，贾谊、晁错更极力主张重农贵粟。文帝自耕藉田表示提倡。又屡次命令郡国官吏以农务。后又采纳晁错的建议，入粟拜爵，入粟除罪，鼓励人民努力生产。尤其重要的，社会安定了。自灭项羽以后，汉就没有大规模的战争，人民能在比较安定的情况下进行生产。同时，汉又实行『清静无为』的政策，『与民休息』，并减轻人民的负担，这更可以使人民安定，生产力恢复。

由于这种缘故，农业就很快地逐渐恢复。惠帝、吕后时，就『民务稼穑，衣食滋殖』（汉书高后纪），文帝以后，就渐趋繁荣。史记述当时的情况：『百姓无内外之徭，得息肩于田亩。天下殷富，粟至十余钱。鸣鸡吠犬，烟火万里』（律书）。可以想见已是一片富庶安乐的景象。

武帝时，农业更进一步发展。当时兴修了不少灌溉工程。景帝末，蜀郡太守文翁穿湔江（成都附近），溉田千七百顷（水经注江水）。武帝时代水利灌溉工程更多。在关中，徐柏开漕渠、引渭水起长安旁南山下至河三百余里，一方面通漕运，一方面灌溉。又有灵轵渠、成国渠，漳渠。前一一一年（元鼎六年），儿宽又开六辅渠灌溉郑国渠旁边的高田。前九五年（大始二年），白公又开白渠引泾水起谷口至栎阳二百里，溉田四千五百余顷。此外，汝南、九江引淮水溉田，东海引巨定，泰山引汶水溉田。这些地方开渠溉田，都各灌溉万余顷。其他小渠还不可胜数。灌溉事业这样发达，促使农业更加进步。

汉武帝时代，各地的农业实普遍地发展起来了。史记货殖列传述当时各地生产的情况，关中『膏壤沃野千里』，『好稼穑、殖五谷』。巴蜀『亦沃野、地饶』。齐『膏野千里、宜桑麻』。邹鲁『颇有桑麻之业』，沂泗水以北，『宜五谷桑六畜』。燕代『田畜而事蚕』。

此外，值得注意的是，当时不仅谷类和桑麻到处生产，木材、果实、蔬菜等似也大量的生产。史记货殖列传云：『山居千章之材，安邑千树枣，燕秦千树栗，蜀汉江陵千树橘，淮北、常山以南，河济之间千树萩，陈夏千亩漆，齐鲁千亩桑麻，渭川千亩竹，及各国万家之城带郭千亩，亩钟之田，若千亩卮茜，千畦姜韭，此其人皆与千户侯等。』可知这些竹木、水果、蔬菜、漆等在当时必已成为相当重要和大量的农产品了。

二、手工业兴盛

西汉手工业也很发达。太史公说：『用贫求富，农不如工，工不如商。』手工业在社会经济中占很重要的地位。

冶铁和煮盐 西汉时代手工业种类已很多。其中规模最大的是冶铁和煮盐。汉代冶铁工业是很发达的，全国各地几都产铁。汉武帝的时候，曾实行盐铁专卖，产铁的地方置铁官，不产铁的地方置小铁官，全国有铁官四十余处。冶铁的规模也很大，『一家聚众，或至千余人』（盐铁论复古篇）。当时最著名的富翁，蜀卓氏、程郑、宛孔氏、鲁曹邴氏都是大冶铁业者。他们都『富至巨万』。

盐的生产也很多。据汉书地理志设置盐官的地方有安邑（河东）、堂阳（属巨鹿）、都昌（属北海）、东牟（属东莱）、当利（属东莱）、㡓（音坚、属东莱）、海曲（属琅琊）、海盐（属会稽）、番禺（属南海）、临邛（属蜀郡）、南安（属犍为）、独乐（属朔方）、沃阳（属雁门）等地。现在山东、浙江、广东的海盐，山西和鄂尔多斯的池盐，四川的井盐，汉代都已生产了。当时制盐所用的工人也有『一家聚众，或至千余人』的。生产的规模也很大。

纺织业 纺织工业自来就是民间最普遍的手工业。西汉时代更加发达。不仅国内市场上，对外贸易中，丝织品缯帛也是最主要的货物。当时丝织业最发达的地方是临淄、襄邑、成都。临淄所纺织的丝织品『号为冠带衣履天下』（汉书 地理志），其生产之多可以想见。在临淄、襄邑都设有服官。长安也有东织西织，为宫廷织制衣服。临淄的三服官『作工各数千人』，实已是很大的纺织作坊了。

丝织品的技术也非常进步。如当时最著名的临淄的冰纨，成都的锦都非常精美。

其他手工业 西汉时代，手工业是普遍发达的。盐铁、纺织而外，其他手工业也相当的发达。史记 货殖列传列举当时重要的商品，手工业制造品除盐铁、丝织品之外，还有酿酒、醯酱、皮革、舟车、竹木器、漆器、铜器、筋角、丹砂、絮帛、荅布、旃席等等。这些东西既已成为重要的商品，其制造也必很兴盛。汉在怀（河南沁阳）、洛阳、宛、东平陵（济南）、泰山（泰安）、成都、广汉（四川广汉）都设有工官，为宫廷制造器用。这些地方的手工业必甚发达，制造技术也必甚高。

三、商业的发达

战国时代，我国商业就日益兴盛了。及至汉代，更加发达。汉代商业发达的原因，除了农业和手工业生产发达以外，还有下列几个原因：（一）全国统一。因为全国统一，交通无阻，商业货物往来可以畅通无碍。（二）政府对商业采取放任政策。汉初实行『清静无为』的政策。在这种政策之下，对于商业也听其自由发展，不加干涉。山林川泽的出产可以自由开采。因此商业迅速地发展起来。史记货殖列传云：『汉兴，海内为一，开关梁，弛山泽之禁，是以富商大贾，周流天下，交易之物，莫不通得其所欲。』可见全国统一和放任政策对商业的发展，实有很大的关系。（三）国外贸易发生了。自秦以来，我国疆域扩大，与邻近各族接触更繁，因此也发生商业关系。这使商业的范围扩大了。尤其到了汉武帝时候，建立了一个空前的大帝国，对外商业更加进步，这更促进国内外商业的发达。

西汉时代，全国各地商业几乎普遍地发展。史记货殖列传及汉书地理志叙述当时全国各地人民风俗。

关中　『其民玩巧而事末』（史记货殖列传）。

周（洛阳）『洛阳街居，在齐秦楚赵之中，贫人学事富家，相矜以久贾。数过邑而不入』（货殖列传）。『巧伪趋利，贵财贱义，高富下贫，喜为商贾，不好仕宦』（汉书地理志）。

韩　『颍川……俗杂，好事业，多贾』（史记货殖列传）。『其俗夸奢，上气力，好商贾』（汉书地理志）。

鲁　『好贾趋利，甚于周人』（史记货殖列传）。『无林泽之饶，俗俭啬爱财，趋商贾』（汉书地理志）。

郢『其民多贾』（史记 货殖列传）。盐铁论 力耕篇说：『宛周齐鲁，商遍天下。』当时各地的商人为数实是很多的。商人如此众多，就说明了当时商业发达的情况。

当时富商大贾为数也多。史记 货殖列传列举汉武帝以前的富商有临邛卓氏、程郑、宛孔氏、鲁曹邴氏、齐刁间、周师史、曲宣任氏、长安无盐氏、关中田啬、田兰、韦家、栗氏、杜氏。这些人都富逾巨万，或富逾王侯。其余『大者倾郡，中者倾县，下者倾乡里者，不可胜数』。

西汉时代，商业兴盛的大都市也较战国时代更多。当时商业中心的大都市，有长安、洛阳、宛、温、轵、平阳、邯郸、燕（蓟）、临淄、陶、睢阳、郢、吴、寿春、合肥、番禺、成都、荥阳、鄢陵等地。盐铁论 通有篇云：『燕之涿、蓟，赵之邯郸，魏之温、轵，韩之荥阳，齐之临淄，楚之宛丘，郑之阳翟，三川之二周，富冠海内，皆为天下名都』。据汉书 地理志，长安户八万零八百，口二十四万六千一百；阳翟户四万一千六百五十，口十万九千；鄢陵户四万九千一百一十，口二十六万一千四百一十八；宛户四万七千五百一十七；成都户七万六千二百五十六。这些都市实都是非常繁荣的都市了。这些大都市遍布全国各地，这也足以窥见全国各地商业实普遍发达。又当时已有代客经营买卖的『驵会』（牙行）了。

汉代，货币普遍使用。汉高祖的时候，以秦半两钱重难用，改用荚钱，令人民铸造。后因荚钱数量太多而又太轻，孝文帝四年，又改铸四铢钱，仍令民自己私铸。铸钱是厚利所在，当时人民铸钱者非常之多。贾谊说：『今农事弃捐，而采铜者日蕃，释其耒耨，冶熔炊炭』（汉书食货志）。文帝时，吴王濞开采章郡铜山铸钱，文帝赏赐邓通蜀严道铜山，令他铸钱。『吴邓钱布天下。』当时货币的数量实是相当多的。

汉代各种经济的交往大多是用钱。汉代赋税除田租以外，其他算赋、口算、践更、过更都是纳钱。皇帝赏赐也赏钱或黄金。官吏的俸禄也用钱。商业上的交易以及借贷更都用钱。人的财富也以钱计算。汉代不仅普遍用钱，黄金的数量也多。皇帝赏赐，动辄赐黄金几十斤或几百斤。货币是与商业密切相关的，汉代货币这样普遍使用，也就可以知道当时商业发达的情况了。

汉代对外贸易也发达起来。尤其到了武帝时代，汉帝国扩大了，对外贸易更为发达。当时与邻近各族都有商业往来。天水、陇西、北地、上郡等地与匈奴羌交易，巴蜀与滇、僰、邛筰交易，番禺与南海各地交易。自通西域以后，中国的商人又很多往西域经商。在南海方面，中国与印度发生交通。盐铁论力耕篇云：『夫中国一端之缦，得匈奴累金之物……是以骡驴骆驼，衔尾入塞，弹騱騵马，尽为我畜，鼲貂狐貉采旃文罽充于内府。而壁玉珊瑚、琉璃咸为国之宝。是则外国之物内流，而利不外泄也』。外国货物输入中国的颇为不少。

总起来看，西汉时代，不论农业、手工业、商业，都欣欣向荣地向上发展。这种发展，主要的原因就是西汉的封建地主经济是继续战国正向上发展的。再加上全国的统一和自由放任的政策，地主和商人阶级都得到充分的发展。这种封建经济的发展，就是西汉强大的封建帝国的基础。

四、西汉初期的社会

西汉初期的社会是继续战国时代的社会向前发展的。陈胜吴广起义给予统治阶级相当沉重的打击，西汉初，统治者不得不略向人民让步，减轻人民的负担和对人民的压迫。因此，西汉初期，小生产者的农民也能得到发展。汉初，小生产者的农民和富农、小地主实普遍存在。当时社会主要的生产者实是小生产者的农民。

但西汉初期，地主商人阶级也迅速地发展。他们的发展是建立在对农民的剥削上的，因此，地主商人阶级对农民的剥削也日渐增加。

首先是贵族官僚对人民的剥削。贵族官僚以他们的俸禄赏赐所得剥削农民掠取人民的土地。武帝时，董仲舒说：『身宠而载高位，家温而食厚禄，因乘富贵之资力以与民争利于天下，民安能如之哉。是故众其奴婢，多其牛羊，广其田宅，博其产业，畜其积委，务此而亡已，以迫蹴民，民日削月朘，寝以大穷』（汉书本传）。他主张『受禄之家』不与民争利。可知当时官僚贵戚之家对农民的剥削必已相当的严重了。当时有不少的大官僚都有很多的土地，如萧何『多买田地』。武帝时，窦婴、田蚡、灌夫都有很多的土地。

一般地主对农民的剥削也逐渐严重。汉书食货志述文帝、景帝和武帝初年的情形云：『于是罔疏而民富，役财骄溢，或至兼并，豪党之徒，以武断于乡曲』。史记货殖列传云：『凡编户之民，富相什则卑下之，伯则畏惮之，千则役，万则仆。』这都可以想见地主对农民剥削之厉害。

商人剥削农民更为严重。在秦汉之际的战争中，商人受战争的影响不大，有的还乘战争抬高物价。汉初商业的发展最为迅速。文帝的时候，商人剥削农民的严重性就相当显著了。汉初商人的利息是极厚的。晁错说：『商贾大者，积贮倍息』（汉书食货志）。史记货殖列传云：『贪贾三之，廉贾五之。』又云：『佗杂业不中什二，则非吾财也。』可知汉代商业的利息最多可以多到一倍，最少也有十分之二。当时商业利息这样高，农民所受的剥削实是很严重的。汉初，高利贷的剥削也很盛。当时已有专门从事高利贷的了，称之为『子钱家』。高利贷的利息通常是一倍，所谓『倍称之息』，最高有十倍于本钱的。景帝时，长安无盐氏乘吴楚七国之乱放高利贷，其息十倍，一年之中，富冠关中。鲁曹邴氏『贳贷行贾遍郡国』，高利贷对农民的剥削是极严重的，晁错说当时农民『亡者取倍称之息，于是有卖田宅鬻子孙以偿责者』（汉书食货志）。必已有不少的农民受高利贷的剥削而破产了。

商人经商致富，就兼并农民的土地。太史公说：『以末致财，以本守之』（史记货殖列传）。当时商人购买土地，必是很普遍的现象。如南阳孔氏冶铁致富，就『规陂田』，曲宣任氏也『折节为力田畜』。这便都是商人掠夺农民的土地。

在赋税的负担和官僚、地主、商人的剥削之下，农民的生活自日渐困苦。贾谊说：『失时不雨，民且狼顾；岁恶不入，请卖爵子。』晁错也说商人兼并农民，农民流亡和『卖田宅鬻子孙』。文帝时，就已有不少的农民生活困苦了。武帝时，这种情形更加严重。董仲舒主张『限民名田』，武帝也下令『贾人有市籍及家属皆无得名田』（汉书 食货志），人民也大量地流亡，当时，农民丧失土地者更多，生活更加痛苦。

农民丧失了土地，或者流亡，或者变为大地主的佃客，或者沦为奴隶。西汉初期已有不少佃农存在，他们耕种大地主的土地，纳十分之五的田租。

汉代奴隶制依然盛行。官私奴婢数量很多。犯法的罪人多没为官奴婢。奴婢可以公开地买卖。当时豪强不法之徒掠卖人为奴婢，或者掳掠边境落后部族的人卖为奴婢，贫穷的农民也卖自己的子女为奴婢。奴婢为奴隶主从事生产劳动，如齐大商人刁闲即用奴隶经营商业。

汉初，随着生产的恢复与发展，地主商人阶级对农民的剥削也日渐增加，不过，当时，对农民的剥削还不十分严重，农民丧失土地的也还不太多，因此，社会的矛盾还不甚深刻，生产仍能向上发展，及至武帝以后，农民和地主商人阶级的矛盾便日趋严重了。

第三节　匈奴帝国的建立及汉初汉与匈奴的关系

匈奴帝国的建立　秦始皇时，匈奴已颇强盛。秦始皇虽击败了匈奴，夺回了河南地，但他犹不得不筑一条长城和驻屯几十万军队防备匈奴。秦汉之际，匈奴更强大起来，建立一个空前的大帝国。

公元前二〇九年（秦二世元年），匈奴著名的领袖冒顿单于即位。冒顿单于东灭东胡，西败大月氏，夺取河西之地。又乘中国内乱，夺取了河南地。于是遂建立一个大帝国。公元前一七四年，老上单于即位，又击走大月氏，迫其西徙。蒙古高原全部为匈奴所占有。东方的乌桓、北方的坚昆、丁零以及塔里木河流域的『城郭之邦』也都役属于汉。匈奴帝国便成为一个大国。

匈奴帝国的组织，国家最高的首领为单于，单于之下有左右贤王（左贤王是太子），左右谷蠡王，左右大将，左右大都尉，左右大当户，左右骨都侯等二十四长。他们都有军队万骑。二十四长之下又各有千长、百长，十长、裨小王、相都尉、当户、且渠等。这些官都是世袭的。这种组织显然是个军事组织。土地是国家所有的，但二十四长都各有分地。冒顿将全国分为三大部。左方诸王居东方，右方诸王居西方，单于自己则居中部，他的住地在代郡云中北的阴山中。

匈奴已有简单的刑法，『其法，拔刃尺者死，坐盗者没入其家。有罪，小者轧，大者死』。他们也拘禁犯人，但监禁最多不过十日，国中的囚犯只不过几个人。他们对被征服的部族征收贡赋，匈奴在西域设有僮仆都尉征收各城郭之邦的贡赋。

匈奴的财产制度，私有制已确立了。他们在战争中『所得卤获，因以予之，得人以为奴婢』。同时他们的法律也规定『坐盗者没入其家』，显然在法律上已保护私有财产了。他们畜群当已属私有。土地虽二十四长都有分地，还没有私有。游牧民族的土地是不可能成为个人私有的。

匈奴人是游牧民族，他们的经济是非常贫困的。他们的财富是马牛羊，马牛羊不能蓄积，其增长又只赖繁殖，因此，财产的增加是极慢的。而其地气候又非常恶劣，牲畜容易死亡。他们经济贫困，所以他们的生活除了依靠畜牧以外，还必须要进行劫掠，尤其要向邻近富庶的农业地区进行劫掠。匈奴所住的地区自然环境是非常恶劣的。这是一片大沙漠，经常有大风等，冬天又多风雪，非常寒冷。他们生长在这样恶劣的自然环境中，因必须与自然斗争，便锻炼成他们壮健的体魄，勇敢的精神。他们都是勇敢的战士、凶猛的劫掠者。他们必须要向富庶的农业地区进行劫掠，因此，他们就必定要侵略中国。

匈奴对汉的侵略与和亲政策 匈奴冒顿单于既强大，便向中国侵略。在楚汉相持之际，冒顿夺取了『河南地』，并侵扰燕代，公元前二〇一年，冒顿单于大举侵汉马邑，韩王信叛降匈奴，冒顿南攻太原晋阳，次年，汉高祖亲率大军抵抗匈奴的侵略。冒顿单于以精兵三十万骑围高祖于白登（平城东），汉高祖几不脱。

平城之围以后，汉高祖采纳刘敬的建议与匈奴和亲。汉以『宗室女翁主为单于阏氏，岁奉匈奴絮缯酒食物各有数，约为兄弟』。这种政策实是屈辱的政策，这以后，汉因国内还未十分安定，政权没有巩固，唯恐对匈奴发动战争引起国内的不安，一直不惜屈辱，继续与匈奴和亲。

和亲政策稍缓和了匈奴的侵略，但并未能使匈奴完全停止对中国的侵略。她仍不时地侵扰边境，掳掠中国的人民财物，有时更深入内地。同时，她又与反汉的诸侯王相勾结，制造汉的内乱。公元前一八三年（吕后六年），匈奴寇狄道（属陇西）攻河阳（属天水）。前一八二年，又寇狄道，略二千余人，前一七七年（文帝三年），入寇北地。前一六六年（文帝十四年），匈奴更大入朝那萧关。前一五八年（文帝后六年），又大入上郡、云中。汉诸侯王燕王卢绾、吴王濞以及代相陈豨反，都与匈奴相勾结，企图假匈奴的力量为援。由于汉防守严密，力量又日益强大，匈奴才未致侵占中国的土地。但匈奴的侵略终是汉安全的严重威胁，而对匈奴的防御也是汉人民沉重的负担。

第三章　西汉帝国的强大

第一节　皇权的加强

经过汉初六十余年的安定，汉地主政权已经巩固了，生产也由恢复而趋于繁荣。公元前一四〇年，汉武帝即位以后，西汉帝国遂达到极盛的时代。汉中央集权制进一步发展，同时，汉帝国大肆向外扩张，形成一个空前的大帝国。

一、诸侯王和边境割据势力的削灭

诸侯王的削弱　吴楚七国之乱以后，汉景帝采取各种办法削弱诸侯王，诸侯王的势力大大地削弱了。但诸侯王问题却未完全解决，诸侯王与汉皇帝的矛盾依然存在。汉武帝即位，更进一步削弱诸侯王。

公元前一二七年（元朔二年），武帝采纳主父偃的建议，令诸侯王分封子弟为侯，这就是令诸侯王将他的土地分裂为许多小的侯国。汉乘此将侯国的政权收归汉郡。这种政策乃是继续执行贾谊『众建诸侯而少其力』的办法，不过较贾谊的政策更进一步。这一政策实行以后，诸侯王的子弟绝大多数都封为侯，诸侯王的势力便更加弱小了。

公元前一二二年（元狩元年），淮南王安和衡山王赐谋反被诛，武帝更制定『左官之律』和『附益阿党之法』。『左官之律』是为诸侯王之官者为左官，其地位较汉官为低。『附益之法』是阿谀王侯者有罪。这就是要限制『游士』为诸侯王之官，也就是防范诸侯王利用官爵收买游士。这样可以削弱诸侯王的力量。『阿党』是诸侯王有罪傅相不奏举谓之阿党。这就要诸侯傅相必定要监视诸侯王。更重要的，武帝命诸侯『惟得衣食租税，不与政事』。诸侯王国的政权由汉政府任命的相掌握。这更完全夺去了诸侯王的政治权，自此以后，诸侯王政权完全丧失，只是富翁而已。同姓诸侯王对汉政权的威胁遂完全消除。

不仅对诸侯王，对于列侯汉武帝也予以沉重的打击。文帝时，制酎金律。规定每年八月皇帝祭祀宗庙，诸侯必定要按其所封的户口献黄金助祭，称为酎金。武帝时，加强酎金律，严格地审查诸侯所献黄金的重量和成色，不合规定者就夺去他的封爵。公元前一一二年，列侯因酎金夺爵一百零六人之多。这就是借酎金以削弱列侯。

南越闽越的击灭　在秦末和汉初的时候，因为中国内乱，在边境的地区出现了少数的割据势力。汉初，因为政权还未十分巩固，内部的问题未完全解决，对这些地方也就无暇过问。武帝时，国内诸侯王问题完全解决了，对这些割据的势力便进行消灭。

南越是秦末汉初独立的。秦始皇灭南越，设置南海、桂林、象郡，其地就属于中国了。陈胜、吴广起义，南海尉赵佗割据南海郡。秦灭亡以后，他又击灭桂林、象郡，自立为南越王。公元前一八三年（吕后五年），佗更自立为南越武帝。当时，汉政权还没有巩固，不愿用兵，汉文帝派陆贾赴南越，只要赵佗取消帝号便了事。而南越王在他自己境内依然称帝。汉武帝即位，汉力量强大了，便进攻南越。公元前一一一年（元鼎六年），武帝发兵十万进攻南越。将南越击灭，以其地置南海、苍梧、郁林、合浦、交趾、九真、日南、珠厓、儋耳九郡。

闽越王无诸和东粤王摇都是越王勾践的后裔。秦始皇统一中国，以其地置闽中郡。秦末，无诸和摇率兵随番君吴芮灭秦。后又助汉攻项羽。汉高祖灭项羽，封无诸为闽越王，都治（闽侯）。惠帝三年，又封摇为东粤王，都东瓯（浙江永嘉）。公元前一一一年，汉既灭南越，遂乘势攻闽越。明年（元封元年），汉兵破闽越、东粤。汉既灭闽越，把他的人民全迁徙于江淮之间。南越闽越既灭，全国又复归于统一了。

二、皇帝专制和中央集权的加强

皇帝专制　汉武帝的时候，皇帝更加专制。一切大权都集中在武帝的手中。这种变化的发生，一方面固由于武帝要独揽权力，一方面也由于当时统治集团内部势力的改变。汉初，政治上原有宗室和功臣两大势力。宗室封为诸王，功臣则掌握朝廷的政权。到了武帝的时候，这两种势力都已衰落了。宗室诸王因与朝廷冲突而被削弱，高祖时候的功臣也都死亡殆尽。这两种势力既都衰落，大权势必转入皇帝的手中。

汉初丞相有大权，而丞相必须功臣方能当任，因此政府的权力也就在功臣的手中。武帝时，以前的功臣都没有了，丞相一职逐渐改用儒生，丞相的权力也就衰落。这一变化是从公孙弘为丞相开始。公元前一二四年（元朔五年），公孙弘为丞相，这是第一个没有封侯而为丞相的。汉初非侯不能为丞相的规定从此破坏。自公孙弘以后，丞相也就没有权力了。汉书公孙弘传云：『弘自见举首，起徒步，数年至宰相封侯。于是起客馆，开东阁以延贤人，与参谋议。……其后李蔡、严青翟、赵周、石庆、公孙贺、刘屈氂继踵为丞相。自蔡至庆，丞相府客馆丘虚而已，至贺、屈氂时，坏以为马厩车库奴婢室矣』。石庆传说：『庆为丞相……九卿更进用事，事不关决于庆，庆醇谨而已。在位九岁，无能有所匡言。』可知丞相实毫无权力。不仅这样，武帝对丞相还任意杀戮。公孙弘以后，李蔡、严青翟、赵周、公孙贺、刘屈都是被武帝杀死的，苟全的只有石庆一个人。公孙贺被任命为丞相时，乃至悲哀痛哭，不肯接受，唯恐被杀。当时，丞相不仅没有权，武帝对于他们也视若无物了。武帝时，丞相权完全丧失，大权便全为皇帝所独揽。

期门羽林和七校尉的设置 武帝时，中央的军权也加强了。汉初京师有南北军。武帝时，又增设期门、羽林和七校尉。期门、羽林都属郎中令，『掌执兵送从』，实是皇帝的卫队。武帝时，置中垒、屯骑、步兵、越骑、长水、胡骑、射声、虎贲八校尉。胡骑校尉不常置，所以称为七校尉，这种措施其目的自在加强中央统治的力量。

三、罢黜百家独尊儒术

汉初地主政权建立以后，封建地主阶级的学者就有人主张尊儒术。如汉高祖的时候，陆贾就主张『兴文教』。文帝时，贾谊又主张『改制度，兴礼乐，移风易俗』。贾山也主张立太学。当时因地主阶级所急需的是巩固政权，安定社会，使他们的经济利益得到充分的满足，地主阶级得到充分的发展，他们所需要的是黄老清静无为的思想而不是儒术。同时，当时大臣如萧何、曹参和『灌绛之属』也不理解思想统治的重要。因此，儒家思想虽有陆贾、贾谊等提倡，犹不为统治者所重视。

武帝的时候，地主阶级的政权也已巩固了，他们的利益也已得到充分的满足。为要巩固他们的统治地位，就必须要用一种新的思想来愚弄人民。因此，他们提倡儒术。

同时，汉武帝的时候，儒家的学说也已兴盛了。秦始皇焚书坑儒，儒家的学说曾受了相当严重的打击。但自陈胜起义以后，秦的统治力量丧失，儒家学者便又活动起来。及至汉初，一班老师宿儒遂又恢复讲学。他们都有相当众多的弟子。如伏生傅尚书，申公、辕固生傅诗，胡母生、董仲舒傅春秋，他们都有很多的学生。申公有弟子一千余人。同时，汉宗室诸王也有许多人提倡儒术。如楚元王交礼聘申伯、穆公、白生讲学。河间献王德搜罗经籍，立博士；招儒生修礼乐。此外，如吴王濞、梁孝王武、淮南王安也都招致文学之士，搜集书籍。由于这些原因，汉武帝以前，儒家思想就已相当的盛了。这种代表统治阶级利益的儒家思想，自也促使统治阶级提倡儒术。

汉代的儒家学说是以阴阳家的思想为主糅杂儒家的思想而成的。它以阴阳家阴阳五行及终始五德之说为骨干，而附会以儒家的伦理和礼乐教化之说。这种思想起源于战国，至汉而愈盛。汉初儒者如张苍、贾谊都属这一派，而尤以董仲舒为代表。

这一派儒家学者的思想主要的就是终始五德之说。他们认为帝王的政权是『天命』，是天授予他的。帝王所以『受天命』，则由于他有德。因为他有德，天乃授命于他为王。同时，帝王『受命』，也是『五德』运转的必然。因为他得到五行中的一德，循着五行相生相胜的变化，他必然代替前一代的帝王而取得政权。这种思想就是要被统治的人民相信帝王的统治是『天命』，是五行变化的必然，是因为他『有德』，他的政权是不可以推翻的。

他们又主张统一。董仲舒鼓吹大一统，统一乃是『春秋之义』。他说：『春秋大一统者，天地之常经，古今之通谊也。』这种思想也正是当时统治阶级所需要的。

这些儒家学者又主张人伦教化。所谓人伦就是『三纲五纪』。他们尤其重视『三纲』。所谓『三纲』就是君臣、父子、夫妇。君为臣纲，父为子纲，夫为妻纲。君臣、父子、夫妇的关系也就是阴阳的关系。君为阳，臣为阴；父为阳，子为阴；夫为阳，妻为阴。阳为主，阴为辅。因此，臣应忠于君，子应孝于父，妻应服从夫。这是『人伦』，也是『天道』。这就是要被统治者须绝对服从统治者。

他们认为王者的『大务』就是『明教化』。所谓『教化』就是教『三纲五纪』和『上下之序』。这就是教被统治者从思想上心甘情愿地服从统治者的统治。

这种思想正符合当时统治者的需要，这替他们政权找到一个有力的理论根据，这可以有力地帮助他们统治人民。因此，汉武帝就热心地提倡。

武帝即位，就开始罢百家尊儒术。武帝即位，以他的老师王臧为郎中令，臧与御史大夫赵绾都好儒术，他们就从事提倡。公元前一四〇年（武帝建元元年），令郡国举贤良文学，在所举的贤良文学之中有『治申、商、韩非、苏秦、张仪之言者』，他们认为这些思想都是『乱国政』的，将他们罢去。不久，窦婴为丞相，田蚡为太尉，他们也都好儒术，于是更积极提倡。他们主张『迎鲁申公，欲设明堂……，以礼为服制，以兴太平』。但因他们又主张令列侯就国和无奏事东宫，触怒了贵族和窦太后（武帝祖母），窦太后将王臧、赵绾逮捕下狱，免窦婴、田蚡官。于是这一运动便失败了。

窦婴、田蚡等提倡儒术虽遭受挫折，但不久又逐渐复活起来。公元前一三五年（武帝建元五年），武帝又设置五经博士。五经博士的设置在尊崇儒术上是有很重要的意义的。以前也有博士，儒家的经典也有博士教授。但以前博士教授儒家经典不一定五经皆有，同时，其他百家之学也有博士教授。自五经博士设置以后，则儒家的经典便肯定完全要教授。而百家之学虽没有说禁止传授，也必是可以教授可以不教授了。这样，便使儒家的学说地位更提高了。

过了两年，公元前一三三年（元光元年）又诏举贤良，董仲舒对策，他极言必须罢黜百家，独尊儒术。他主张『诸不在六艺之科孔子之术者皆绝其道，勿使并进』。董仲舒是当时的大儒，他的言语自有相当的力量。班固说：『推明孔氏，抑黜百家，……皆自仲舒发之』，这虽未必尽符合事实，但他的言论产生了很大的作用，当无疑问。此时田蚡正为丞相，田蚡也一向是好儒术的，于是他在政治上也进行尊儒。他『绌黄老、刑名百家之言，延文学儒者数百人』（史记儒林列传）。这样，儒家在思想和政治上便都独尊了。

公元前一二五年（元朔五年），又置博士弟子员五十人，五经博士各置弟子十人。规定博士弟子学习一年，能通一艺以上者即补文学掌故之官，高第者可以为郎中。现任官吏能通一艺者也尽先提升。于是政府官员便逐渐都用儒生。儒术遂完全取得独尊的地位，儒家的思想便成为支配的思想。

第二节　汉帝国的扩大

汉武帝时，汉政权已非常巩固了，生产也繁荣起来，国家的力量强大了，于是必然地要求抵抗外来的侵略，保障国家的安全，要求扩大自己的领土。自武帝至宣帝时代，汉不断向外扩张，建立了一个空前的大帝国。

一、匈奴的击服

汉武帝反击匈奴　汉初对匈奴采取和亲政策。汉之所以采取和亲政策，主要是因为当时汉政权犹未巩固；同时，在内乱之后，生产残破，犹未恢复，唯恐对匈奴发动战争，力量不能战胜匈奴，反足以引起国内的不安。和亲政策未能解决匈奴问题。实行和亲政策以后，匈奴对汉依然不时地侵略，依然是汉严重的威胁。武帝时，汉政权已经巩固了，生产也非常繁荣，国力强大，而和亲又不足以使匈奴侵略停止，为着国家的安全，所以汉武帝改用武力消灭匈奴的侵略。

公元前一三三年（武帝元光二年），汉武帝开始进攻匈奴，经过八十年的战争，到公元前五十四年（宣帝五凤四年），终于将匈奴完全击败，匈奴屈服投降。汉武帝时，汉对匈奴出击了十三次，匈奴侵扰中国大小也有十五次。其中汉取得重要胜利者，有下列三次：

①公元前一二六年（元朔三年）卫青出云中击楼烦白羊王，取『河南地』。于是秦汉之际为匈奴所侵占的河南地至此收复。

②公元前一二一年（元狩二年）霍去病出陇西至祁连山。匈奴昆邪王杀休屠王来降。汉取河西之地置武威、张掖、酒泉、敦煌四郡。这一胜利，关系甚为重要。它不仅夺取了匈奴重要的地方，减去了汉西边的威胁，同时还断绝了匈奴与青海高原上羌人的交通。汉又因此而能与『西域』直接交通。为后来汉向西域发展创造了条件。

③公元前一一九年（元狩四年）卫青出云中，霍去病出代，两军绝幕。青至幕北，围单于，至阗颜山。去病与匈奴左贤王战获首虏七万余级，封狼居山北（多伦北）。于是匈奴遁逃，幕南无王庭。

经过汉武帝几十年的进攻，虽未将匈奴击灭，但『汉兵深入穷追』，匈奴受了严重的打击而衰弱了。

以力量的对比来讲，匈奴决非汉敌。匈奴的人口不过汉一郡，经济文化更远较中国为落后，汉武帝所以未能将她击灭，主要的不外这几种原因：①匈奴是游牧民族，他们战争的方式，完全是游击战，『利则进，不利则退』（史记 匈奴列传）。同时他们都是骑兵，运动迅速，他们『至若飙风，去如收电』，是所谓『轻疾悍亟之兵』（汉书 韩安国传）。而汉不但不能作游击战，骑兵也不及匈奴。因此，在战争中，汉不能消灭匈奴的主力。匈奴的主力不能消灭，汉自然也就不能击灭匈奴。②匈奴的地区是草原和沙漠，不出产谷物，汉兵进入匈奴，不能就地取粮，粮饷必须要从本国运去。汉兵深入匈奴作战，动辄千里或数千里，粮食的接济非常困难。因此汉兵粮尽，便不得不退。③匈奴的地方大多是草原和沙漠，不能发展农业，汉得之无用。所以除鄂尔多斯河西可以从事农业耕种的地方之外，其余的地方皆无法占领。汉对匈奴既不能击溃她的主力，又不能占领她的土地，汉军在匈奴又不能久留，这样便当然不能将她很快地击灭，必须她内部发生问题才能灭亡。古代农业民族对游牧民族的战争大多如此。

宣帝时代对匈奴的战争与匈奴帝国的瓦解 汉武帝对匈奴战争了几十年，匈奴虽然受了很重的打击，但汉损失也极大。在战争中，人民负担加重，引起了国内严重的矛盾。因此，武帝死后，昭帝时代便停止对匈奴的进攻，减轻了人民的负担，缓和了国内的阶级矛盾。及宣帝即位，因经过十几年的休息，国家又稍安定了。政府的财政经济力量也逐渐恢复，因此又进行对匈奴的攻击。

这时候，情形与武帝时代不同了。形势于汉远较武帝时代为有利。此时匈奴已衰弱了。同时汉的势力已深入『西域』，汉在西域的威望大大的增高了。再次，汉在西域已有乌孙为与国，汉可以与乌孙东西夹击匈奴。

公元前七十二年（宣帝本始二年）宣帝发五将军兵十五万人与乌孙夹击匈奴。匈奴闻汉兵大出，驱其人民畜产远遁。乌孙获匈奴名王以下四万余级，牛马骆驼十余万头。因匈奴逃走，汉军斩获甚少。但匈奴遁逃，人民畜产死亡不可胜数，于是匈奴遂大衰耗。这年冬天，匈奴又遇大风雪，雪一日深达一丈余，人民畜产冻死者不知其数。于是原来役属匈奴的乌桓、丁零乘机叛变，进攻匈奴，匈奴帝国遂瓦解。自此以后，匈奴又发生内乱，五单于争立。经过了十几年的时间，匈奴呼韩邪单于为郅支单于所攻，公元前五十四年（宣帝五凤四年）来降。于是匈奴遂成为汉的属国。

匈奴是秦以来对中国一个最严重的威胁，匈奴既被汉所击灭，汉就绝对安全了。这对汉帝国是有极重要的意义的。

二、西域的征服

张骞使西域 汉时的『西域』，是指现在的新疆以西的所有国家而言。但后为汉所统治的『西域』，则只是葱岭以东，塔里木盆地各国。西域国家很多，葱岭以东，有三十六国，主要的有楼兰、车师、焉耆、龟兹、姑墨、疏勒、于阗、婼羌等国。天山山脉中有乌孙。葱岭以西，主要的则有大宛、康居、大月氏、大夏、安息（波斯）、身毒（印度）等国。汉初匈奴强大，葱岭以东的各国都役属于匈奴，匈奴在此设立僮仆都尉统治各国，并征收赋税。

汉通西域，最初是想在西方结一与国夹攻匈奴。武帝即位，想进攻匈奴，闻匈奴降者言：有大月氏，原居敦煌祁连间，为匈奴所破，远徙于西方。武帝听了匈奴降者的话，以为大月氏是匈奴的仇敌，若与之相结，可收夹击匈奴之效。因此募人使大月氏，张骞应募前往。

公元前一三九年（武帝建元二年），张骞出发，但由汉往西域，必须通过匈奴境内，张骞经过匈奴时，即为匈奴所俘。匈奴将他扣留。匈奴单于以匈奴女子为张骞妻，想以此软化他。但张骞意志坚强，忠于国家，他始终不屈。他被匈奴扣留了十余年，后来得到机会，便逃向大月氏。他走了几十天，逃到大宛。大宛把他送到康居，康居又把他送至大月氏。

大月氏本居于敦煌祁连之间，原来也相当的强。匈奴冒顿单于兴起，击败大月氏；及匈奴老上单于时，又破大月氏，杀其王。于是大月氏从敦煌祁连之间，西徙于天山中；后又为乌孙所败，乃越葱岭西击大夏而臣之，居于妫水（阿姆河）北以萨马尔干为中心的地方。萨马尔干地方土地肥饶，又少寇盗，大月氏占有其地，甚为安乐。张骞到达大月氏，约她东徙，合击匈奴，她已没有向匈奴报复之意，不答应张骞的要求。因此张骞不得要领。张骞从大月氏又到妫水南岸的大夏，勾留了一年多便回来。张骞回国，经过匈奴，又为匈奴所得。后匈奴军臣单于死，国内乱，公元前一二六年（武帝元朔三年）乘机逃归。他来回为时一共十三年。

张骞此次西使大月氏虽未达到汉武帝政治的目的。但这件事则是我国历史上的大事。我国和西方古代文明国家的直接交通，由此打开了（注一）。

过了十年，公元前一一六年（武帝元鼎元年），张骞又第二次使西域。此前公元前一二二年（武帝元狩元年），汉曾想由『南夷』通身毒（印度）而至大夏。前张骞在大夏时，曾见有邛竹仗和蜀布。张骞问从那里来的，大夏人说是大夏的商人从身毒市贩来的。身毒国在大夏东南数千里。张骞想大夏在汉西南万二千里，身毒在大夏东南，又有邛蜀货物，距离蜀必不远。张骞归国后，遂建议武帝从蜀通身毒而至大夏。武帝听了张骞的话，便遣使由南夷通身毒。汉使到达滇，为滇所阻，未能到达身毒。

张骞第二次通西域，目的依然是想联络西方的国家合击匈奴。公元前一一九年，霍去病出陇西击匈奴，匈奴昆邪王来降，河西空无匈奴。此时汉武帝数问西域大夏等国的情形，张骞因言有乌孙国，原也是敦煌祁连间的小国。后为匈奴所灭。乌孙灭时，其王难兜靡为匈奴所杀，其子昆莫年幼，为匈奴单于所收养。后昆莫长大，匈奴复以其父人民还与昆莫，昆莫由此渐强。旋脱离匈奴并击败大月氏而占有其地。汉如能与乌孙联合，招之东还、复居敦煌祁连之间，也可以收合击匈奴之效。并且由此还可以招徕大夏等国。武帝听了张骞的建议派他使乌孙。

乌孙的地方是正在天山山脉中。其疆域大概东起现在的乌鲁木齐附近，西至热海，南与焉耆、龟兹、姑墨等国相接（注二）。其都城赤谷城，大概在热海南岸。

张骞这次使乌孙仍然没有达到他的政治目的。因为乌孙离汉很远，不知汉大小，她与匈奴为邻，又长期役属于匈奴，畏惧匈奴，其大臣皆不愿迁徙。此时乌孙内部又分裂，昆莫不能作主，因此他不接受中国的建议。

张骞这次使乌孙，乌孙当时虽未接受中国的建议，但不久以后，却收到效果。公元前一〇五年（武帝元封六年），乌孙便与汉『和亲』。及至宣帝时终获得与乌孙合攻匈奴之效。同时，张骞这次使乌孙，使中国与西域各国的交通又获得更进一步的发展。张骞使乌孙，同时派遣了许多副使至大宛、康居、大月氏、安息、身毒等国。张骞归国，与乌孙使者同来，不久这些副使也携这些国家的使者同来。从此中国与西域各国的直接交通便正式建立。此时河西已为汉所有，中国已与西域接界，途中已无匈奴阻隔，因此中国和西域便直接畅通。

汉势力向西域发展 塔里木盆地『城郭之邦』原在匈奴的势力之下。自张骞打开了与西域的直接交通路线以后，汉的势力便逐渐向西域伸张。

汉之所以要向西域发展，主要的原因大概有两点：一是政治的原因，一是商业的原因。

汉武帝向西域发展的政治目的是要削弱匈奴在西域的势力。汉时人谓汉武帝向西域发展是『夺匈奴府藏』『离其党与』（后汉书 班勇传）。古代塔里木盆地是比较富庶的。匈奴统治塔里木盆地，向诸国征税，是她主要财政的来源。汉『夺匈奴府藏』就是要断绝她这一主要的财政来源。

匈奴是个大国，她在西域统治了许多国家，她的威望使西域各国畏服，她在西域有很大的力量，汉向西域发展，『离其党与』，就是要打击她在西域的声威和使许多国家脱离匈奴，而削弱其力量。

汉向西域发展最初的目的是政治的。但往后发展的结果也有商业的目的。自张骞通西域以后，中国与西域各国之间的直接交通打通了。西域各国如大月氏、大夏、安息、印度，都是古代文明很高的地方，张骞回国以后又盛称其地出产珍宝奇物，于是中国想发财的人都纷纷前往。他们要求武帝给予他们使者的名义，武帝觉得西域道路绝远，非人所乐往，凡是来要求的都给予他使者的名义，鼓励人前往。据旧史记载，当时商人前往西域者，每年多者有十几批，少者也有五六批。他们都组成商队，商队大者数百人，小者也有百余人，当李广利征大宛的时候，还有许多人随着军队去做生意，当时中国与西域各国之间的商业大概是相当可观的。张骞通西域以后，有这样的商业发生，所以中国的商人也要求保护这条通路，进而完全控制这条道路。这由后来汉于轮台置使者校尉屯田积谷供给往来使者便可知道。

①击楼兰（公元前一〇八年，武帝元封三年） 汉时的楼兰是在罗布淖尔西南岸，靠近塔里木河河口的地方，这是中国往西域第一个必经的国家。张骞打通西域的道路以后，每年都有大量挂着使者名义的商人前往西域。这些商人大多数是『妄言无行之徒』，他们往西域者既多，西域沿路各国就觉得烦厌。他们往往不供给汉『使者』的粮食。汉使者乏食，遂致攻击。这中间楼兰当汉往西域各国的要冲，尤以汉使往来为苦。因此，楼兰攻劫汉使者，并为匈奴耳目，想断绝汉往西域的道路。楼兰想断绝汉通西域的道路，汉『使者』便要求武帝派兵击楼兰。

公元前一〇八年，汉武帝遣从票侯赵破奴与王恢率兵数万击楼兰。破奴破楼兰，虏其王。

汉破楼兰，是汉政治军事势力伸入西域的开始。这次战争影响很大。此后往西域的道路更加畅通，汉往西域的使者更多，西域各国知道汉的强大，有些畏惧。两年以后，乌孙便因此而来求和亲，汉在西域获得与国。

②征大宛与使者校尉的设置（公元前一〇四年至前一〇一年武帝太初元年至四年） 大宛是在现在苏联乌兹别克共和国的弗汗那地方。大宛产良马，名为汗血马。最初武帝听张骞说大宛产这种好马，就想获得这种马。他派人以千金和金马前往购买。大宛以去汉极远，中有沙漠阻隔，汉兵不能到达大宛，不畏惧汉，他们爱惜宝马，不肯给汉使。汉使得不到大宛的好马，『妄言椎金马而去』。汉使这种态度大宛贵人认为是对他们的侮辱，将汉使杀死。大宛杀了汉使者，武帝大怒，便发兵远征大宛。

汉武帝远征大宛，实不仅因杀汉使，主要的实还是为了汉的威望。自汉击楼兰以后，汉在西域的声威已增高了。这对于汉排斥匈奴在西域的势力关系甚为重要。如大宛杀汉使而汉不闻不问，则必足以损害汉在西域的声威而增长匈奴的势力。

公元前一〇四年，武帝以李广利为贰师将军，率属国骑六千、『恶少年』数万人伐大宛，汉军过盐泽（罗布淖尔），沿路各小国皆闭门坚守，不给汉军粮食，李广利一路攻城，掠食，死亡至众，及至大宛边境郁成城，只余疲兵数千而已了。汉军攻郁成城，大败。李广利不得已，退还。此次李广利来回两年，死亡数万，一无所得。

李广利还至敦煌，武帝大怒，使人遮玉门关，不准入关。更增兵六万人，牛十万，马三万余匹，还有许多私人随军前往者不在内，命李广利再征大宛。这次军队众多，声势浩大，西域各小国便都恐惧了。汉军所过，都供应粮食。李广利到达大宛，还有三万人。李广利围攻大宛都城四十余日，城中人杀大宛王母寡投降。出其善马，任李广利选择。他选择了好马数十匹，中等以下的马三千余匹而还。

汉征大宛，损失极大，但在汉向西域的发展上也起了很大的影响。这使汉在西域的声威势力更大大地提高了，也就是使匈奴的势力受了很大的打击。大宛为汉所败，西域各小国畏惧，都派遣子弟随李广利来贡献并为质于汉，而汉在敦煌以西至盐泽置亭障防守，并在轮台置使者校尉屯田积谷以供给并保护汉使者，这样塔里木盆地便转入汉的势力范围，汉至西域的道路，更为畅通。

③车师的争夺和都护的设置　车师即现在的吐鲁番，是北道的要地。汉既破大宛，汉的势力深入塔里木盆地，车师遂成为匈奴在西域最后一个据点。汉为要将匈奴的势力完全驱出西域和保护汉在西域的地位，必然要夺取车师，而匈奴为要保持其在西域的势力也必须要固守车师。

车师的争夺经过很长的时间。自武帝时开始，至宣帝时始为汉取得。公元前九九年（武帝天汉二年），汉遣李广利击匈奴于天山，命匈奴降者介和王将楼兰击车师，匈奴右贤王将数万骑来救，汉兵败退。公元前八十九年（武帝征和四年），汉遣马通击匈奴于天山，恐车师断汉军之后，复遣介和王将楼兰等国兵击车师，车师降，遂为汉所有。但至昭帝初，复为匈奴所夺取。宣帝时，命五将军与乌孙合击匈奴，匈奴在车师的守军逃走，车师又降于汉。但不久复降于匈奴。这以后，汉与匈奴争夺车师达十余年之久。公元前六〇年（宣帝神爵二年），匈奴守西域的日逐王来降，车师遂最后为汉所取得。匈奴丧失了她在西域的最后据点，匈奴的势力便全退出西域。汉在西域设置都护保护南北两道，并统治各国。塔里木盆地便为汉所占有。隔了五年，匈奴呼邪王来降，匈奴帝国也就灭亡了。

汉开通西域不仅在当时对削弱匈奴起了很大作用，对于我国和西方各国之间的文化的沟通更发生了很大的影响。古代西方印度、大夏、波斯、条支等文明国家的文化和物品自此传入中国，使我国文化的内容更加充实丰富。

三、『西南夷』和朝鲜的征服

西南夷在秦始皇的时候即有一部分曾役属于秦，秦曾在此设置官吏。汉初又放弃了。汉初以来，巴蜀的商人往往与这些地区通商，输入筰马、牦牛，又掠卖其地人民为奴隶。汉武帝时代中国国内的生产繁荣了，新兴地主阶级和商人要求更多土地，因此又向『西南夷』侵略。

唐蒙通夜郎司马相如通邛筰「公元前一三四年，武帝元光元平（？）」　夜郎是在现在四川的南部（注三）。公元前一三五年（武帝建元六年），汉命唐蒙使南越。看到南越有蜀酱，问何处来的，说是从牂柯江来的。牂柯江流经番禺城下，就是西江。唐蒙回来，又问蜀商人，蜀商人说，蜀酱是由夜郎卖到南越去的。当时汉武帝想灭南越，唐蒙便建议通夜郎，以夜郎兵顺牂柯江而下，出其不意，直指番禺城下。武帝采纳唐蒙建议，便派他通夜郎，唐蒙至夜郎，威胁利诱、要夜郎许汉在其地设置官吏。夜郎和附近小部落贪图汉的缯帛，以为不可能占有他们的土地，便答应了唐蒙的要求。唐蒙还，汉便在夜郎设置犍为郡。同时司马相如也上书建议西夷邛筰也可以设置官吏。武帝又派司马相如通西夷，设置了一个都尉，十几个县。这是汉侵略『西南夷』的开始。

汉击且兰及邛筰等之屈服（公元前一一一年，武帝元鼎六年） 公元前一一一年，汉攻南越，发南夷兵共击南越，且兰（今贵州平越）君不肯，起兵反抗。汉发巴蜀兵击且兰。会越已破，汉又以击南越的军队击且兰，且兰为汉所灭，设置牂柯郡。

汉既灭且兰，邛筰等国的君长皆震恐。请汉设置官吏，于是汉以邛都为越携郡，筰为沈黎郡，冉駹为汶山郡，白马为武都郡。西南夷大部遂为汉所占领。

滇王降服（公元前一〇九年，武帝元封二年） 公元前一二二年，汉武帝听张骞的建议，想由蜀郡通身毒，曾使王然于等出西南夷，想由此往身毒。他们到达滇，为滇王所阻。王然于等回国，说滇是大国，可令其『亲附』，汉武帝就想侵略滇。及汉既破南越和且兰，武帝便又乘汉兵威强盛，令王然于往滇，要滇王『入朝』。滇王不听。公元前一〇九年，汉遂发巴蜀兵击滇附近小国威胁滇，滇王惧，请降。汉于其置益州郡。自此，『西南夷』遂全为汉所占有。

朝鲜的征服（公元前一〇八年，武帝元封三年）　朝鲜半岛很早就与中国发生关系。商灭亡，商贵族箕子逃往朝鲜，他的子孙就在朝鲜建立国家。战国时代，燕的势力也达到朝鲜。秦始皇向朝鲜扩张，箕子朝鲜役属于秦，汉江以北的地区大概就已为秦所有。汉初，因其地距中国太远，汉力量难以统治，将大同江以南的地区都放弃了。当时朝鲜半岛上的形势是南部有辰韩（后分为马韩、辰韩、弁韩，所谓三韩）。汉江流域为箕氏朝鲜。此外还有真番等小部落。

公元前一九五年，燕王卢绾反汉，燕人卫满率领多人逃往朝鲜。他渡过沮水（大同江），占领汉所放弃的土地。旋又击败箕氏朝鲜王箕准。满遂称王，都王险城（平壤）。附近的小部落都被他征服。武帝时，中国人民逃往朝鲜者很多，朝鲜王卫右渠（卫满孙）又阻止真番、辰国来与汉交通。汉武帝便以此为借口进攻朝鲜。公元前一〇九年（元封二年），命楼船将军杨仆从山东半岛渡海，左将军荀彘从辽东攻朝鲜，汉军围王险城。明年，朝鲜尼溪相参杀卫右渠降，汉逐灭朝鲜，以其地置真番、临屯、乐浪、玄四郡。

西汉帝国扩张的影响　从汉武帝到宣帝的八十余年间，汉向外发展，建立了一个空前的大帝国，这个大帝国的建立对于我国民族、文化都有很大的影响。当时汉的版图，北起阴山山脉至越南，东起朝鲜，西至玉门，至外阴山以北的匈奴和葱岭以东的『城郭之邦』也都成为中国的属地。汉统治这样广大的领土，在边境地区驻兵防守，有许多地方并且实行屯田，中国的人民也向这些地方移殖，因此，中国先进的生产技术和文化向各地传播，原来生产落后的地区，从此就日渐开发起来了。中国因此也更大、更富、文化更发达，我国民族的基础便更加巩固不可动摇。

同时，西汉帝国扩大，与外国的交通发达，外国的文化也传入中国。这中间尤其重要的，是与西域古代文明国家直接交通道路的开辟。此后，西方的文化就传入我国。当时就有中亚的农作物如葡萄、苜蓿、胡桃、胡瓜、胡豆（蚕豆）、石榴、胡麻（芝麻）、大蒜等传入，以后又有各种音乐，以及佛教传入。这都丰富了我国文化的内容。

注一　汉与西域在张骞通西域以前就已有交通了。司马相如游猎赋：『楟柰杨梅，樱桃蒲陶，隐夫薁棣，荅遝离支，罗乎后宫，列乎北园。』又云：『玫瑰碧琳，珊瑚丛生。』蒲陶、珊瑚都是西域的物产，由西域传入中国的。司马相如奏游猎赋年代不能确知。汉书司马相如传云，相如乃奏游猎赋。赋奏，上以相如为郎。数岁，唐蒙通夜郎僰中。据此，司马相如奏游猎赋必在唐蒙通夜郎之前。唐蒙通夜郎是在武帝建元六年或元光元年，此时张骞通西域，正为匈奴所拘留，还未回国。在此以前，西域的蒲陶、珊瑚已入中国，可知汉与西域必已有交通。又司马相如檄巴蜀文：『康居西域，重译纳贡，稽首来享。』司马相如之檄巴蜀约在武帝建元元年或元光元年，至迟不得过元光二年。此时康居西域已重译纳贡，更足证在张骞通西域以前已有西域人来中国了。又董仲舒对策：『夜郎康居，殊方万里，说德归谊。』董仲舒对策是在元光元年。这又足以证明在张骞使西域以前已有康居人来中国了。大概在秦到汉初，中国和西域已逐渐交通，迨至张骞使西域还，遂更发达。

注二　学者多以乌孙地在伊犁河流域，但汉书西域传谓乌孙南与焉耆、龟兹等城郭之邦接境，而伊列汉时又别为一国，是乌孙必即在天山之中而不能远至伊犁也。

注三　唐蒙通夜郎，以其地置犍为郡，汉志犍为郡属有江阳、武阳、南安、资中，江阳今四川泸县，武阳今四川彭山，南安今四川乐山，资中也在今四川境内，又汉志犍为郡水皆流入江，夜郎当在今四川境内。

第四章　西汉后期社会政治的变化与王莽改制

第一节　西汉后期的社会和政治

土地兼并的严重　西汉初期，社会安定，政府采取满足地主和商人阶级利益的『清静无为』政策，地主和商人阶级获得充分的发展。地主和商人阶级的利益是建立在对农民的剥削上面的，随着地主和商人阶级的发展，他们对农民的剥削，对农民土地的兼并也与日俱增。及至武帝宣帝以后，这种情形更加严重，社会矛盾也更加深刻。

武帝以后，有许多大地主出现，外戚官僚都是大地主，各地的豪强大族也都发展为大地主。

汉武帝以后，外戚的势力逐渐强大，尤其到了昭宣以后，政治上的实权全落入外戚之手，当时人都公认外戚是当然『富贵』的。这些外戚都很快地成为了大地主。

自汉武帝罢百家尊儒术，儒生成为政治上的大势力。汉代的制度二千石以上的官员可以任子弟为官，因此，官僚阶级只要位登公卿，其子孙就可以世代为官。武帝以后，可以看到不少这种世代公卿二千石的官僚地主。例如张汤武帝时为御史大夫，汤子安世宣帝时为大司马车骑将军，安世子延寿又为九卿。他家『为侍中、中常侍、诸曹散骑、列校尉者凡十余人』，又如韦贤及子玄成、孙赏三代为三公。他家为二千石以上官者也有十余人。平当、平晏也父子为丞相。王吉为谏议大夫，子骏和骏子崇都为御史大夫。其他如萧望之、匡衡、张禹、翟方进等等，无不登卿相以后，子孙就世代为官，这些官僚家族都成为『世族』大地主。

汉代各地原有许多豪强大姓。豪强大姓与郡守县令勾结，狼狈为奸，欺压人民。西汉后期，豪强大姓的势力也更加发展。汉代的制度，郡县椽属都是用本地人。因此，地方政治上的权力都为本地的大地主所把持。这些地主把持地方政治权力，就更使豪强势力增长。同时，各地的官僚也都成为豪强大姓。西汉末期，各地都有不少的『豪强大姓』，如颍川多豪强（赵广汉传 韩延寿传），冠恂是昌平『著姓』，耿纯是巨鹿『大姓』。

这些贵戚官僚、豪强大姓都用各种手段剥削农民，兼并农民的土地。武帝以后，可以看到许多贵戚官僚大地主。昭帝和宣帝时，张安世封户租入每年就有千余万，他的财产比霍光还多。杜周武帝时为御史大夫，他的儿子杜延年宣帝时为御史大夫，他『家资累巨万』。成帝时，张禹为丞相，买泾渭二水流域灌溉最好最膏腴的土地达四百顷。哀帝时，倖臣董贤一次就赐田二千顷。盐铁论 地广篇云：『公卿积亿万，大夫积千金，士积百金，利己并财以聚。百姓寒苦，流离于路。』汉书 陈汤传云：『关东富人益众，多规良田，役使贫民。』师丹说：『豪富吏民资数巨万，而贫弱愈困。』当时，『诸侯王、列侯、公主、吏二千石及豪富民』多『田宅亡限』（汉书 哀帝纪）。官僚豪族大地主兼并农民土地之严重可以想见。

当时商人剥削农民也非常严重。汉武帝时，因进行对外战争，满足财政上的急迫需要，曾实行盐铁酒官卖和征收商人的重税，商业曾一度受到相当重的打击。但昭宣以后，商业又发展起来。元帝时，贡禹说：『商贾求利，东西南北，各用智巧，好衣美食，岁有十二之利。』『民弃本逐末，耕者不能半。贫民虽赐之田，犹贱卖以贾』（汉书 贡禹传）。可知当时商业很盛，商人人数很多。成帝哀帝的时候，更有许多富商大贾出现。当时著名的富商，关中有杜陵樊嘉、茂陵挚纲、平陵如氏、苴氏、长安王君房、樊少翁、王孙大卿。临淄有姓伟，财产有五千万。洛阳有张长叔、薛子仲，财产『十千万』。成都有罗裒，他勾结成帝倖臣淳于长，依势放高利贷，致『擅盐井之利』。这都是名闻全国的大商人，『其余郡国富民，兼业颛利』者，『不可胜数』（汉书 食货志）。当时官僚地主也经营商业。这许多商人自都严重地剥削农民。

土地问题自宣帝元帝以后就逐渐严重。宣帝地节元年（公元前六九年），『假郡国贫民田』。三年（公元前六七年）又『诏池籞未御幸者假与贫民』。『流民还归者假公田，贷种食』（汉书 宣帝纪）。元帝初元元年（公元前四八年），『以三辅太常郡国公田及苑可省者振业贫民』。二年，又以『水衡禁囿宜春下苑，少府佽飞外池，严籞池田假与贫民』（汉书 元帝纪）。这样将郡国公田及苑囿田假与贫民，当时必有很多的农民丧失土地了。

土地这样集中，阶级斗争也日益激烈，汉政权的危机日益增长。为要缓和阶级矛盾，公元前六年，哀帝即位，左将军师丹辅政，建议限田。『诸侯王得名田，国中列侯在长安及公主名田，县道及关内侯吏人名田皆无得过三十顷。』『贾人皆不得名田为吏』（汉书 哀帝纪及食货志）。这种办法只是想对大地主的土地略加限制，对地主阶级的利益实没有多大的妨碍。但就是这样限制，大地主还不赞成，尤其当时有权势的外戚丁氏傅氏和倖臣董贤等反对。这一政策终未实行。

农民生活的贫苦 在大地主和商人这样剥削之下，农民丧失了他们的土地，再加上赋租的负担，官吏的压迫以及水旱之灾，农民的生活更日益困苦。元帝的时候，农民困苦的情况就相当的严重了。汉书 贾捐之传云：『今关东大困，仓库空虚，无以相赡。』齐楚之地『民众久困，连年流离，离其城郭，相枕席于道路』。当时人民已有『嫁妻卖子』的。还有许多农民，不能生活，『生子辄杀』（汉书 贡禹传）。及至哀帝的时候，农民生活更加痛苦。鲍宣说当时农民七亡七死。『水旱为灾，一亡也。县官重责，更赋租税，二亡也。贪吏并公，受取不已，三亡也。豪强大姓，蚕食无厌，四亡也。苛吏徭役，失农桑时，五亡也。部落鼓鸣，男女遮迣，六亡也。盗贼劫略，取民财物，七亡也』。『酷吏殴杀，一死也。治狱深刻，二死也。冤陷亡辜，三死也。盗贼横发，四死也。怨仇相残，五死也。岁恶饥饿，六死也。时气疾疫，七死也』。当时人民受统治阶级的压迫和剥削，实痛苦到极点了。

丧失土地的农民多沦为大地主的佃客，或卖身为奴。西汉后期佃农的数量是很多的。地主对佃农的剥削非常残酷，他们征收十分之五的地租。佃农终年劳苦，糟糠之食都不能饱，奴隶数量也很多。当时『诸侯王、列侯、公主、吏二千石及豪富民多蓄奴婢』（汉书 哀帝纪）。奴婢可以公开买卖，甚至略卖人妻子为奴婢。佃农和奴婢成为当时最严重的问题。

农民起义　汉自宣帝元帝成帝以后，社会矛盾益形深刻，农民就起而反抗了。宣帝的时候，就有零星的起义。宣帝时渤海、胶东、山阳等郡因遭水旱之灾，就有农民起义。元帝时南郡又有农民起义。及至成帝哀帝时代，起义者更多。规模更大。公元前二十二年（成帝阳朔三年）颍川铁官徒申屠圣等一百八十人起义，杀地方官，夺库中军器，自称将军。经历几郡，才被汉消灭。公元前十八年（成帝鸿嘉三年），广汉人郑躬等六十余人起义，攻击官府，夺取库兵，自称山君，不久躬势力发展到万人，攻击了四县。明年，汉发兵三万人，才将他打败了。公元前十四年，尉氏人樊并等十三人起义，杀陈留太守，自称将军。同年山阳铁官徒苏令等二百二十八人又起义，自称将军。这次声势更大，他们攻击了十九个郡国，并杀死东郡太守，汝南都尉。农民这样不断地起义，这就说明人民已到了忍无可忍，必须要推翻汉地主政权了。

统治阶级的腐败　西汉元成以后，统治阶级也日趋腐败。他们的生活多淫奢堕落。元帝时，贡禹说当时统治阶级生活情况：『诸侯妻妾或至数百人，豪富吏民畜歌者至数十人』（汉书 贡禹传）。成帝时，统治阶级奢侈腐化更甚。成帝后宫就有三千余人，当时最有势力的外戚王氏也是穷极奢侈。汉书 元后传云：『五侯群弟，争为奢侈，赂遗珍宝四面而至，后庭姬妾各数十人，僮奴以千百数，罗钟磬，舞郑女，作倡优，狗马驰逐，大治第室，起土山渐台，洞门高廊，阁道连属弥望。』又成帝纪云：『方今世俗，奢僭罔极，靡有厌足，公卿列侯亲属近臣，……或乃奢侈逸豫，务广第宅，治园池，多畜奴婢，被服绮縠，设钟鼓，备女乐，车服、嫁娶、葬埋过制，吏民慕效，浸以成俗。』统治阶级实普遍地都腐化了。统治阶级这样腐朽，西汉的政权也就走向灭亡。

统治集团内部势力的改变及其斗争 西汉初，政治上有宗室和功臣两大势力。汉武帝的时候，这两种势力都消灭了，于是有两种新的势力代之而起，这就是外戚和儒生官僚。

外戚所以得势，主要的是由于他们与皇帝的婚姻关系。专制政治，政权是操在皇帝之手，外戚是皇帝的『骨肉之亲』，所以他们也可以取得权力。

自昭帝以后，政治上的实权便逐渐落入外戚之手。汉武帝死，太子弗陵（昭帝）即位，年仅八岁。武帝以霍光为大司马、大将军领尚书事辅政。自此政权便转入外戚之手。这里最重要的是大司马辅政的设置。大司马辅政是内朝官的领袖，他的职权是辅佐皇帝统治国家。最初助理皇帝的丞相，汉武帝专制，丞相权削弱，自以大司马辅政以后，则政治的实权便又入辅政之手。辅政权力凌驾于丞相之上，丞相听命于辅政。

昭帝以后，辅政者几乎全为外戚。霍光以后辅政者有张安世、霍禹、韩增、许延寿、史高、王接、许嘉、王凤、王音、王商、王根、王莽、师丹、傅喜、丁明、傅晏、韦赏、董贤。

除张安世、韩增、师丹、韦赏以外，其余都是外戚。而师丹在位四个月，韦赏则仅十九天，根本不发生作用。辅政一职既全用外戚，政权自便为外戚所把持。

自汉武帝罢黜百家独尊儒术以后，儒生在政治上的势力也日益增大。朝廷丞相、御史大夫以及其他许多官员大多是用儒生。

昭宣以后，这两种势力为着争夺权力，彼此之间，不断地冲突。外戚掌握政权，唯一的原因是由于他们与皇帝的婚姻关系，而不是由于他们的才能品德。这在儒生们看来，是完全不合理的。儒生们认为国家乃是全国人民的国家，皇帝不过是秉承天命来统治和『教化』人民的，皇帝应选择『贤能之士』来共同治理国家，所谓『贤能之士』当然就是儒生。因此，儒生与外戚以及宦官、佞倖始终冲突着。宣帝时，魏相、萧望之攻击霍光、霍禹。盖宽饶奏不宜用宦官弘恭、石显。此后，随着外戚势力的增长，这种冲突也愈趋激烈。元帝时，萧望之、周堪、刘向与外戚史高，宦官弘恭、石显冲突，萧望之为弘恭、石显所陷而自杀。成帝时，王章奏王凤专权。哀帝时，王嘉、鲍宣等反对丁、傅和董贤。此外儒生反对外戚者很多。及至王莽，这两种势力的斗争方告停止，因为他既是外戚又是儒生，儒生也拥护他。也就因两大势力集中于他一身，他以外戚而取得政权，又有儒生的拥护，于是便篡夺了汉的政权。

汉中叶以后的政治思想　汉武帝罢百家尊儒术以后，儒家的思想成为唯一的支配思想。汉代儒家思想是以阴阳五行之说为主，杂以儒家的伦理和礼乐教化而成的。他们本想为统治阶级的政权找一理论的根据，要人民相信他们的政权之来是由于得天命，要人民应该忠孝，服从他们的统治。但儒家思想还另有一面。即儒家认为天下应是『公天下』而不是帝王的私产，帝王必须有德，有德才得天命。如果无德就应该灭亡。根据这种思想，汉的政权就不是不能改变的。如果汉『德』已衰，则汉应该让有德者来代替。天也必命有『德』者来代替。

昭宣以后，阶级矛盾日益增剧，人民的斗争反抗也愈益激烈。在这样的情况下，儒家的前一种思想便日渐无力，不能再欺骗人民。而后一种思想则日趋抬头。昭帝时，谣传泰山有大石自立，昌邑有枯木复生。当时儒生就认为这是重要的灾异。儒生眭弘以石自立，枯木复生乃是象有『从匹夫为天子者』。他就主张汉应求贤人禅让。宣帝的时候，盖宽饶又说：『五帝官天下，三王家天下，家以传子，官以传贤。』成帝时，又有齐人甘忠可著天官历包元太平经十二卷言汉当再受命于天。后夏贺良、李寻等都信甘忠可之说。哀帝时，他们更向哀帝说：『汉历中衰，当更受命』，哀帝竟听了他们的话改元自号陈圣刘太平皇帝。眭弘和甘忠可、李寻等的话，诚都是阴阳灾异怪诞不经之说，但它却是汉代儒家最重要的思想，也反映了当时人民的要求。这种思想日益增强。郡就公认汉政权应该灭亡了。王莽篡汉，儒家的这种思想给予他很大的帮助。

第二节　王莽篡汉及其改制

一、王莽篡汉

王氏专权和王莽得势　汉中叶以后，社会矛盾日益深刻，政治日趋腐败，大家都认为汉政权必将灭亡了。最后，王莽篡取了汉的政权。王莽之所以能篡取汉政权，实也是当时政治发展的结果。

自昭宣以后，汉政治实权便逐渐落入外戚之手。成帝以后，外戚王氏势力更大。汉元帝后王政君。公元前三十三年，元帝死，成帝即位，以舅王凤为大司马辅政。此后，终成帝之世，为大司马辅政者都是王氏。王凤之后，有王音、王商、王莽。王氏专政达三十一年。王氏这样长期地专政，上又有元后为之奥援，遂成为当时政治上最大的势力。王莽凭借这样大的势力，因而能篡取政权。

王莽是个外戚，但他却又是个儒生，也曾师事沛郡陈参，学礼，『勤身博学，被服如儒生』。当时他诸父兄弟都因是贵戚，声色舆马，生活奢靡，而莽独『折节为恭俭』。事奉他的母亲和寡嫂，养他哥哥的孤儿非常之好，对他诸父也有礼貌，而在『士大夫』之间也与其英俊相交游，因此他声誉甚美。成帝绥和元年（公元前八年），莽叔父根荐他自代为大司马。王莽为大司马，更克己不倦，招聘『贤良』，以为掾吏，凡是赏赐和封邑租税所得，都用以招待士大夫，而自己则更加俭约。他用这种虚伪的手段以收名誉。成帝死、哀帝即位，王莽罢大司马就国，不少的人都替他讼冤，贤良对策也称颂他的功德，王莽在当时儒生之间声誉是极高的，王莽本身是个外戚，在儒生之间又有这样高的声望，他实将当时政治上两种主要的势力集中于一身。他既将当时政治上两种主要的势力集中于他一身，他当然就可以篡取政权而毫无阻碍。

王莽篡位的经过　公元前一年（哀帝元寿二年）六月，哀帝死，元后（王莽姑母）立刻入宫夺取玺绶，以王莽为大司马，将兵权政权交给他。为要把持政权，他们迎立年仅九岁的中山王衎（元帝庶孙）为帝，元后临朝称制。所有哀帝时代的外戚势力一概斥逐，布置自己的心腹爪牙，政权便入王莽之手。

王莽既取得政权，于是便一步一步地进行其篡窃的阴谋。王莽篡位乃是统治集团内部争夺政权的丑史，但他要欺骗人民其外表却演了一出『圣人受命』的滑稽戏。

①王莽为安汉公　公元一年（平帝元始元年），王莽想增高他的地位，暗示益州郡令境外的人民献白雉，据说白雉是『祥瑞』，只有『德』者在位才出现。以前只有周成王的时候，曾出现过。王莽得白雉，于是群臣陈莽功德，并说王莽有安汉的大功，应赐号安汉公，增加封户。元后于是就赐莽号安汉公，益封召陵新息二县二万八千户，莽接受了安汉公号而固辞封邑。汉封爵只有侯而无公的。现在王莽号公，地位就增高了。

②王莽为宰衡　王莽要巩固他的权力地位，想以自己的女儿为平帝皇后。他向元后说因博采夏商二王及周公孔子圣人之后的女子在长安者为后妃。于是王莽的党羽们便将许多女子的名字呈上。王氏女和王莽的女儿也在其中。他暗中叫他的党羽上书说他的女儿最好最适当。王莽的女儿被选为皇后，他的党羽陈羽王舜又都上书称莽功德，说他的功德与伊尹周公相等，宜进位益封。因此又加莽号为宰衡，位上公。伊尹为阿衡，周公为太宰，都是古代的圣贤。王莽为宰衡，就是说王莽是和伊尹周公同样的圣贤。

③王莽加九锡　汉代的儒者一直是想望着『礼乐教化』的。他们以为只要能『兴礼乐』，便可『致太平』。实则他们是想兴『礼乐教化』以后，他们可以参与政治，从而分肥，王莽要欺骗这些愚昧的儒生，要他们尊自己为『圣人』，公元四年奏起明堂辟雍灵台，并为学生筑学舍万区。在汉代儒生们的幻想中，这都是圣贤在位，兴『礼乐教化』的『盛事』。因此他的党羽又上书说王莽的功德是『唐虞发举，成周造业』，应该『位在诸侯王上』。这时候因为王莽各种虚伪造作，前后上书称莽功德者有四十八万七千五百余人，诸侯王列侯宗室也都说宜加赏王莽，于是加莽九锡。九锡是古代天子对特别功高的人所赏赐的。加九锡，他的地位便更在诸侯之上。

④王莽为摄皇帝　王莽既成了伊尹、周公，又加了九锡，地位已到了极点，再进则只有做皇帝了。这时候许多无耻的官僚都因阿谀王莽而得大官，其他的人自然也就仿效。公元五年（平帝元始五年）泉陵侯刘庆上书说古代周成王年幼，周公居摄。现在平帝年幼，王莽也应当像

周公一样行天子事。这立刻给予王莽一条实行篡窃的道路。这时候平帝年已十三岁，王莽觉得再往后去，平帝渐长，他便不能篡位了，于是他将平帝毒死，更立宗室中年龄最幼的广戚侯子婴（宣帝玄孙）为帝。子婴年仅两岁，这样的小孩为皇帝，他盗取政权便更容易了。此时王莽要篡位已很明显了。他的党羽谢嚣便上『符瑞』，说武功长孟通浚井得石，上有丹书说：『告安汉公莽为皇帝』。他说莽有功德，现在又有『符命』，应该做皇帝。王莽因令群臣告诉元后，此时王莽势力已成，元后无法，就令莽像周公辅成王一样『居摄』。要人民称他摄皇帝、祭祀宗庙天地则称假皇帝。这样，王莽实际上就是皇帝了。

⑤王莽篡位　王莽做了假皇帝，宗室刘崇和东郡太守翟义，起兵反对，但不久便失败了。刘崇翟义失败以后，王莽自以为这是他的『威德』，因遂谋做真皇帝。而一些想升官发财的无耻官僚更从而附和，纷纷献『符瑞』。有刘氏宗室刘京上书说临淄昌兴亭长辛当梦天公使告诉他说：『摄皇帝当为真。』又有人名扈云说有巴郡石牛忽然飞到未央殿前来了。王莽率群臣去看，石上有文云：『天告帝符，献者封侯，承天命，用神令。』这就是说天要命王莽做皇帝。于是王莽就不再称摄皇帝只称假皇帝。此时有梓潼人哀章留学长安，穷极无聊，就想乘此升官发财。他做了两个铜匮，一个上面写着：『天帝行玺金匮图』，一个写着：『赤帝行玺邦傅予皇帝金策书』。书上写着王莽应当为皇帝，皇太后（元后）应当顺天命。他听到兴昌亭长辛当梦和巴郡石牛事，即乘黄昏时将这两个铜匮送到高庙（刘邦庙），守庙的告知王莽。王莽前往观看，立刻就

下令他是受刘邦之传代汉为皇帝。

二、王莽改革

汉中叶以后，大地主剥削残酷，人民反抗斗争日益强烈。王莽想要缓和阶级矛盾，篡位后，实行所谓改制。但王莽改制，他的制度乃是根据当时儒家反动的复古思想制定的，它不仅没有满足农民的利益，也违反了历史的发展。因此，他的改制不但没有缓和阶级矛盾，反而加剧了社会危机。

更明天下田曰王田，奴婢曰私属　王莽篡位第一年（公元九年，王莽始建国元年）就下令改制。他认为『古者一夫田百亩，什一而税』，令『更名天下田曰王田，奴婢曰私属，皆不得卖买。其男口不盈八，而田过一井者，分余田予九族邻里乡党，故无田今当受田者如制度』。

这种王田制很明显是根据当时儒家学者所传说的古代井田制制定的。这种『公田口井』制实是要取消土地私有。这种制度显然是违反历史发展的。自战国以来，土地私有制已完全确立了，现在取消土地私有制显是倒退。又这种制度也没解决当时的土地问题。这个制度除对大地主的土地稍有一点限制之外，对于农民的土地要求一点也没有顾及。这里规定每家可以有田九百亩，九百亩依然是个很大的数字。西汉户口最多时为户一千二百二十三万三千零六十二。垦田八百二十七万零三百三十六顷，平均每户只有六十七亩有奇。这样，丧失土地的农民决不可能再分得土地，王莽这种土地制度既违反了历史又没有满足农民的利益，所以绝对行不通，徒然造成混乱。他行了两年便自动取消了。

奴婢问题也是西汉以来一个严重的问题。王莽更名奴婢曰私属，不得买卖。这只将奴婢的名称改变，没有将这种罪恶的制度取消，也没有解决问题。

置五均六筦　王莽为要不使商人剥削农民，公元十年（始建国二年）下令设置五均六筦。所谓六筦是盐、铁、酒、五均赊贷、钱布铜冶、名山大泽，五均六筦主要的目的是办理官卖、管理市场、平抑物价，和办理贷款，其内容如下：

①在长安及洛阳、临淄、邯郸、宛、成都等大都市设司市之官，于每季仲月评定物价，生活必须品如五谷丝绵等司市可以以原价收买。市场物价不超过平价，可自由卖买。市价超过平价，则司市以平价售与人民。

②政府设钱府，贷款与人民，凡人民有丧祭之礼或贫民从事生产，可以向钱府借贷，月息三分。

③盐铁酒官卖。

④采金银铜锡龟贝者须向司市登记，钱府可因需要随时征购。

⑤取鸟兽鱼鳖百虫于山林川泽及畜牲蚕织，纴补、缝工、匠、医、巫、卜祝、方技、商贩、列肆，区谒舍者须向政府登记，估计其资本，征收其利息的十分之一为税。

这种办法有些地方在减少商人对农民的剥削上是有些意义的，如使商人不能囤积居奇，抬高物价，使商人不能用高利贷剥削农民，都不失有其可取之处。但盐、铁、酒官卖以及对山泽出产都加管制。这阻碍了生产和商业发展。尤其对畜牲、蚕织、补缝、工匠、方技、商贩等小生产者、小商人都征收这样重的税，这不但影响他们的生产，甚至影响了他们的生活。

五均六筦原来的目的是要减轻商人对农民的剥削，但推行的时候，不但未能达到这种目的，相反的还引起了很坏的结果。因为这种苛细的办法不仅大商人反对，小商人小手工业者也反对。尤其重要的，他执行这种办法，却用大商人来执行。如洛阳用大商人薛子仲，临淄用大商人姓伟。五均六筦原意是要抑制大商人不使他们剥削农民的，现在将执行这种办法的大权又交给大商人，这就等于取消这种办法。由于五均六筦交与大商人执行，不但不能抑制大商人，反而发生了很大的流弊。这些大商人更利用五均六筦来剥削农民，进行贪污。汉书食货志说他们『乘传求利，交错天下，因与郡县通奸，多张空簿，府臧不实，百姓愈病』。王莽传说：『奸民猾吏并侵，众庶各不安生。』当时人民受害实非浅鲜。

改变币制 王莽从他执政至为皇帝以后，好几次变更币制。这种币制的变更在当时经济上实毫无必要，这完全是他的反动的复古和荒唐的谶纬思想作祟的缘故。

汉用五铢钱。王莽居摄，以周代的货币制度『子母相权』，就想恢复周制，更铸大钱，一当十。又以古代有刀币，他又要复古，铸造契刀和错刀，契刀一当五百，错刀一当五千。于是五铢钱、大钱、契刀、错刀四种货币同时使用。

及他篡位为皇帝，以刘字是卯，金，刀，契刀、错刀正是金刀，照谶纬迷信讲，这正应了刘氏将复兴。因此他又将契刀、错刀停止使用。同时，他听说古代有金、银、龟、贝、钱布（铜）五种货币，因之他又改铸金银铜龟贝的货币，称之为『宝货』。这种货币用金银铜龟贝五种材料铸造，共计二十八品。这样复杂荒唐的币制，当然造成混乱，无法行使。王莽知道这种币制不容易行得通，不久便停止使用，不过还要用大小钱。但过了几年，又复行金、银、龟、贝的货币。

在短短的六七年间，王莽改变币制达四次之多。每一次变更，不知多少人丧失其财产。他的币制又如此复杂不合理，人民无法使用，王莽更用严刑峻法强迫人民使用，于是造成大混乱。汉书食货志说当时『农商失业，食货俱废，民人至涕泣于市道』。又说：『每易一钱，民用破业而大陷刑。』当时人民因改币制遭受非常深的痛苦。

变更官制 王莽对官制又加以变更。汉代官制是因袭秦代的，他以为这种官制不合于『经』，他要想做周公，就想依照周官王制所说的恢复周公时代的官制和分封制。在中央政府官制方面他设置四辅、三公、四将、九卿、六监，其余的官吏也都改为卿、大夫、士。在全国各地划分诸侯一千八百个，附城一千八百个，以封有功的人。爵位也分公、侯、伯、子、男五等。公封万户，方百里；侯伯五千户，方七十里，子男二千五百户，方五十里；附城大者九百户，方三十里。他以为这样『制度』既定以后，天下就可以『太平』了。

王莽这种官制的改变也引起了很严重的恶果。改变官制的时候，满以为只要这种分封制度一定，天下就自然太平。他一天到晚和公卿百官议论如何使他的制度符合六经之说，如何『制礼作乐』，他们讨论连年不决，正当的政治事务也不处理。县宰缺者，几年都不派人，政治因而停顿。他在制定这种『制度』的期间，又以为将来『制度』既定之后，官吏以土地为禄，因之官吏的俸禄也不给。官吏得不到俸禄，就贪污受贿，搜括人民。

王莽改制没有一项使人民获得利益，他不但没有解决当时最迫切的土地问题、奴隶问题和商人剥削农民的问题，反而还更加深了人民的痛苦，加剧了社会的矛盾。

第三节 王莽发动对外战争

在王莽反动的『改制』中，人民已受苦不堪，同时他又荒唐地发动对外战争。这更使人民处在水深火热中。

汉自匈奴投降，西域和『西南夷』开通，对外就没有什么战争。王莽篡位以后，为要表示他已代汉，派遣许多使者赴各国更换印绶。收回汉给他们的印绶而重发他自己的印绶。王莽妄自尊大，改变印文，降低他们的地位，遂致引他们反抗，终至发生战争。

匈奴呼韩邪单于来降，汉对他很礼待。匈奴单于的地位在中国的诸侯王之上。汉给匈奴单于的印，印文是『匈奴单于玺』，连『汉』字都没有，莽给匈奴印却改为『新匈奴单于章』。这明是降低了匈奴的地位，匈奴怨怒，遂起兵反抗。王莽想立威，发兵三十万人击匈奴。并令江淮以南各地运输衣裘粮食兵器赴北边，于是全国骚动。莽又令诸军屯于边郡，等待全部军队集中，同时进攻。军队到达边郡，不即时进攻匈奴，就劫掠人民，人民不堪其苦，都相率逃走，起而反抗，北边各郡因此残破，而王莽对匈奴始终没有进攻，最后只好仍与匈奴言和，而匈奴犹寇边不止。

王莽击匈奴，强迫征发高句丽兵。高句丽人不愿，都逃出塞外反抗。王莽令其将严尤诱杀高句丽王。高句丽便寇扰边境，直到后汉都未解决。

匈奴反抗王莽的时候，西域各国也就叛变。最初车师及汉置戊己校尉史陈良等降匈奴。后焉耆又叛杀都护但钦。王莽派王骏攻焉耆，又为焉耆所杀，西域遂与中国断绝。

遣使往『西南夷』，更换印绶，改句町（云南建水）王为侯。句町王邯不服，王莽令牂柯大尹（即太守）周歆诱杀邯。于是句町起兵杀歆，王莽派兵去打，前后十年，死伤极众，仍未攻克。

王莽这样毫无意义的、轻举妄动的发动对外战争，使汉武帝、宣帝时代建造的大帝国瓦解了，使全国人民痛苦愈益加深。他进攻匈奴向全国各地征发衣粮器械，军队又在边境进行劫掠，致使人民逃亡，完全残破。他进攻句町，征发益州人民的财物，竟至掠取人民财物的一半，益州也因此而虚耗。

王莽『抑制』，人民已受苦不浅，再加上对外战争和对人民的劫掠，人民更加痛苦，这就促使汉中叶以来就日益深刻的社会矛盾更迅速地发展而爆发。

第四节　王莽末农民战争

王莽末年，农民大起义，始于公元十七年（王莽天凤四年）吕婆及绿林兵起义，至公元二十七年（刘秀光武三年）赤眉为刘秀所败，为时十一年。起义的军队主要的有三个地区，一在汉水流域，一在山东，一在河北。

绿林兵起义与王莽灭亡

①绿林起义　公元十七年，荆州饥荒，人民都入山泽掘凫茈根延命，就是这样吃草根，大家还不免彼此争夺。有平林（湖北京山）人王匡、王凤为饥民们评理曲直，大家推他为领袖，众有几百人。因为他们饥饿，不免要抢劫附近的乡村。他们躲藏在绿林山中（湖北当阳）。数月之间，增加到七八千人。又有南郡张霸、江夏羊牧也都起兵，他们也各有万余人。

王匡、王凤等所领导的农民，原都是因荒年饥饿不得已才离开家乡在外求生的，他们都希望年岁丰熟，就再回家乡。在几年之中，他们都不进攻城市，也不发展势力，也不杀任何官吏。统治阶级的官吏却用军队屠杀饥民。公元二十一年，王莽荆州牧派兵两万人进攻绿林农民，王匡等无法，迎击于云杜（湖北沔阳北），大败荆州兵，活捉王莽荆州牧。于是进攻竟陵、安陆，又回到绿林山中。公元二十二年（地皇三年），绿林兵遇到严重的瘟疫，死者甚众，他们乃离开绿林山，引兵分散。王常、成丹领导一部分人西入南郡，号下江兵。王匡，王凤领导一部分人北入南阳，号新市兵。不久又有平林（随县北）人陈牧、廖湛起兵响应王匡，号平林兵。

②刘縯刘秀起兵及其混入农民军（公元二十二年）　刘縯、刘秀是汉宗室。他们是汉景帝子长沙王发的后裔，家住在舂陵（湖北枣阳）。王莽篡取了汉的政权，汉宗室自然反对。在此以前汉宗室刘崇、刘快都曾起兵反抗王莽。当人民反对王莽的势力日益高涨的时候，刘縯也就想乘机而起。王莽改制，大地主大商人阶级是最不满意的，他们也希望推翻王莽的政权。新野的大地主、刘秀的姊夫邓晨和宛的大地主大商人李通、李轶就与刘縯弟兄相结。当新市平林兵进入南阳，南阳骚动。李通、李轶就和刘縯、刘秀强迫他们的宗族子弟和宾客起兵。但他们的力量是很微弱的，他们为要利用新市平林兵的力量达到他们的政治阴谋，他们就想混入农民军。当时起义军将领导有很多人不同意和刘縯的地主军相结合。卒以王常等以为可以利用刘氏来号召，容纳了刘縯的地主军。

③ 刘玄为帝及王莽灭亡　自刘縯的地主军与新市平林兵合并以后，情形与以前就不同了。因为刘縯、李通等大地主是有他们的政治意图的。他们要推翻王莽。所以自他们加入农民军，农民军也就不像以前那样只是饥民的结合，而有明确的政治目标了，即推翻王莽。自此他们就扩大势力，进攻城市。

当时全国各地有一种谣传，说『人心思汉』，『刘氏复兴』，新市平林下江兵，在这种传言的影响下，就议立刘氏为帝。当时刘縯想做皇帝，因许多将领坚决地反对，于是立另外一个宗室的后裔刘玄为帝（公元二十三年）。不久他们攻下宛城，就建都于此，恢复了汉的国号。

刘玄既立，王莽派王寻、王邑率兵四十万自洛阳南攻宛。他们围攻昆阳（河南叶县北），刘秀抵御，大败寻、邑。他们的军队几全军覆没，这就是历史上著名的『昆阳之战』。

昆阳之战，王莽的主力被击溃。绿林兵就乘胜占领南阳、颍川各地，进攻洛阳和武关。刘玄将申屠建、李松攻武关，武关降。关中的大地主纷纷起兵响应。公元二十三年九月，距离昆阳之战不过四个多月，刘玄的军队就进抵长安。长安城内的人民起而响应。焚烧宫殿，进攻王莽。王莽退守宫城，终为长安人民攻入，商人杜吴杀莽。王莽的政权便被打倒了。十月洛阳为刘玄的军队攻克，玄自宛迁都洛阳。明年又迁都长安。

吕婆樊崇起义　在山东一带首先起义的是吕婆。吕婆是琅邪海曲（山东诸城）人，她的儿子为县吏，以小过为县宰所冤杀。吕婆要替他的儿子报仇，散家财结合少年数千人杀县宰，逃往海中，众至几万人。在吕婆起义后的第二年，樊崇领导的规模更大的起义就爆发了。

樊崇也是琅邪人，公元十八年他起兵于莒，转入泰山。起初他只有几百人。此时青、徐两州，连年旱蝗，人民饥饿，到处起兵，他们以樊崇勇猛，都来归附。一年之间，他就有众一万多人。他同乡逄安、东海徐宣、谢禄、杨音等也起义。他们共有几万人，也都来与樊崇合并。他们进攻青州、徐州各地。又有东海刁子也都起义，进攻徐州、兖州各地。东方青、徐、兖等州的人民都发动起来。王莽的军队来攻，都被起义兵击败。

这时候，东方各州连年旱灾，人民饥饿，『人相食』。而王莽仍搜括不已，青、徐一带的人民不堪其苦，都抛弃乡里，逃亡在外。丁壮者大多参加了农民军。樊崇、刁子领导的农民军更日益壮大。

这些农民都在饥饿和不堪压迫的痛苦之下，不得已起而反抗的，他们毫无推翻王莽政权的意图。同时他们又都是最朴质的农民，所以他们最初也没有严密的组织，樊崇只称三老，那只是西汉时代在乡村里设置的表示尊老的称号，根本连『官』都不是。及至人数既多，始有一点简单的约束：『杀人者死，伤人者偿创』。

公元二十二年，王莽派王匡、廉丹率大军进攻樊崇，他们的军队沿路劫掠。

东方的人民编了个歌谣说：『宁逢赤眉，不逢太师（王匡）；太师尚可，更始（廉丹）杀我。』樊崇听说王莽的军队来攻，恐怕他自己的军队与王莽的军队相乱，用『朱』将眉毛涂红，所以人称他为赤眉。这年七月，樊崇与王匡、廉丹战于成昌，大败王莽军，杀廉丹，王匡逃走。自此王莽退守敖仓、洛阳，再不敢进攻东方。不久王莽也就灭亡了。

公元二十三年（更始元年），刘玄灭王莽。樊崇是个善良的农民，他以为这是汉室复兴了。他亲往洛阳去见刘玄，想拥护他。但他到了洛阳之后，看到刘玄内部的混乱，不足以领导人民，不久他又回到濮阳，并决计进兵长安，推翻刘玄。

公元二十四年（更始二年），樊崇进至颍川，分两路进攻长安。二十五年，两路在弘农会合，连败刘玄将苏茂、李松，遂进入关中。樊崇入关，他们就另立一个皇帝。樊崇的军队大多是山东人，山东是汉初的齐国。他们对于刘氏的宗室只知道齐王的后裔。当时军中对于城阳景王刘章（齐王肥子）有些迷信的传言。他们就求刘章之后立为帝。时刘章后在军中者有七十余人，只有刘茂及盆子兄弟二人亲属最近就用拈阄的方法立刘盆子为皇帝。盆子年仅十五岁。

樊崇迫近长安，刘玄的将领张卬、廖湛、申徒建等见势不敌，想劫刘玄退往南阳。刘玄不肯，杀申徒建、陈牧、成丹等。张卬、王匡攻玄，于是刘玄内部分裂。樊崇进至长安，张卬、王匡等投降。最后长安为樊崇攻克，刘玄也投降了樊崇。

刘玄的政权只有两年就灭亡了。刘玄的灭亡，也就是新市、平林、下江兵农民起义的失败。他们失败的原因，主要的乃由于他们拥护刘玄为皇帝和容纳地主分子的失策。他们拥护刘玄为帝，就是恢复了汉政权，也就是恢复了汉代的地主政权。因此，迁都长安以后，地主阶级与来自新市、平林、下江兵的将领之间就发生矛盾。例如刘玄分封功臣为王，就有人反对。刘玄用新市、平林等农民出身的人为官，地主阶级的官僚们又不赞成，说他们没有知识，只能『资亭长捕贼之用』，不能当『公卿大位』，甚至地主阶级还诌一些民谣，中伤新市、平林和下江兵出身的人。这就使他们内部不能稳固。又因他们容纳了刘縯、刘秀的地主军。刘秀因之而得势。刘秀徇河北，他竟脱离刘玄而独立。这就是容纳地主军不但于己无益，反养成了一个大敌，使刘玄的势力大大地削弱了。此外，新市、平林、下江兵诸将领，本身缺乏政治能力和没有纪律，对于他们的失败也是个重要的原因。因为这些原因，刘玄的政权自始就不健全，内部非常混乱，终于很快就失败了。

樊崇军都是农民，政治的才能是比较缺乏的。他们进入长安，怎样建立政治组织，怎么巩固政权，怎样应付当时各方面的局势，依然毫无办法。最初王莽灭亡的时候，关中的地主都自己组织军队，建筑营堡以自守。樊崇进入长安，关中地主都来献粮食，企图结好与农民军。但半路上多就被军队抢劫了，自此他们又筑垒固守。后时刘秀派邓禹进入关中，关中地主们又都投降了邓禹，更不来献粮。樊崇军留长安半年，城中粮食没有了。他们在长安不能存身，便想放弃长安转向他处。公元二十六年，樊崇尽焚长安宫室街市，率兵西攻安定、北地。他们欲攻陇西，为隗嚣所败，又遇大雪，死伤至众，复退回长安。他们又想进攻汉中，又为延岑及汉中王刘嘉所败。这时候，关中因连年战争，军队抢劫，又遭旱灾，残破不堪，樊崇军没有粮食，又三面受敌，不得已，引兵东归。刘秀闻樊崇东行，派冯异率大军在弘农宜阳之间，要其归路。公元二十七年，樊崇与冯异大战于崤底，崇败，军队投降逃散者很多。刘秀又亲自率兵要之于宜阳，崇无奈，乃投降，这支轰轰烈烈的农民军便告失败了。不久，刘秀借口樊崇『谋反』，将他杀害了。

铜马青犊等起义及刘秀夺取政权　在河北一带起义的农民军极为复杂，可知者有铜马、大彤（樊重）、尤来（樊崇）、五校（高扈）、高湖、重连、铁胫、大枪、上江、青犊、五幡、五楼（张文）、富平（徐少）、获索（古师郎）等，合计人数有几百万人，分布的地区很广，自太行山麓直至黄河东岸的山东境内都有。他们非常散漫，不相统一。

这一部分的起义军队后来都为刘秀所吞并，这里必须要说刘秀势力发展的情形。

①刘秀巡河北与破王郎　公元二十二年，刘秀和他的哥哥刘縯起兵，并混入了新市、平林兵的农民军。昆阳之战，刘秀功劳最大。因此他们弟兄的声望也高起来。刘玄称帝，刘縯为大司徒。农民军将领成丹、朱鲔等以刘縯威名高，又有野心，恐怕靠不住，将他杀了。刘縯被杀，刘秀忍耐不做声，连哭都不哭。

王莽既灭之后，刘玄迁都洛阳，命刘秀为大司马行巡河北。这就是他后来发展势力，脱离刘玄，夺取政权的起点。

刘秀到河北不久，王郎是邯郸卜卦的，他诈言他是汉成帝的儿子刘子舆。这时候王莽刚亡，全国未定，赵地的地主豪强信以为真，就拥立王郎为皇帝。分兵攻幽、冀两州。各地人民也都以为王郎真的是汉成帝的儿子，邯郸以北各地纷纷响应。没有多久，就发展成为一个很大的势力。

王郎起兵，刘秀在河北情势至为危急，几乎为王郎所捕获。当时河北信都太守任光，和戎太守邳彤，上谷太守耿况，渔阳太守彭宠，都不服从王郎。刘秀逃入信都，以信都和戎两都兵攻王郎。上谷、渔阳，也发兵来会；又有昌城地主刘植，巨鹿豪族大地主耿纯也起兵帮助刘秀。刘秀以这些军队进攻王郎，把王郎攻败。王郎起兵前后只有六个月，便为刘秀所灭。刘秀既灭了王郎，就占领了河北，他的势力就此立下根基。

②刘秀并吞河北的起义军　刘秀既占有河北，刘玄封他为萧王。河北的大地主都拥护他。他就用河北幽、冀两州的地主军队进攻农民军。公元二十四年，灭王郎不久，即进攻铜马，大败铜马于馆陶。高湖、重连来援，与刘秀大战，又为其所败，于是铜马、高湖等的农民军尽投降了刘秀。他这一次就获得军队几十万人，因而他又进攻青犊、上江、大彤、铁胫、五幡等，这些农民军又为他所败。由此，他的势力便更强大起来。当时的人称刘秀为铜马帝。这就是说铜马等农民军已成了他的主力。

公元二十五年，刘秀又进攻尤来、大枪、五幡，这些农民军也都被他打败而逃散。于是河北的农民军便全被刘秀所消灭。

③刘秀窃取政权　刘秀在河北进攻农民军发展势力的时候，樊崇进入颍川、进攻关中。刘玄的政权形势危急，刘秀是大地主阶级出身的人。他与长安的新市、平林兵的将领又有仇隙。他在河北扩张势力又全由于获得河北大地主阶级的支持。这些大地主既不拥护刘玄，更不拥护樊崇。他们都想拥护刘秀为帝，建立一个大地主阶级的政权。因此，樊崇由颍川进攻关中，刘秀和河北的大地主不但不援救刘玄，反乘时脱离刘玄而独立。公元二十五年六月，刘秀自立为皇帝。及樊崇进攻长安，他一面派兵进入关中，与樊崇相抗，一面乘机占领洛阳，造成他有利的形势。迨樊崇由关中东归，他又要击樊崇的农民军，把他打败，于是刘秀势力便更强大。

此时，各地还有许多地主阶级的割据势力。窦融据河西，隗嚣据天水，卢芳据北地，彭宠据渔阳，秦丰据黎丘，刘永据睢阳，李宪据庐江，张步据琅邪，公孙述据蜀。这些割据势力在这以后的十年中，一一都为刘秀所平定。公元三十七年，刘秀复统一全国，建立一个大地主的政权。

第五章　东汉前期的政治与经济

第一节　东汉初期的政治

公元前三十六年，刘秀灭公孙述，统一了全国。自刘秀以后，东汉统治者为要巩固他的政权，在政治经济方面采取许多措施。自此至明帝、章帝、和帝几代，政权日渐巩固，封建经济也逐渐恢复。

缓和阶级矛盾安定社会　西汉政权的灭亡和王莽末年的农民战争主要的是由于农民的反抗。在战争之后，刘秀为要恢复秩序，稳定政权，必须要缓和尖锐的阶级矛盾。

奴隶问题是西汉以来的严重问题，在王莽末年的大乱中，有更多的农民沦为奴婢。刘秀即位以后，屡次下令释放奴婢。公元二十六年，诏『民有嫁妻卖子欲归父母者』，悉听他回去，不能扣留。公元三十年（建武六年），令王莽时没入为奴婢者皆免为庶民。公元三十一年（建武七年），又令因饥乱和为人略卖为奴婢下妻者，应任其去留，主人有敢拘留不还者以卖人罪处罚。公元三十六年（建武十二年），平定隗嚣，又令陇蜀人民被略卖为奴婢者免为庶人。此后公元三十七年及三十八年，又两次下令免凉、益两州的奴婢为庶人。同时他又禁止杀奴婢和灼炙奴婢。杀奴婢者不减罪。以前奴婢射伤人弃市的法律也取消。刘秀这样屡次下令释放奴婢和禁止对奴婢的虐待，主要的是为了他当时的政治目的，而不是取消奴隶制度，但他这种政策乃是因西汉以来奴隶问题的严重才提出的，他这样释放了大量的奴隶，实缓和了社会的矛盾。

光武即位，又减轻刑罚。光武即位第二年，就令议省刑罚。公元二十八年（建武四年），诏男子八十以上十岁以下和女子从坐者不是『不道』罪皆不得系。女徒都释放回家，只每月出钱雇人伐水。公元三十一年（建武七年），又令中都官、三辅和郡国的系囚，不是死罪，一律勿问，释放回家。耐罪以下逃亡的，也通告免罪。以后又常减刑。如公元五十三年（建武二十九年），诏『天下系囚自殊已以下及徒各减本罪一等。其余赎罪输作各有差』。明帝即位，又诏『天下亡命殊死以下听得赎论』。这样减轻刑罚，其目的也就是要缓和人民的反抗。

在王莽末年的战争中，生产遭受极严重的破坏，人民生活极困苦。为要安定社会，恢复封建的秩序，就必须要减轻人民的负担，使人民能安定生活。在刘秀发展势力、进行夺取政权的时候，为要供应军粮，曾征收什一之税。及败樊崇，公元三十年，便又恢复西汉的三十税一的租税。同时为要节省财政开支，又省并郡县，裁减军队。王莽末年以来的战争，人口大量减耗，有许多地方人口稀少。公元三十年，光武下令省减吏员合并县国。这一年省并了四百余县。同时又罢各郡都尉，公元三十一年，罢轻车、骑士、材官、楼船。兵士和军假吏皆退伍为民，后中央八校尉也裁去三校尉。这一方面减少了财政开支，一方面也增加了生产力。自此以后到和帝时代，东汉的统治者大概一直维持着『轻徭减赋』，『不惊不扰』的政策。因此，社会逐渐安定，生产逐渐恢复，东汉的政权也就日益巩固。

皇帝专制和中央集权 光武帝为要巩固他的政权，在政治上，他采取加强专制和中央集权的办法。他扩大尚书的组织，加重尚书的权力。尚书原是少府的属官。武帝时，以中书谒者令典尚书。尚书的权力开始增重。成帝时，改名中书谒者令为中谒者令，置尚书四人，分为四曹。光武帝更扩大这一组织，置尚书令一人，尚书仆射一人，尚书六人，分为六曹。凡以前属于丞相的一切政府和地方的行政都转入尚书台，由尚书台转达皇帝。这样，皇帝更加专制，朝廷三公乃至九卿皆无实权，他们只能建议而已。

西汉功臣、宗室、外戚都有势力。光武帝鉴于西汉时这几种势力都发生危害皇室的危险，皆不使他们有权。他对于功臣只给以优厚的俸禄礼遇，不给他们实权。即统一全国以后，就不令功臣掌握军队。功臣封侯的，封国最多也不过三四县。

光武帝对于宗室也很严。宗室子弟封王，封地远较西汉为小。大者不过一二郡，小者仅数县而已。并且严加防范。公元四十八年（建武二十四年），光武帝重申阿附蕃王法。公元五十一年，刘玄子寿光侯刘鲤结合沛王辅（光武子）宾客杀刘盆子兄、刘恭，光武大捕诸侯宾客，杀几千人。明帝时，楚王英交通宾客，人告他谋反，明帝又加穷治。楚王英自杀，诸侯官吏以及亲戚豪强连坐被杀者也几千人。

对于外戚也是一样，只优厚地赏赐而不给予政权。为要加强中央集权，对于地方的权力也予以削弱。光武帝罢郡国都尉和轻车、材官、骑士、楼船，一方面固是为了减少财政开支，一方面也为着削弱地方权力以便于统治。

儒术和谶纬的提倡 自汉武帝提倡儒术以后，儒术就日益发达。光武为要从思想上加强统治，巩固政权，更加提倡。他即位以后不久，就设立太学，置五经博士，招集许多儒生至洛阳讲学。博士弟子经过考试即补官。明帝即位，亲自到太学讲经以为提倡。又为功臣子弟别立学校。期门羽林的士兵也都要学习孝经。其余各郡各县也都设立学校。章帝时，又召集大夫、博士、议郎以及太学生等于白虎观讨论五经异同。以后太学的发展，最多时学生达到三万余人。其余许多儒家学者私家讲学，学生也动辄几百或几千人。由于统治者热心提倡，后汉时代，儒家学说达到极盛的境地。

光武帝又极力地提倡谶纬。谶就是无稽的预言。如秦始皇时，谣言『亡秦者胡也』，这就是谶。纬是以谶解释儒家经典的。伪托孔子所作。这种谶纬之说西汉之末更加流行。如哀帝时夏贺良、甘思可等言赤帝精之谶，说汉历中衰，当再受命。王莽篡位，捏造许多『符命』，谶纬之说便更盛行。光武帝未起兵以前，言谶纬者说：『刘秀当为天子。』他起兵时，李通又献图谶：『刘氏复兴，李氏为辅。』他在河北，势力既强，他的同学疆华又献赤伏符，他据之而称帝。因此，他即位以后，便更大事提倡，把谶纬推尊得几乎比儒家的经典还要高。东汉许多儒生为要窃取名利，阿媚统治者都学谶纬。刘秀这样极力提倡谶纬，很明显，就是要以谶纬愚惑人民，相信他是得『天命』。

第二节　经济的恢复

农业生产的恢复　在王莽末年以来的长期战争中，生产遭受惨重的破坏。光武帝统一时，全国所余人口『裁十二三』（郡国志注引应劭汉官仪）。以后社会逐渐安定，政府又减轻农民的负担，生产便逐渐恢复。此外，他们又采取许多方法使生产能得以恢复。

东汉初期，政府和许多地方官员都相当注意农业和水利，他们修复和新修了不少大小水利工程，开辟了不少的荒地。如光武时，邓晨为汝南太守，『复陂田数千顷』。杜诗为南阳太守，『修治陂池，广拓土田，郡内比屋殷足』。张湛为渔阳太守，『于狐奴开稻田八千余顷，劝民耕种，以致殷富』。明帝时，王景、王吴修浚仪渠。鲍昱为汝南太守，修治旧陂溉田。章帝时，马稜为广陵太守，『兴复陂湖，溉田二万余顷』。王景为庐江太守，修旧芍陂，溉田万余顷。和帝时，何敞为汝南太守，『修理鲖阳旧渠』，『垦田增三万余顷』。张禹为下邳相，引蒲阳陂灌溉，垦田千余顷。和帝更令各地刺史太守修复旧的堤防沟渠。当时最大的水利工程当推王景修治黄河。汉平帝时，黄河于汴口溃决，没有修复，黄河流入汴渠，几十年间，兖、豫两州数十县受其大害。明帝时，命王景、王吴修治。他们堵塞了黄河的决口，并从荥阳至千乘修筑了一道长达千余里的长堤，使黄河不再泛滥，兖、豫两州免于水患。这许多水利的兴修和荒地的开辟对于当时农业生产的恢复起了很重要的作用。

当时农业生产技术也有进步。西汉成帝时，汜胜之发明区种法。这种方法可以在荒地种植，而且产量非常丰富，明帝时，曾令郡国推行。

明帝时，农业就已渐恢复了。史称明帝时『百姓殷富，粟斛三十，牛羊被野』（后汉书明帝纪）。章帝和帝时，更渐呈繁荣的景象。光武中元二年（公元五七年），全国户四百二十七万九千九百三十四，口二千一百万七千八百二十。明帝十八年（公元七五年），户五百八十六万零五百七十三，口三千四百一十二万五千零二十一。章帝章和二年（公元八八年），户七百四十五万六千七百八十四，口四千三百三十五万八千三百六十七。和帝永兴元年（公元一〇五年），户九百二十三万七千一百一十二，口五千三百二十五万六千二百二十九。自光武末年至和帝末年五十年间，人口不断地增加，到和帝时，增加了一倍半。这几十年间农业生产的恢复是相当迅速的。

手工业和商业　东汉手工业有些进步。光武帝时，南阳太守杜诗发明水排，以水力鼓风冶铁。蜀郡临邛此时也已知利用火井煮盐。和帝时，蔡伦发明用树皮、麻头、破布、鱼网造纸。这都是手工业上重要的新发明。当时手工业生产最多的依然是盐、铁和纺织品绢帛。

王莽末年的战争中，生产破坏，商业也受到很大的影响。及至全国统一，商业又逐渐恢复。光武时，桓谭云：『今富商大贾，多放钱货，中家子弟，为之保役，趋走与臣仆等勤，收税与封君比入。』当时大商人当就已相当的活跃了。不过，东汉的商业似没有恢复到西汉那样普遍兴盛的情况。东汉初期，对商业采取抑制的政策，『禁民二业』（后汉书桓谭传刘毅传）。农民不得为商贾，商人的人数不像西汉那样众多。东汉货币的使用似也不像西汉那样普遍，钱以外还杂用谷帛。明帝时，更令租税都征收布帛。东汉国内大都市的繁荣也衰落了。西汉繁荣的大都市有长安、洛阳、宛、邯郸、临淄、成都等地，此外，还有其他许多次等的都市。东汉，洛阳因是京城还保持相当的繁盛，成都和宛也还比较兴盛，其余各处都衰落了。东汉商业之所以不及西汉，主要的乃由于东汉的生产没有恢复到西汉的旧观。

豪强地主对农民的剥削　西汉后期，豪强大地主兼并农民就非常严重。王莽末年农民起义虽然给大地主阶级沉重的打击，但他们的势力并未消灭。东汉政权建立以后，豪强大地主又继续发展。

刘秀的集团就是个大地主的集团，他的集团中的人物云台二十八将绝大多数都是大地主。如寇恂是昌平『著姓』，耿纯是巨鹿『大姓』，刘植是巨鹿昌城大地主。其他多出身于官僚。当时各地都有许多豪强大姓，他们占有很多的土地，役有很多的人民，依恃势力欺凌剥削贫弱的农民。公元三十九年（光武帝建武十五年），光武帝为要增加赋税收入，令全国清查田亩、户口，豪族大地主和贪污官吏勾结，不清丈自己的土地，而只丈量农民的土地，贪官污吏将农民的房屋也作为田亩。后人民反对，光武帝惩处了一些贪污的太守、县令，继续贯彻清查土地的命令，豪强大地主竟以武力反抗。青、徐、幽、冀等州的大地主实行大暴动。光武帝一面派兵镇压，一面向大地主让步，给予为首的豪强大地主土地，暴动才告平息。当时豪强大地主势力之大，由此可见。

东汉初期统治阶级的宗室、外戚、官僚剥削农民尤其严重。宗室诸侯王都是大地主。他们封国多至三四十县。明帝封诸子为王，要他们租税收入相等，每年各八千万。光武帝诸子封国租税收入比此还要多。此外，他们赏赐又动辄几千万。光武帝的儿子济南王康更自己经营财产。他有私田八百顷，奴婢一千四百人，马一千二百匹。

外戚更是当时最大的富翁。光武的舅父樊宏是南阳的大地主、大商人，他家里有众多的奴隶，有田三百余顷，鱼池、畜牧、梓漆、高利贷无不经营。光武阴皇后家有田七百余顷，『舆马仆隶比于邦君』。光武郭皇后原就是真正的豪强大地主。她的父亲郭昌有田宅财产数百万。郭皇后的哥哥郭况，光武赏赐金钱缣帛，不知其数。当时洛阳人称他家是『金穴』。明帝马皇后是马援的女儿，马援原也是大富翁。他在北地田牧『有牛马羊数千头，谷数万斛』『役属数百家』。他以后又是功臣，不用说更有钱。马皇后的哥哥马廖、马防各有『奴婢各千人已上，资财巨亿，皆买京师膏腴美田』，章帝窦皇后，是窦融的曾孙女，窦氏一家，自光武时代就是功臣，又是外戚。窦融的儿子窦穆，任窦固，都是光武的女婿，他们家都是『官府邸第相望京邑，奴婢以千数』。窦固更『资累巨亿』。及至窦宪专权，那更势焰熏天了。

后汉的政治，一开始就非常腐败。光武时，各将领几无不抢劫人民。例如吴汉在南阳，军队抢劫，以致邓奉因吴汉劫掠他的家乡，脱离刘秀与农民联合反抗吴汉。他破成都又大肆劫掠，傅俊徇扬州，军队掠夺人民，发掘坟墓。以后官吏贪污，日益加甚。明帝即位时下诏云：『今选举不实，邪佞未去，权门请托，残吏放手，百姓愁怨，情无告诉。』又和帝永元十年诏云：『数诏有司，务择良吏。今犹不改，竞为苛暴，侵愁小民，以求虚名。委任下吏，假势行邪。是以令下而奸生，禁至而诈起。巧法析律，饰文增辞。货行于言，罪成乎手。』王充论衡程材篇也说当时官吏『长大成吏，舞文巧法，徇私为己，勉赴权利。考事则受赂，临民则采渔，处右则弄权，幸上则卖将。一旦在位，鲜冠利剑。一岁典职，田宅并兼』。东汉初官吏剥削压迫人民实是非常严重的。

东汉初期，就有不少的人民没有土地。自明帝即位（公元五八年）至和帝之死（公元一〇五年），招流民占籍和安置流民的诏书就有十四次，平均每三年即有一次。可见当时必有大量的流民存在。此时全国也早已统一，社会也已安定，何以还有这样多的流民呢？这就因大地主剥削，致使农民失去土地而流亡。明帝章帝时，政府又屡次以公田假与贫民，如公元六六年（明帝永明九年），诏以『郡国公田假赐贫民』。公元八四年（章帝元和元年），令郡国无田者听移徙他处，并令所到之处赐给公田。公元八八年（章和二年），又令将未垦的荒地给与贫民。这更可以看出许多人民因大地主的剥削兼并丧失了土地。

生产的停滞　东汉初年大地主阶级对人民就进行这样残酷的剥削，这使生产力的恢复受到严重的影响。东汉生产始终没有恢复到西汉的旧观，社会经济呈现出停滞衰退的现象。

西汉全国户口垦田，最高时户一千三百二十三万三千六百一十二。口五千九百一十九万四千九百七十八。垦田八百二十七万零五百三十六顷。后汉时代人口最高的估计，据续汉书郡国志，顺帝时户九百六十九万八千六百三十，口四千九百一十五万零二百二十。据汉官仪顺帝永和中，户一千零七十八万。口五千三百八十六万九千五百八十一（郡国志注引）。即据汉官仪最高的估计也未达到前汉的数字，后汉垦田最高是七百三十二万零一百七十顷，也未达到西汉的数字。由此可知，后汉全国生产总的情况没有恢复到前汉时代的繁荣。

全国各地的生产情况，中原和北方边境显然是衰落了。中原地区：司隶、豫、冀、徐、青、兖、五州，前汉人口是三千六百一十一万四千九百八十一。而东汉则只有二千五百七十七万零八百一十六，少了一千零三十四万四千一百六十五。减少约百分之二八点六。这中间减少尤多的是三辅。前汉三辅人口是二百四十三万四千三百五十二。后汉则仅有五十四万三千八百六十，减少了一百八十九万零四百零二，也就是减少达百分之七七点七。这几乎完全残破了。中原地区是我国古代经济中心所在。尤其关中秦汉时代生产最为发达，土地膏腴，水利完善。

关中的财富，占全国十分之六。后汉时代残破如此，当时生产的衰落是如何的严重。

北方边境更几完全破坏。北边自敦煌至辽东，有敦煌、酒泉、张掖、武威、金城、陇西、天水、安定、北地、上郡、西河、朔方、五原、云中、定襄、雁门、代郡、上谷、渔阳、右北平、辽西、辽东二十二郡。这二十二郡，西汉共有人口五百一十九万一千六百二十六，东汉则只有一百三十七万七千一百四十七，减少了三百八十一万四千四百七十九口，约减少百分之七三点五。所余只四分之一有奇。尤其严重的如北地、上郡、西河、朔方、五原、云中、定襄等郡，所余还不及十分之一。北边各郡，乃是我国古代国防要地，自战国以后至于西汉，历代经营开辟，以防御北方匈奴之侵略。及此完全残破，北方的游牧民族遂得侵入中国，卒酿成五胡荼毒中原的大祸。东汉豪族大地主的罪恶，实不仅毒害人民，亦且贻祸民族。

后汉生产比较有发展的，只有南方荆、扬两州区域。荆州前汉户六十六万八千五百九十八，口三百五十七万七千二百五十八。后汉户一百三十九万九千三百九十四，口六百二十六万五千九百五十二。人口较前汉多二百六十八万八千六百九十四。即增加了百分之七十七有奇。扬州前汉户五十八万六千四百二十八。口二百八十四万八千九百一十六。后汉户一百零一万一千零七十六。口四百三十三万八千五百四十八。人口较前汉增多一百四十八万九千六百三十二。增加了百分之五十二点二有奇。荆、扬两州人口所以增加，一方面由于王莽末内乱，南方战争较少，破坏较轻，中原人民有避乱迁至南方者，而主要的则仍由于在此以前，南方地广人稀，其地『无冻饿之人，亦无千金之家』，没有如中原地区豪族大地主的严重剥削，小农经济能充分的发展，因此生产能发达起来。

第三节　后汉与匈奴西域的关系

匈奴的分裂和南匈奴内迁　王莽时，因为王莽要降低匈奴单于的地位，引起匈奴的反抗，匈奴脱离中国而独立。及至光武的时候，一直对中国侵扰不止。王莽末安定人卢芳起兵割据北边，与匈奴勾结。匈奴想树立卢芳为傀儡，出兵援助卢芳，寇扰缘边朔方、五原、云中、定襄、雁门、代郡。光武帝为巩固自己的政权，不惜退让，他将边郡的人民迁徙到常山居庸关以东及河西等地，并将定襄、五原两郡罢省。这样，边区地方便完全残破，秦汉以来，辛苦经营的长城防线也彻底破坏。这种退让政策，并不能使匈奴的侵略停止，公元四十四年（光武建武二十年），匈奴深入，进至上党、扶风、天水。公元四十五年，又入寇上谷、中山，屠杀许多的人民，抢略许多的财物。幸而不久匈奴发生内变，侵略才停止了。

后汉初，匈奴单于为呼都而尸道皋若鞮单于舆。他的兄弟伊屠知牙师以次当为左贤王，匈奴的左贤王就是单于的承继人。匈奴单于舆想传位于他自己的儿子，就将伊屠知牙师杀死。伊屠知牙师被杀，他的侄子薁鞬日逐王比怨愤，他说如若按照弟兄的轮次，伊屠知牙师当立为单于，若按照子辈的轮次，则他自己是前单于囊知牙斯的长子，应当继位为单于。因此，匈奴内部就因单于承继问题发生争执。匈奴单于舆死，他的儿子乌达鞮和蒲奴相继立为单于，比愈加愤恨。公元四十五六年间，匈奴连年发生旱灾蝗灾，赤地千里，草木皆枯，人畜死者极众。匈奴单于恐汉乘机进攻，派人来汉求和。薁鞬日逐王比想争位，也秘密派人来汉求降。匈奴单于蒲奴听说右薁鞬日逐王比降汉，便派兵攻比。公元四十八年（建武二十四年）比遂自立为呼韩邪单于，匈奴便分裂为两部，呼韩邪单于的一部为南匈奴，蒲奴的一部为北匈奴。

呼韩邪单于既自立，降汉。公元五十年（建武二十六年），汉许他迁居河西美稷。于是北边北地、朔方、五原、云中、定襄、雁门、代郡皆有南匈奴居住。这在当时虽暂时解决了一部分匈奴侵略问题，但却伏下了后来的大患。

汉对北匈奴的攻击　南匈奴降汉，北匈奴还颇强盛。时常骚扰边境。明帝时，北匈奴要求和亲。因为南匈奴不愿，北匈奴侵扰更甚。公元七十三年（永平十六年），明帝乃大发缘边羌胡及南匈奴、乌桓、鲜卑的军队，命窦固、耿秉、祭肜、吴棠、来苗等分道大举进攻北匈奴。北匈奴逃走，窦固追至蒲类海，留兵士屯田于伊吾卢（哈密）。自此以后，北匈奴就逐渐衰弱了。到了章帝的时候，南匈奴攻其南，丁零攻其北，鲜卑攻其东，西域攻其西，再加上饥荒蝗灾，北匈奴便大衰落。南匈奴想乘机吞并北匈奴，统一南北，要求汉出兵帮助。公元八十九年（和帝永和元年），窦太后命他的哥哥窦宪及耿秉发汉及南匈奴兵数万骑击北匈奴，大破北匈奴，北匈奴八十一部二十余万来降。公元九十一年（永和三年），汉又命耿夔击北匈奴，北匈奴单于为耿夔所破。逃亡不知所终。其残余的一部分立单于的兄弟于除鞬单于。南单于本想统一南北匈奴，卒因窦宪允许于除鞬投降，并立为单于，没有实现。自此以后，北匈奴虽还存在，但已不重要了，而南匈奴还留在中国境内。匈奴的故地，渐为鲜卑所占。这又造成后来鲜卑侵略中国的根源。

班超定西域 王莽的时候，西域各国都脱离中国，叛降匈奴。后汉初，西域各国因为匈奴征税苛重，非常怨恨，都派遣使者来汉，要求派遣都护，当时光武帝因为国内平定未久，没有答应。

后汉始通西域是在公元七十年（明帝永平十六年）。这一年窦固击北匈奴占有伊吾卢，屯田驻守，于是西域各国开通。窦固派假司马班超使西域，明年又置戊己校尉和都护。但第二年明帝死，焉耆、龟兹就攻杀都护陈睦，匈奴车师又围攻戊己校尉。公元七十六年（章帝建章元年），章帝使迎回戊己校尉，明年又罢伊吾卢屯田，汉在西域的势力又几完全丧失了。

后汉在西域略有一些成就，完全是赖班超。公元七十三年，窦固派班超往西域。当时西域实际上还在匈奴的势力之下。他前往经营实非常艰苦的。

班超首先降服鄯善。公元七十三年，他到达鄯善，最初鄯善王对他的待遇还好。但过了几天，鄯善王态度忽然变了。他想一定是有匈奴使者来了，于是他就去兵士三十八人，攻杀匈奴使者。班超杀匈奴使者，鄯善王大恐，遂遣子来汉为质，愿意降汉。

班超既降服了鄯善，便往于阗。于阗是当时南道的大国，也服从匈奴，匈奴派有使者监督于阗，于阗人迷信巫，班超到达于阗，巫不愿于阗服从汉，说神发怒了，为什么要亲汉。巫还要班超的騧马祭祀他。于阗王向班超求马。班超想巫阻碍于阗亲汉，正是大害，因此他叫巫自己来取马。巫一来，班超立刻将他杀了，把他的头送给于阗王，并且责备他。于阗王看到班超竟敢杀巫，又听到他在鄯善杀匈奴使的情况，也吓怕起来了，于是即杀匈奴使者投降。因此班超又平定于阗。

当时北道龟兹国王是匈奴所立的，他依恃匈奴的势力，攻破疏勒，立疏勒人兜题为王，公元七十四年，班超又往疏勒，他到达距兜题所住的地方九十里处停下。他考虑兜题是龟兹所立的，疏勒人不服从他。他派他的吏士田虑去见兜题，要他投降，如不投降，就将他捕捉。田虑见兜题，兜题无意投降，田虑即当场将他俘虏。班超赶去，宣告龟兹的罪状，另立前疏勒王兄子忠为王。

公元七十五年（永平十八年），焉耆、龟兹杀都护陈睦，汉罢戊已校尉及伊吾卢屯田，也诏班超回国。班超至于阗，于阗王号哭挽留，于是班超遂留下来，重还疏勒。这时龟兹势力强大，北道诸国皆降龟兹，疏勒也复叛降龟兹，班超处境是非常艰苦的。他所恃的只有于阗而已。班超在疏勒与龟兹等国相持好几年。

公元八十六年（章帝元和三年），班击杀疏勒王忠，疏勒复通。公元八十七（章和元年），超又以于阗等国兵击莎车，大破之，莎车又降。公元九十年（和帝永元二年），大月氏来攻，又为超所败。由是班超声威大震。公元九十一年（和帝永元三年），北匈奴为汉所败，龟兹、姑墨、温宿诸国皆降。此时汉以班超为西域都护。只焉耆因杀都护陈睦，不肯降。公元九十四年（永元六年），班超发龟兹、鄯善等八国兵攻焉耆，焉耆降。于是西域五十余国皆通，派质子来汉。公元九十七年，班超又派甘英往大秦（罗马），英到达地中海东岸才回来。

公元一〇〇年，班超罢都护归国，以任尚为都护，公元一〇七年，西域复叛，围攻都护任尚，汉便又罢西域都护，西域又绝。

总观后汉与匈奴和西域的关系，后汉时代对于匈奴和西域的关系与前汉时代是有不同的。后汉时代没有像前汉时代那样大的力量。她对于北匈奴虽然两次出击，将他击败，但对整个的匈奴问题上，实仍是无力的，甚至是失败的。她准许南匈奴迁居境内，在表面上好像是匈奴受汉的统治，但实际上则仍是对匈奴退让，将广大的土地送给了匈奴，将自己经营数百年的长城防线破坏，使匈奴乃至以后其各族得自由出入中国境内，在中国境内滋殖而养成了五胡的大乱。后汉对于西域，更表现她衰弱无力。后汉在西域几乎始终没有建立起一个稳定的统治。后汉时代对匈奴和西域两方面，实远不若西汉时代那样有力。这也就说明后汉时代力量实远不如西汉。后汉时代所以如此，基本原因就是后汉社会是个大地主统治的社会。自她政权建立的开始，大地主的剥削就严重，生产力不能得到充分的发展，经济呈现停滞衰退的缘故。

第六章　东汉帝国的衰亡

第一节　外戚宦官专权

外戚宦官势力的形成　东汉自和帝以后，政权就逐渐落入外戚宦官之手。外戚宦官这两种恶势力的形成，主要是由于皇帝专制和皇室的腐朽。光武帝实行皇帝专制的统治，大权独揽在他一人之手，大臣毫无权力。由于皇帝专制，大权集中于宫庭，朝庭（政府）没有权力，因此宫庭之中的外戚宦官便很容易专权。

专制政治，皇帝是最高的统治者，他有极大的权力。专制时代，皇帝的智愚贤否皆足以影响政治。东汉自章帝以后，统治者就日益腐朽。他们不仅昏庸无能，而且生活淫奢。如顺帝、桓帝、灵帝后宫都有几千人。因为生活荒淫，他们大都短命。明帝以后，章帝三十三岁，和帝二十七岁，安帝三十二岁，顺帝三十岁，桓帝三十六岁，灵帝三十四岁。因为皇帝短命，所以大多没有儿子，或有儿子，年龄也很幼小。东汉自和帝以后，只有殇帝是和帝的儿子，顺帝是安帝的儿子，冲帝是顺帝的儿子。他们都是年龄很幼的。其他主要的安帝、桓帝、灵帝都是外立的。皇帝死后，新立的皇帝年幼，或外立皇帝，因此总是皇太后临朝。皇太后临朝，因而外戚便专政。和帝以后，每代皇帝即位，都是太后临朝，因此始终有外戚专政。

外戚专权，势力强大，及皇帝年龄渐长，感觉到外戚侵犯了他的权力，就必要排除外戚，收回他的权力。东汉政治大权是在宫庭而不在政府，皇帝不能利用朝廷的力量排除外戚。他只有与左右的宦官阴谋，利用宦官的力量打击外戚。皇帝利用宦官以对外戚，外戚既除，宦官又复得势，专制政权。东汉每代皇帝时都有外戚专政，每代皇帝时也就有宦官与外戚的斗争。一百年间，这两种势力不断地斗争着，政权也就在这两种势力之手。

外戚与宦官的斗争 东汉外戚与宦官的斗争从和帝时开始。和帝即位，年幼，太后窦氏临朝摄政。她以兄窦宪为大将军辅政。大将军辅政本是西汉外戚专政时的制度，东汉初期不用外戚，因也没有这种制度，至此又恢复了。从此以后，每代外戚都以大将军或车骑将军辅政，政权就在他们之手。

窦宪辅政，专权，兄弟亲戚多为卿校，掌握兵权，并阴谋弑杀。和帝与宦官郑众合谋诛窦宪。

和帝死，殇帝即位，生才百余日，邓太后（和帝后）临朝。以兄邓骘为车骑将军辅政。次年，殇帝死，邓太后又迎立清河王子祜（章帝孙）为帝（安帝），年十三，邓太后仍旧临朝。公元一二一年（建光元年），邓太后死，帝结乳母王圣及宦官李闰、江京杀邓骘。邓骘被杀。安帝阎皇后及其兄阎显和宦官李闰、江京等专权，外戚宦官势力遂更大。

阎皇后、阎显和宦官江京、樊丰等想长期专权，将太子保（李宫人所生）废掉。公元一二五年（延光四年），安帝死，阎皇后和阎显想把持政权，立济北王寿（章帝子）的儿子北乡侯懿为帝、阎皇后临朝、阎显为车骑将军专政。不久，北乡侯死，阎皇后和阎显又想立他人，宦人孙程、王康、王国等十九人迎立济阴王保为帝（顺帝），杀阎显、江京等，孙程等以立顺帝有功，皆封侯，于是宦官的势力更加嚣张。

顺帝死，梁后临朝，后兄梁冀为大将军。梁冀专权，更为横暴。朝廷公卿稍一不合其意者，就被他杀害。公元一五九年（桓帝延熹二年），梁太后死，桓帝与宦官单超、唐衡、左悺、徐璜、具瑗相结杀梁冀。桓帝利用宦官诛杀梁冀，自此政权便完全转入宦官之手，而斗争也更趋激烈。

政治的黑暗 外戚和宦官两种势力，不论那一种，都是无恶不作的，他们专权之后，无不凭借他们政治的权力，贪污不法，对人民抢劫屠杀。自和帝以后政治就日趋黑暗，至桓灵时代达到极点。

和帝时，外戚窦宪专权，弟兄皆居要职，他们的奴隶宾客欺压人民，抢劫人民的财物，夺取人家的妇女，篡夺罪犯。无恶不作。窦家宾客抢劫行旅，商人都不敢去洛阳。

安帝时，安帝乳母王圣和宦官李闰、江京等专权，史说他们『扇动内外，竞为侈虐』，『开门受赂』，地方官吏都由贿赂而得，贪污不法，『天下纷然，怨声满道』（后汉书李固传）。顺帝时，宦官孙程等十九人的势力更大了，他们作恶更甚，『受赂卖爵』，『掠夺妇女』（后汉书 周举传 皇甫规传）。

桓帝以后，外戚梁冀以及宦官单超等贪婪横暴更是暗无天日，梁冀家里为卿校郡守等官者有十几个人。他们都派人往所属各县，调查当地的富人，诬加以罪名，将他们逮捕，严刑拷打，勒逼他们出钱取赎，出钱少的，就将他杀死或徙到别处去。有扶风富人士孙奋，梁冀想搞他的竹杆，送他几匹马，向他借钱五千万。士孙奋送他三千万。他不满意，于是他硬诬陷士孙奋，说他的母亲是守库藏的婢女，偷窃了白珠十斛、紫金千斤逃走。因而将士孙奋弟兄逮捕，拷死狱中，没收其财产一亿七千余万。这实就是公然抢劫了。各地守令无不送极多钱给他，向他求官以及向他赎罪者，『道路相望』。他又派许多人到外国去求珍异宝物，派去的人一道横暴，甚至掠夺妇女。他又掠人为奴婢，被他掠为奴婢者有几千人。

宦官的罪恶，更是『罄竹难书』，史称桓帝时代宦官单超等『兄弟姻亲，皆宰州临郡，辜较百姓，与盗贼无异』，『五侯宗族宾客，虐遍天下，民不堪命』（后汉书 单超传）。灵帝时十常侍『父兄子弟布列州郡，所在贪残，为人蠹害』（张让传）。单超的侄子单匡为济阴太守，贪赃五六千万。又段珪侯览家在济阴，他们家『仆从宾客，侵犯百姓，劫掠行旅』。侯览前后『夺人宅三百八十一所，田百一十八顷』，又发掘人家的坟墓，掳掠人家的妇女。侯览的哥哥侯参为益州刺史，人民有钱者就诬以谋反，将他屠杀而没收其财产。他在益州这样抢劫和贪污的财物，有黄金白银和锦帛珍玩三百车。灵帝时宦官王甫使他的门生在河南郡界上『辜榷官财物七千余万』。像这一类的事数不胜数。

当时官吏都由贿赂才能获得。到了灵帝的时候，更设置西园，公开卖官。凡是官员赴任者，必先要到西园论价。有些清廉自守的，要求不做官都不行，逼迫他非去不可。有的官员缴钱不足数，甚至自杀，这就是要逼迫所有的官员非为他贪污不可。往后，官员更有定价，公千万，卿五百万。当时官员都由贿赂购买获得的，他们非贪污不可，这实际就是强盗，借政治权力抢劫人民。

士大夫与外戚宦官的斗争 东汉时代，儒生官僚也是政治上一个极大的势力。东汉尊重儒术尤甚于西汉，不仅设立太学教授儒学，政治上用人也多用通经术的儒生。政治上儒生官僚的人数非常众多。他们也形成一个极大的势力。

和帝以后，政权落入外戚宦官之手，政治腐败，贿赂公行，不仅中央政府的政权为外戚宦官所把持，地方官员也多出外戚宦官之门。在政治上，儒生官僚渐为外戚宦官所排挤。因此，官僚士大夫与外戚宦官之间也就发生斗争。和帝时，窦宪专权，司徒袁安、尚书何敞、司徒丁鸿就反对窦宪。安帝时，宦官专权，太尉杨震反对，竟为宦官樊丰等所杀。

及至顺帝桓帝时，梁冀专权横暴，政治愈趋黑暗，士大夫与外戚的斗争更加激烈。梁冀为要专擅政权，鸩杀质帝立桓帝，太尉李固、大鸿胪杜乔反对，梁冀将他们杀死，他如太史令陈授，京兆尹陈龟都以反对梁冀专权遭其杀害。梁冀的宾客党羽贪残不法，士大夫也都严厉地惩治。如陈蕃为安乐太守，梁冀派人前往，有所请托，蕃将其笞杀。又梁冀假托为皇太子医病，派人见京兆尹延笃买牛黄，想借以索贿，笃也将他杀了。吴树为宛令，杀冀客为人害者数十人。宦官赵忠葬他的父亲用玉匣，冀州刺史朱穆将他的坟墓掘掉。桓帝捕朱穆下廷尉，太学生几千人上书讼穆之冤。

梁冀诛死以后，宦官专政，这种斗争更发展到最高潮。此时，政治黑暗到极点，全国人民遭受宦官的毒害，无不痛恨切齿。东汉推尊儒术，太学生人数众多。此时太学生有三万余人。因为宦官把持政权，在政治上这些太学生也遭受排挤。因此，政治上的大官僚和太学生相结合。他们形成一个极大的政治势力和社会势力。他们推崇李膺、陈蕃、王畅等为领袖，与太学生郭泰、贾彪等鼓动舆论。他们互相标榜，激扬名节，议论政治，品覈公卿，掀起反宦官的运动。

士大夫对于宦官毫不容情地搏斗，宦官对士大夫也借势诬陷杀害。如宦官单超兄弟单匡为济阴太守，贪污放纵，兖州刺史第五种就案其罪，并劾奏单超，单超诬陷他与泰山起义的农民军领袖叔孙无忌相通，将他流徙朔方。宦官侯览段珪的『仆从宾客』在济北劫掠行旅，济北相滕延将他们一齐逮捕，杀几十个人。滕延也因此免官。宦官侯览兄参为益州刺史贪暴，太尉杨秉刻奏他的罪恶，桓帝诏捕侯参，参自杀。杨秉因而又奏免侯览官。司隶校尉韩缜也奏宦官左悺和倌兄称的罪恶，左倌、左称皆自杀。有宛富商张汎，因勾结宦官，依势作恶，南阳太守成瑨、功曹岑晊收捕张汎及其宗族宾客二百余人一齐杀死。宦官赵津家在晋阳，贪暴放纵，太守刘瓆也把他杀死了。宦官侯览家在防东（属山阳，今金乡），览母死，大起坟墓，山阳东部督邮张俭，把览家的坟墓屋宅一齐毁了，没收其财产，宦官徐璜兄子为下邳令贪虐，东海相黄浮将他家属一齐逮捕考掠，将徐宣处死。李膺为司隶校尉，宦官张让的兄弟张翔为野王令，杀孕妇，闻李膺为司隶校尉，弃官逃至洛阳，藏匿在张让家的合柱中，李膺带人到张让家里破柱取出，立刻杀了。

党锢之祸　士大夫这样激烈反对宦官，宦官怀恨，也用毒辣的手段来报复。公元一六六年（桓帝延熹九年），宦官唆使人诬告李膺等与太学生和郡国生徒结党，讪谤朝廷。于是桓帝下令逮捕李膺、杜密等二百余人。明年，尚书霍谞和城门校尉窦武为他们解释，桓帝才赦免他们，放归田里。但仍『禁锢终身』。

宦官这样报复士大夫，人民对宦官更加痛恨，士大夫的声誉更高，『名士』们标榜更甚，有『三君』『八俊』『八顾』『八及』『八厨』等称号。士大夫和宦官的斗争更加激烈。

桓帝死，灵帝即位。窦太后临朝，以她的父亲窦武为大将军与太傅陈蕃共公执政。他们起用李膺、杜密等名士，谋诛宦官。公元一六八年（灵帝建宁元年），宦官王甫、曹节杀窦武、陈蕃及朝臣刘瑜、刘淑、魏朗等。他们想将反宦官的名士一网打尽，诬奏李膺、杜密等一二百人为『钩党』，全数逮捕杀害，家属徙边。各州郡株连死者有六七百人。当时国内有学问和德望的人大多为宦官所陷害。公元一七六年（灵帝熹平五年），更考党人门生故吏父子兄弟在位者免官禁锢。及黄巾起义，他们被迫才解除党禁。

在这次大狱以后，宦官势力更为嚣张，政治也愈加黑暗，此后，官僚与宦官的斗争依然不止。最后终因此而引起大乱，东汉因之而灭亡。

第二节　豪强大族的发展

豪强兼并与土地集中　东汉自其开始，豪强大地主的势力就非常强大。中叶以后，豪强大族的势力更加发展，他们对农民的掠夺愈加酷烈。

东汉后期，政治黑暗，政治上豪强势力外戚、宦官、大官僚都凭借权势疯狂地向人民进行掠夺。他们不仅贪污纳贿，还直接强夺人民的土地。如梁冀强占土地为苑囿，『西到弘农，东至荥阳，南及鲁阳，北径河渠（后汉书作洪），周旋千里』（后汉纪）。其中一切树木鸟兽皆不许人采捕。宦官管霸苏康封固『天下良田美业，山林湖泽』。当时各地方的豪右大姓也侵略农民，如后汉书陈龟传说：『三辅豪强之族，多侵枉小民。』范康传说，太山豪姓『夺人田宅』。

豪强大族又垄断商业。桓帝时，宦官单超的兄弟亲戚为刺史太守，『辜较百姓，与盗贼无异』。灵帝时，十常侍父兄子弟宾客也都『辜榷财利，侵掠百姓』（后汉书张让传）。『辜榷』就是垄断。灵帝时，征发马匹，各地『豪右辜榷』，马价一匹达二百万。仲长统述当时豪富经商的情形：『豪人货殖，馆舍布于州郡』，『舟车贾贩，周于四方，废居积贮，满于都城』（后汉书仲长统传）。当时商业实都操纵在豪族之手。

当时，豪强大族的土地财产之多，非常惊人。梁冀诛杀，没收他的财产出卖，达三十余万万。豪族官僚折国有『资财二亿，家僮八百人』（后汉书折像传），种暠『有财三千万』，郑泰家有田四百顷。大商人糜竺『资产巨亿』（蜀志糜竺传）。仲长统说当时豪强大地主的财产『膏田满野』，『琦赂宝货，巨室不能容，马牛羊豕，山谷不能受』。豪强大地主拥有这样多的土地财产。

豪强地主占有大量的土地，又役使很多的人。他们有很多的宾客、『徒附』、奴婢。当时，外戚、宦官、官僚以及各地的豪强地主无不有众多的宾客。如梁冀、单超、侯览等宾客劫掠人民。汝南袁氏有宾客二百家（魏志满宠传），李乾有『宾客数千家』（魏志李典传）。有许多农民受剥削压迫不能生存，依附于豪强地主，称为『徒附』。当时依附豪强地主的农民人数也非常之多。仲长统说：『豪人之室……徒附万计』。东汉后期，豪强地主家的奴婢更是可观。仲长统说：『豪人之室……奴婢千群』。一切外戚官僚家中无不有很多的奴婢，皇帝以奴婢为赏赐，奴婢可以买卖。大商人糜竺家『僮客万人』。

豪强地主占有大量的土地，役使大量的人民，他们又有宗族，于是形成一地的豪霸势力。他们可以把持地方政权，或者组织武装，欺凌掠夺贫弱无势的农民。东汉末期，这种豪强大族实普遍存在，这就使阶级的矛盾日益加深。

世家豪族的形成 东汉后期，豪族地主这样的发展，其中许多官僚大族便发展成为『世族』。世族在西汉晚期到东汉初期期间已经发生了。当时就已有不少几代公卿的大官僚家族。东汉后期，随着大地主经济的发展和豪强地主政治地位的增强，他们便更逐渐发展成为特权的世族。

东汉最重儒术，政治上用人都用儒生。这便使儒生在政治上就占有特殊的地位。

东汉选举用有人有诏举、辟举、岁举、保任几种。诏举是皇帝直接征召的，这大都是对当时最著名大儒和有德行的人。辟举是三公刺史用人。岁举是由各郡国推选。有孝廉、茂才、廉吏、明经、有道、光禄四行等名目。其中以孝廉最为主要。孝廉按郡国人口多少推举。郡国人口满二十万者，每年举孝廉一人，四十万二人，六十万三人，八十万四人，百万五人，百二十万六人。不满二十万两年举一人，不满十万三年举一人。茂才、廉吏由三公和刺史每年举一人至三人。保任是公卿保任他的子弟为官。这几种选举制度，不论那一种，选举权实都操纵在官僚手中。他们可以舞弊。保任、辟举，不用说，官僚可以利用其权力地位用他的子弟亲友为官，而岁举也都是举官僚家庭的子弟，安帝时王符说：『今观俗士之论也，以族举德，以位命贤』（潜夫论 论棠篇）。又说：『虚谈则知以德义为贤，贡荐则必阀阅为前』（潜夫论 交际篇）。安帝时期以前，选举就看官僚势力强弱、门第高低推举了。因为儒生官僚在政治上有特殊地位，选举又操纵在他们手中，有许多官僚便世代占有政治地位。他们或几代为三公，或几代为公卿。如袁安、袁敞、袁汤、袁逢、袁隗，一家五个三公。杨震、杨秉、杨赐、杨彪，四代为三公。李郃、李固父子为三公。其余屡世公卿二千石者不胜枚举。这些大官僚家族便成为世族。

世族在政治上有极大的势力。他们都有很多的门生故吏，结合成一个政治势力。

东汉后期，世族寒门的分别就已形成了。各种大小势力的官僚地主已称为公族、旧族、世族、冠族、著姓、甲族，而无势力的中小地主则成为单家、单门、寒家、寒门、微门。如高彪『家本单寒』，丁原『出身寒门』，吴质『单寒』，徐庶『单家子』，隗禧『世单家』，张任『家世寒门』。世族、寒门的政治和社会地位权利已有不同，『世族』享受特权，塞门则受压迫。赵壹穷鸟赋云：『法禁屈挠于势族，恩泽不逮于单门』（后汉书 赵壹传），公孙瓒说：『衣冠皆自以职分当贵』（后汉书 公孙瓒传），可见二者已有轩轾。

人民生活的痛苦 在外戚宦官黑暗的统治和豪强地主贪得无厌的掠夺之下，人民的生活无限的痛苦。自安帝时候起，就有大量的农民破产流亡。一遇水旱蝗灾，则更人吃人。自安帝永初元年（公元一〇六年）至顺帝建康元年（公元一四四年），三十九年之间，后汉书帝纪所记载安集和赈济流民的诏书就有十三次，平均每三年就有一次。因水旱灾而『人相食』的也有两次。桓帝以后，人民的生活更加悲惨。陈蕃说当时有三空：『田野空，朝廷空，仓库空』。桓帝时，官吏的贪污搜刮，实已是民穷财尽了。公元一四七年，荆、扬两州饥荒，人多饥死。公元一五一年，任城、梁国饥荒，『人相食』。公元一五五年，司隶、冀州饥荒，又『人相食』。公元一六五年，司隶、豫州饥荒，人民十分之四五都饿死了。当时全国各地的人民实都在饥饿死亡线上。因为饥饿，人民几乎普遍地生子不养（后汉贾彪传 王吉传）。最悲惨的，当时还有出买人头的。桓帝时，许多地方有人民起义反抗，统治阶级派兵镇压，杀死起义的人民者有赏，有些良善的贫苦饥饿的农民愿意将自己的头斩掉拿去求赏，以救自己父母妻子的死亡（后汉书刘瑜传）。桓灵时代，人民的生活真是惨绝人寰。

第三节　东汉与西羌乌桓鲜卑等族的关系

和帝以后，东汉帝国内部政治日益黑暗，统治阶级内部争权夺利，日甚一日，帝国境内外各民族的反抗和侵扰也日趋激烈。

羌人的反抗　西羌原住在青海境内，主要的是大通河、湟水及黄河上游区域。他们以游牧为生，种落甚多，不相统一。汉武帝的时候，开始侵略羌人的土地，夺取了现在西宁附近的地方。王莽的时候，又在青海南设立西海郡。

王莽灭亡，羌人逐渐迁入凉州、金城陇西。他们被地方官吏豪霸侵夺压迫，后汉初以来就屡起反抗。光武帝时先零羌寇陇西、临洮，马援将其击败，将他们迁至陇西、天水、扶风。明帝的时候，烧当羌首领滇吾为窦固所败，又徙其降者七千口于关中。章帝时，击败烧当羌，又徙六千余口于汉阳、安定、陇西。东汉初期，这样迁徙羌人于内地，于是凉州的陇西、汉阳、金城、安定、北地等郡以至关中都有羌人居住，这些羌人在中国境内与汉人杂处，汉的官吏大地主们欺侮压迫他们，积怨既深，安帝以后，遂更大举反抗。

①羌人第一次大反抗（公元一〇七年——一一八年）　公元一〇七年（安帝永初元年）西域叛，围攻都护，汉发金城、陇西、汉阳诸郡羌人往征西域。汉的官吏逼迫羌人前往，他们怕到了西域不能回国，行到酒泉，就有许多人逃走。羌人逃走，汉诸郡派兵遮捕。汉兵凶暴，甚至撤羌人的房屋。羌人恐惧愤恨，于是勒姐、当煎、烧当诸羌同时起兵反抗，先零别种滇零和钟羌也起而响应。他们最初没有兵器，以竹竿木枝为武器，以木板桌子当盾，更有空手相搏的。他们是愤怒到极点了。羌人反抗爆发，腐败无能的太守县令，骇怕无法。不敢抵抗，羌人的势力便迅速的扩大起来。明年，滇零称帝，招集武都、上郡、西河各地的羌人和其他民族，势力大盛，东面进攻赵魏，南入益州、汉中，进寇三辅，将关中和凉州的道路切断。陇西金城诸郡粮食断绝，人民死亡不知其数。

羌人反抗爆发，汉派兵镇压，但派去的将领，也都怯劣、无能、贪污、残暴，军队屠杀劫掠人民，掠卖妇女为奴婢。人民遭汉兵的屠杀和掳掠及饿死者不知其数。汉统治阶级这样恶劣的军队，自然不能击败羌人。他们与羌人作战，屡战屡败。公元一一一年（安帝永初五年），羌人便东攻入河东河内，南入汉中而进攻四川，势更大盛。平时贪污，临事怕死的太守县令，此时更要逃跑。他们主张将羌乱地区的人民迁至内地，于是陇西、安定、北地、上郡皆内迁。人民不愿迁徙，他们就将人民的庄稼割掉，房屋拆毁，自卫的营壁夷平，粮食烧掉，驱迫人民迁徙。人民一路为军队劫掠及饥饿，乃至抛弃老幼，出卖给人为仆妾，死亡大半。而边地诸郡也自此荒废。

战争至一一六年以后，才略有转机。护羌校尉马贤采用虞诩的计策，用骑兵穷追羌人，同时收买招降，分散羌人的势力，又募人刺杀了羌人的领袖零昌（滇零子）和狼莫。这样，羌人才逐渐瓦解。到了公元一一八年（安帝元初五年），三辅和益州才得安定。这次羌人的反抗，前后十二年，军费用去二百四十余亿，人民死伤不知其数，并、益两州的地方完全被破坏。

②羌人第二次大反抗（公元一四〇年至一四五年） 自公元一一八年以后，羌人的反抗虽稍平静，但并未停止，及至公元一四〇年，由于地方官僚贪暴又激起羌人大举反抗。公元一三九年（顺帝永和四年），汉以来机为并州刺史，刘秉为凉州刺史，这两个人非常仇视羌人，刻薄残虐。他们到职以后，就对羌人征发骚扰。于是金城且冻、傅难种羌人起而反抗。他们连合湟

中杂种羌胡大举进攻三辅。汉命马贤以兵十万人抵御羌人，战败被杀。于是东西羌巩唐、罕种等一齐叛变，陇西、金城、安定、北地、武威等郡都遭羌人的糜烂。后因羌人没有统一的领导，一部分为汉击败，一部分受汉的分化投降，到公元一四五年，才又平定。这次用兵六年，汉耗费八十余亿。将领们盗窃公物，克扣军粮，抢劫人民，人民军队死者『白骨相望于野』。

③羌人第三次大反抗（公元一五九年至一六九年）　公元一五九年（桓帝延熹二年），烧当羌人反。一六一年先零，沈氏、牢姐诸羌又与烧当羌连合进攻并、凉及三辅。汉命皇甫规为中郎将讨西羌，规知羌人之所以反抗，全由地方官对他们的刻削压迫。他到任之后，就将平时贪污不法的安定太守孙俊和屠投降羌的属国都尉李翕罢免，并处罚了一些不法的官吏。羌人闻之大喜，多向皇甫规投降。但被他罢斥的官员都是有『权贵』为奥援的，他们证告皇甫规贿赂羌人，同时宦官们向他索取贿赂，他又不理，因此将皇甫规免职。皇甫规既免，羌人复叛，西寇张掖、酒泉，东寇三辅。公元一六三年，汉以段颎为护羌校尉。颎以大屠杀的手段对待羌人。他先进攻武威湟中方面的羌人。他击败羌人以后，深入穷追，杀二万三千余人，俘虏几万人，马牛羊八百万头，西羌因此败散。一六七年（永康元年），西羌平定，汉又命颎击东羌。他仍用他对待西羌的残忍的手段。公元一六八年，颎进攻东羌，大败羌人于高平（甘肃原州），自此穷追于山谷间，公元一六九年，东羌也被他平定。

东汉羌人的反抗完全是由汉地方官员和豪霸对羌人的掠夺压迫激起的，在战争之中，汉贪污的将领乘机对人民进行残酷的劫掠和屠杀。终东汉之世，羌人的反抗几未终止，人民受其荼毒，后汉政权也因此削弱。

乌桓鲜卑的侵扰　乌桓是东胡族，它原住在辽河上游地区。他们以射猎游牧为生。他们也有一点极原始的农业，其地产穄和『东墙』（似蓬草，实如穄子）。西汉时，乌桓的社会还是很原始的，他们似还在母系社会到父系社会的过渡阶段，他们『怒则杀父兄而终不害其母，以母有族类』（后汉书乌桓传），婚姻男子先为妻家仆役一二年，然后妻家送女往夫家。除了战斗的事情之外，其他一切男子皆听从女子。由此可知，他们父权还没有形成。他们有很多小『邑落』（氏族），几百个小邑落联合成为一部（部落）。邑落有帅，部有大人，都是推选的，没有进到世袭的阶段。『大人以下，各自畜牧营产，不相徭役』，他们还没有阶级，没有剥削。

汉武帝击败匈奴，想利用乌桓为汉耳目侦察匈奴的动静，将他们迁到上谷、渔阳、右北平的辽西、辽东的边境□外。东汉初，乌桓与匈奴联合侵略边境。公元四九年（光武建武二十五年），辽东乌桓大人郝旦来降，光武又命他招徕乌桓各部，并迁居境内。汉置乌桓校尉统治他们。

安帝以后，东汉政治腐败，日益衰弱，乌桓遂侵扰边境。安帝、顺帝、桓帝、灵帝几代的时间，乌桓曾不断地与匈奴鲜卑联合入侵。灵帝时，乌桓大人上谷难楼、辽西丘力居、辽东苏仆延、右北平乌延都自称王。公元一八七年（灵帝中平四年），丘力居深入中国，劫掠青、徐、幽、冀四州。

鲜卑也是东胡族，它的社会生活和乌桓大致相同。东汉初，匈奴强大，利用鲜卑侵略中国，鲜卑便逐渐南迁。光武时，匈奴分裂，鲜卑也向汉投降。和帝时，北匈奴为汉所败逃走，鲜卑逐渐徙居匈奴故地，匈奴余民都并入鲜卑，鲜卑自此便渐强大。而自此以后，也就不断地侵扰汉的边境。从和帝以后，鲜卑对汉的侵略几乎没有停止。

桓帝时，檀石槐被推为大人，鲜卑势力遂更强大。檀石槐统一了鲜卑各部，击败丁零、扶余、乌孙，尽占有匈奴的故地，建立了一个大国。当时『关塞不严，……汉人逋逃，为之谋主。』中国的『精金良铁』也偷卖给他。檀石槐兵力非常强盛。桓帝灵帝时，檀石槐没有一年不侵略中国，幽并凉三州缘边各地人民被他劫掠屠杀者不知其数。公元一七三年（灵帝建宁六年），汉发兵三万进攻鲜卑，大败。公元一八一年（灵帝光和四年），檀石槐死，鲜卑分裂，东汉才免于鲜卑的侵略。

第四节　东汉末年的农民战争

安帝以后的农民起义　东汉自其开始政治就腐败，大地主阶级对农民的剥削就严重。安帝以后，政治更日益黑暗，统治阶级对农民的压迫掠夺更日益残酷，大量的农民丧失土地，不能生活。因此，安帝以后，农民不断地起义反抗。自安帝即位到灵帝时黄巾起义前为止，七十余年之间，农民起义者，除边境少数民族的反抗外，共有五十余起，起义的范围遍及全国各地。其中势力较大，给汉打击较重者有张伯路、张婴等人。

公元一〇七年（安帝永初元年），张伯路起义于山东海北，他以『海盗』的方式进攻沿海九郡。一〇八年，他与平原起义的农民领袖刘文河联合攻破厌次（山东无棣）、高唐。汉发兵几万人来攻，公元一〇九年，伯路败退辽东为人所杀。公元一四二年（顺帝汉安元年），张婴起义于广陵，进攻徐、扬两州之地。一四五年始投降了。公元一四四年（顺帝建康元年），马勉、徐凤起义于九江郡。他们纵横于九江、广陵达一年以上。公元一五四年（桓帝永兴二年），公孙举起义于太山郡。他进攻了青、兖、徐三州之地，战斗达三年之久。

这许多农民起义，张伯路、张婴等还是自发的起义。他们因受统治阶级的压迫掠夺，生活痛苦，起而反抗。自马勉、徐凤以后便不同了，他们要求推翻东汉黑暗的统治。马勉、徐凤以后许多起义者都称帝称王，企图推翻东汉政权，建立新政权。如马勉、徐凤起义，马勉称皇帝，徐凤称无上将军，他们在当涂（安徽怀远）成立政府，服黄色的衣服，表示他得土德，将代汉而建立新政权。公元一四五年，华孟起义于历阳（安徽和县），称黑帝。这就表示他得水德，水克火，他将代汉为帝。公元一四八年（桓帝建和二年），陈景起义于长平（山西长子），号皇帝子。同年，南顿管伯起义，称真人。公元一五〇年（桓帝和平元年），扶风斐优起义，称皇帝。公元一五三年（桓帝永兴元年），蜀郡李伯起义，称太初皇帝。公元一六五年（桓帝延熹八年），渤海盖登起义，称太上皇。公元一六八年（灵帝建宁元年），会稽许生起义，称越王。

农民这样迫切要求推翻东汉的政权，更大规模的起义运动就必将爆发，东汉也必走向灭亡。

黄巾起义（公元一八四年，灵帝中平元年） 黄巾的领袖是张角。张角是巨鹿人，是太平道的领袖，他起义即以太平道的宗教组织团结和组织民众的。东汉时代最主要的宗教就是道教。道教是糅合过去一切阴阳五行，吐纳长生仙神方伎的思想而成的。后汉中期以后，道教分为两派，一是五斗米道，又称天师道，这是张陵所创的。这一派传播于四川、汉中。信道者出五斗米，故称为五斗米道。另一派为太平道，这一派是琅邪人于吉所创的。这一派所崇奉的是太平经（太平清领书）。太平经据说是于吉于曲阳泉上所得的『神书』（后汉书襄楷传），当就是他著的。顺帝时，吉弟子宫崇献于顺帝。太平经主要的内容是阴阳五行而杂以迷信符咒。这一派起于山东，而传播于黄河南北。张角就是这一派的。太平道虽然杂有许多迷信，但其基本思想则仍是阴阳五行，和当时儒家阴阳谶纬之说相同。他们虽然主张『顺天地之道』（后汉书襄楷传注引太平经），但他们也不承认一姓的政权是永远不变的。帝王的政权是循着『五德』的运转而改变的，帝王『德』衰，天命就应该更易。所以当政治腐败，社会矛盾斗争激烈的时候，这种思想也就发展成为人民反抗统治者的思想。张角就以这种思想来打击汉统治者。太平道和天师道都以符水为人治病，凡来治病者必先表示信道，诚心悔过。因为他们能为人治病，能得很多的人信仰。

桓帝时代，政治黑暗，人民的生活已痛苦到极点，人民非常迫切地要求推翻汉政权。张角即利用他宗教的组织来团结民众，扩大力量。他派遣弟子往青、徐、幽、冀、荆、扬、兖、豫八州传教，人民信仰的极众。各地人民前往巨鹿者，『流移奔赴，填塞道路』，张角的势力既大，他就组织他的信徒。他设立三十六方，方就是将军。大方万余人，小方六七千人。又派人往洛阳活动。同时又宣传：『苍天已死，黄天当立，岁在甲子，天下大吉』。在洛阳城门、寺舍及各州郡衙门上遍写『甲子』字。这就是要在思想上瓦解汉政权，使人在思想上相信汉政权即将灭亡，新政权即将出现。

他们计划公元一八四年即甲子年（灵帝中平元年）三月五日各地同时大起义。大方马元义召集了荆扬一带几万人，并自往洛阳联络宦官，想利用他们作内应。不意还未到期，张角一个弟子唐周突然背叛了，他上书告发。汉政府立刻捕杀马元义，洛阳的教徒被屠杀者一千多人。张角的计划既被泄露，于是立即传令各方，同时起义。张角自称天公将军，角弟宝称地公将军，宝弟梁称人公将军。起义军着黄巾以为标帜，于是人民反汉的大革命便爆发了。这是公元一八四年二月的事。

起义军既发动，各地人民都起而响应，汉黄河南北各州郡的官员仓皇逃遁，汉政府惊惶失措。他们在洛阳附近驻守重兵，以防黄巾的进攻。

这年三月，汉派卢植进攻张角，派皇甫嵩，朱俊进攻颍川黄巾。张角为卢植所攻，退守广宗（河北威县）。卢植围攻广宗不能下。汉旋改派董卓，又为角所败。皇甫嵩、朱俊进攻颍川黄巾军，颍川黄巾波才为其所败。嵩又败汝南、陈国、东郡等地的黄巾。南阳黄巾张曼成也为朱俊所败。汉于是以皇甫嵩代董卓，围攻广宗。此时张角已死，角弟梁与皇甫嵩战阵亡。皇甫嵩又进攻角弟宝于下曲阳（河北晋县），宝又败死，于是张角起义便完全失败。计一八四年二月张角起兵至十一月张宝败死，为时十个月。

张角失败后人民起义　张角起义虽然失败了，但后汉政权却也在人民的反抗之下而灭亡了。黄巾的大规模起义，已给予后汉政权以沉重的打击，使它趋于瓦解。而黄巾起义又给予人民斗争以很大的鼓舞。张角虽死，各地的人民仍不断的起义，范围也很广。自西方的凉州、益州至东方青州、徐州、幽州、冀州都有。其中力量比较强大的有黑山军，青州、徐州黄巾和凉州的北宫伯玉、韩遂等。

张角起义，河北各地人民也纷纷起兵。当时有博陵张牛角、常山褚飞燕，及黄龙左校、于氐根、张白骑、刘石、左髭丈八、平汉、大计、司隶、掾哉、雷公、浮云、白雀、杨凤、于毒、五鹿、李大目、白绕、畦固、苦蝤等不可胜数。大者二三万人，小者六七千人，其中以张牛角、褚飞燕最强，后张牛角战死，他令他下面的义军奉褚飞燕为领袖。飞燕就改姓张。飞燕本名燕，因为他轻勇矫捷，军中称他为飞燕。河北各地的起义军多归附他，众将百万。因为他的根据地是黑山，所以史称为黑山军。黑山军声势浩大，汉政府不能抵抗，就设法破坏，即向起义军让步，缓和其进攻。汉任命张飞燕为平难将军，统率河北的起义军，并准许他与各郡一样能举孝廉计吏。这样，河北的起义军就受了他的欺骗，缓和了进攻。这支起义军直到曹操破袁绍，才为曹操所并。

公元一八八年（中平五年），徐州和青州的人民又大起义，也号黄巾。他们进攻泰山、勃海，众三四十万人，往后发展众达百万以上。一九四年（献帝兴平三年），攻兖州，刺杀史刘岱。可是他们没有很好的组织和领导，终为曹操所败。曹操就是以这一部分起义的军队，组成他逐鹿政权的主要武力。

在张角起义后不久，凉州的羌汉人民也起义了。他们推北宫伯玉、李文侯、边章、韩遂等为领袖，占有凉州，进攻三辅。但不久发生内乱，韩遂杀北宫伯玉、李文侯和边章，降汉。公元二一一年（建安十六年），被曹操所破灭。

经过张角和以后起义军的沉重打击，不仅汉在国内许多地区的统治被摧毁和削弱了，尤其重要的是在全国人民的心中已造成一种思想，就是汉政权即要灭亡了。所以在张角起义后不过六年，统治阶级争夺政权的战争便爆发，后汉的政权也就瓦解了。

第七章　秦汉时代的文化

秦汉时代，我国经济生产比以前更发达，同时又建立了一个空前的大帝国，因此在此时期我国的文化也更加进步。由于帝国版图的扩大，我国与四邻各民族接触繁密，与古代西方文明国家也发生直接交通，在此时期，我们文化更向外传播，促进了许多地区文化的发展，同时，外面的文化也传入我国，使我国文化的内容也更加丰富。

第一节　自然科学

算学　秦汉时代，我国的算学有很大的进步。汉代算学已成为一种独立的学问。此时已有从事算学研究的学者，已有算学著作。两汉的算学家著名的有张苍、耿寿昌、许商、杜忠、赵爽、张衡。现在流传下来的我国古代算学著作周髀算经和九章算术都是汉代的著作。周髀算经是勾股定理和天文律法方面的计算。九章算术是方田、粟米、衰分、少广、商功、均输、盈不足、方程、勾股九种的计算方法。盈不足和方程已都是一次联立方程式。

汉代数学上最杰出的成就则为勾股弦定理的证明和圆周率的推算。勾股定理在我国应用很早，古代就知道勾方加股方等于弦方。西汉时代数学家赵爽注周髀算经，更用几何学的方法证明了这个定理。这比世界上任何国家都早。圆周率，我国早就知道『经一周三』，西汉刘歆推算圆周率三点一五四七。东汉张衡推算得『开方十』。这在当时世界各国也是没有的。此外，汉代我国数学家又已发明『余数定理』了。

天文与历法 秦汉时代天文历法的成就更为辉煌。当时对天象的观测非常精细，西汉时代，天文学家认识更多的恒星。史记天官书有九十八个星座，共三百六十颗星。汉书天文志有一百十八个星座，共七百八十三颗星。东汉大天文学家张衡更知道有常明星一百三十四颗，定名的有三百二十颗，其他小星二千五百颗。他著有灵宪图，绘明天上的星象。

除了观测恒星以外，汉代的天文学家又观察太阳黑子，彗星和新的行星。观察太阳黑子，西汉时代我国天文学家就已注意到了。他们称为『黑气』，彗星称为『孛』，新星称为『容星』。这些观察都有精确的记载，是世界天文学史上最珍贵的材料。

汉代的天文学家已理解到地是圆的了。我国古代论天体的有盖天、浑天、宣夜三说。汉代天文学家唐都、落下闳、张衡等都主张浑天说，浑天说就以地为圆的，张衡说『天如鸡子，地如鸡中黄，孤居于天内，天大而地小』。这很明白地说地是圆的。这也已理解到地绕太阳的轨道是椭圆了。张衡又测定黄道和赤道的交角是二十四度。这与后世测定的二十三度半相差只有半度。又汉代天文学家已知道地球与日照的关系了。他们已知道北极半年有日光，半年无日光，并从而推知北极地带终年有冰，万物不生。又推知赤道下『冬有不死之草……五谷一岁再熟』

（周髀算经）。

汉代已制造天文仪器了。西汉落下闳制造浑仪。后汉张衡制造浑天仪。

在历法方面汉代更为完善。汉代的历法家人数很多，历法的推算也至精确。汉代的历法有武帝时制定的太初历和刘歆的三统历。汉代除日月食置闰等都能精确的推算以外，已知道月绕地球一周是二十九日又八十一分之四十一日，日绕地球一周是三百六十五又四分之一日。我国古代是阴阳合历。汉代已知道阳历十九年等于阴历十九年加七个闰月。汉代历法家就以十九年为一章。

我国的历法有节气。一年八节二十四气。这对于农民的耕种给予了很大的方便。节气在战国时代已经有了，但还不完备。汉代八节二十四气完全都有了。汉代我国历法已完备了。

地理学 秦汉时代生产更加发达，而又建立了一个统一的大帝国，不论经济或政治上都需要更多的地理知识。秦汉时代地理学比以前也更进一步。汉代的地理著作现存者有汉书地理志，这是以行政区域为纲，记载全国各地山川、湖泽、人口、物产、都市和风俗，体例严谨、记述详备。当时不仅对本国地理注意，对外国地理也注意。如前汉书和后汉书西域传记载西域各国山川道里户口胜兵。前汉书都是西域都护调查所得记录下来的。后汉书是班勇调查记载的。

秦汉时代地理学更重要的进步，地图更普遍的运用了。汉书萧何传谓汉高祖攻入咸阳，萧何收秦图书，因此知『天下厄塞，户口多少，强弱处』。秦代就已有全国图。全国总图之外，又有分图。如史记三王世家谓武帝封他的儿子为王『御史奏舆地图』。后汉书光武纪光武封诸子为王『大司空上舆地图』。这必分封的时候，封国都有地图。当时不仅本国有地图，外国也有地图，汉书武帝纪注引臣瓒曰：『浮沮，井名，在匈奴中，去九原二千里，见汉舆地图。』这显是将匈奴绘在汉地图上。魏略西戎传云：『西域旧图云：罽宾条支诸国出琦石，即次玉石也。』这西域各国都有图了。地图的绘法除了疆域山水地名以外，户口、道里、物产都附记于图上，实已很详细了。

医学 秦汉医学也有进步。现在所传我国最早的医书素问灵枢大概是汉代的著作。汉书艺文志著录医经经方共十八家，大多是西汉的著作。我国医学医理和医方的基础汉代就确定了。汉代已全从人生理的构造寻求病源。汉代诊病的方法主要是切脉，辅以观色。药以汤药为主。西汉名医有淳于意（仓公），能切脉断人死生。后汉时代的名医有张机、华佗。张机著有伤寒论研究脉法和各种病的处方。与素问灵枢都是我国医学最重要的著作。华佗医道更高。能断人生死。一切脉理、汤药、针灸无不精，并且能开刀，开刀时先上麻药将人麻醉和今日西药一样了。陀又主张人必须要运动，运动可以使身体健康。他发明了五禽戏这种健身的方法。

第二节 哲学和宗教

王充朴素的唯物主义思想 汉武帝罢黜百家，独尊儒术以后，董仲舒天人之际的学说成为统治思想。这种思想往后又演变成为谶纬之说。这种思想自王莽以至东汉成为统治阶级统治人民的思想。但在东汉初期，又有一种新的思想发生，这主要的就是王充的唯物主义思想。

王充，字仲任，会稽上虞人。其先世从事农业，祖父经商。他曾游洛阳，在太学读书，师事班彪。他为学『好博览而不守章句』，『博通众流百家之言』（后汉书 本传）。后为郡功曹和州从事治中。又曾教授子弟。他著有论衡八十五篇。

王充的思想主要的是他的唯物的宇宙观。他反对当时今文家以天是有意志的神的说法，他认为天地都是物质。地就是土，天或者是和他相同的物质。或者是云烟。他说：『地以土为体，……使天体乎？宜与地同；使天气乎？气若云烟。』又说：『夫天者气邪？体也？如气乎，云烟无异。……是体也，如审然，天乃玉石之类也』（谈天篇）。天既然是物质，自也就没有意志。他说：『何以天之自然也，以天无口目也。案有为者，口目之类也。口欲食而目欲视，有嗜欲于内，发之于外，口目求之，得以为利，欲之为也。今无口目之欲，于物无所求索，夫何为乎』（自然篇）。这是说凡是有意志的应都有欲望，有欲望就必定有口目，以口目所得满足它的欲望，天既没有口目，当然没有意志。天既然是没有意志的物质，则万物之生长也不是天意。他说：『儒者论曰：天地故生人，此妄言也』（物势篇）。又说：『夫天不能故生人，则其生万物，亦不能故也』（物势篇），他认为万物之生都是自然的，他说：『天地合气，万物自生』（自然篇）。又说：『天地合气，人偶自生也』（物势篇）。

对于当时统治阶级用以统治人民的天人感应、祥瑞灾异之说以及各种迷信，他都认为虚妄无稽，加以批判驳斥。

汉代儒家认为帝王是受天命而为帝王的，帝王政治的好坏，可以感动天。王充认为这完全是无稽之谈。天与人相去数万里，怎么能听到人说的话呢？天是物质，又怎么能听人的话？他说：『使天体乎，耳高不能闻人言；使天气乎，气若云烟，安能听人辞』（变虚篇）。天既不能听人的话，自也不知道人做的事。

汉代儒者盛道灾祥之说。帝王受命，天先降祥瑞以为受命之符。帝王政治衰乱，则天降灾异谴告他。王充认为这都是虚妄不实的话。天是自然无为的，怎么能谴告人呢？他说：『夫天道，自然也无为。如谴告人，是有为，非自然也』（谴告篇）。所谓符瑞，是指凤凰、麒麟、甘露、景星等。王充认为记载中所说的这些符瑞是否是真的，就有可疑。即使有这些东西，那也与政治无关。这些东西出现有时与帝王兴起同时，那是偶然同时而已。他说：『文王当兴，赤雀适来；鱼跃乌飞，武王偶见。非天使雀至白鱼来也』（初禀篇）。他对当时各种谶纬神仙之说都予以严厉的批驳。当时统治阶级用以统治愚弄人民的荒谬的思想，他几都将它一扫而空。

王充虽驳斥当时今文学家和谶纬的荒谬的理论，但他自己也落入宿命论的错误。他认为人的生死寿夭、富贵贫贱以及政治的治乱都是命定了的。他说：『凡人遇偶及遭累害，皆由命也。有死生寿夭之命，亦有贵贱贫富之命。自王公逮庶人、圣贤及下愚……莫不有命』（命禄篇)。人完全受命的支配,一切行为的善恶都不能改变命。他说:『命当夭折,虽禀异行,终不得长。禄当贫贱,虽有善性,终不得遂』(命义篇)。政治也是一样。他认为政治上的治乱与人君的贤否无关,治乱乃是命数所致。他说:『故世治非圣贤之功,衰乱非无道之致。国当衰乱,贤圣不能盛;时当治,恶人不能乱。世之治乱在时不在政,国之安在数不在教』(治期篇)。这样,政治的良窳不是人力所致。这完全否定了人在政治上的作用。同时,这也不认为政治的衰乱是统治阶级的剥削压迫所造成的。这种思想显然也巩固了统治阶级的统治地位,要人民忍受统治阶级的剥削和压迫。

佛教的传入和传播 佛教在西汉末传入我国。公元前二年(哀帝元寿元年),博士弟子秦景宪从大月氏王使伊存口授浮屠经,这是记载传说佛教传入我国的开始。后汉书楚王英传谓英『晚节更喜黄老学,为浮屠斋戒祭祀』,又明帝永平八年,诏令天下死罪皆入缣,楚王英也奉送缣帛赎罪。汉明帝诏报楚王英云:『楚王诵黄老之微言,尚浮屠之仁祠……何嫌何疑,当有悔吝。其还赎以助伊蒲塞、桑门之盛馔』。东汉已确有人信仰佛教了。佛教传入中国,必在此之前。

传说公元六五年,汉明帝派博士蔡愔等往天竺(印度)求佛,愔和天竺僧摄摩腾、竺法兰同来。他们到达洛阳,明帝为他们建筑白马寺居住。他们翻译了四十二章经等五部佛经。这是印度僧人来华和翻译佛经最早的记录。东汉后期西域僧人来中国者更多。桓帝时,安息僧人来中国,他翻译了经论三十九部。灵帝时又有大月氏支娄迦谶、天竺竺佛朗、安息安玄、大月氏支曜、康居康巨和孟祥等来中国，他们都翻译佛经。佛经的翻译便更多了。当时也有汉人参加翻译。

东汉晚期中国人信仰佛教的也已不少。汉桓帝于『宫中立黄老浮屠之祠』（后汉书襄楷传）。东汉末，笮融在徐州『大起浮屠祠，以铜为人……下为重楼，阁道可容三千余人，悉课读佛经。今界内及旁郡人有好佛者听受道，复以他役，以招致之』（吴志刘繇传）。当时人民信仰者似已不少了。

第三节　经学、史学、文学、艺术

经学　汉代最盛的学问莫过于经学。所谓经学，就是儒家诗、书、易、礼、春秋几种经典的传授和解释。自孔子以后，这几种经典是儒家学者传授的主要的著作。秦始皇焚书坑儒，儒家学者受了一次相当严重的打击。汉初儒家学者又逐渐恢复讲学。于是经学便逐渐兴盛。

西汉初，经学的传授，诗有鲁申培公，齐辕固生，燕韩婴。所谓鲁齐韩三家。尚书有济南伏生。礼有鲁高堂生。易有田河。春秋公羊传有董仲舒、胡毋生。谷梁春秋有瑕丘江。汉武帝罢黜百家，独尊儒术，置五经博士，经学更大盛。诸经的传授更广，形成许多派别。

汉代经学有今文和古文之分。今文是以汉代所通用的文字隶书写的。西汉初的时候，经师们传授都用口授，弟子将他笔录下来。这些经都用当时通用的文字写的，所以称为今文经。上面所说的许多经便都是今文经。秦始皇焚书，禁止挟书，许多经典都被私人藏起来了。西汉初期，经人搜求，有许多又出现了。这些经依然是用先秦的文字写的，所以称为古文。古文经有毛（苌）诗、费（直）氏易、古文尚书、周礼、左氏春秋。这些经西汉都没有立博士，而只有私人传授。古文经与今文经不仅汉字不同，对经的解释也不同。哀帝时，刘歆建议古文逸礼、毛诗、古文尚书、左氏春秋于学官，今文家反对，两派遂发生争论。

自刘歆以后及至东汉，今文和古文争执非常激烈。但今文自西汉末以来，与谶纬相混合，已成为虚妄不经的怪说。因之东汉学者多研究古文。经学大师郑众、杜林、马融等都致力于古文。思想家如桓谭王充也崇古文。因此，古文的势力日益增强。及至郑玄，遂以古文家而融合今文和古文。

史学　汉代史学比以前更进步，成就更大。汉代历史学者和历史著作比以前更多，其最重要的是司马迁和班固。

司马迁是我国封建时代第一个伟大的历史学家。他是冯翊阳夏（陕西韩城）人。他父亲司马谈在汉武帝时为太史令，是个见识卓越的史学家。司马迁年青的时候，读书就很博洽，他又游历了全国各地。他所到的地方，都探访那个地方历史。可以说他年青的时候就有史学的素养。他父亲死后，他继任为太史令。司马谈在世，就想继孔子的春秋之后修一部历史，司马迁既为太史令，便继他父亲的遗志从事著作。他总结了过去所有的各种历史著作的方法，写成了一部一百三十卷的辉煌巨著——史记。

司马迁对于我国的历史学贡献是伟大的。他搜罗他所能收到的材料，第一个写成一部自黄帝以来完整的历史。我们后世对于我国古代历史有比较系统的知识，完全是他的功劳。不仅如此，他又创造了历史学的方法，指出了历史的内容和历史学的意义。

史记的体裁有纪、表、书、世家、列传五种。纪是按年代次序的大事记。表示将历史上复杂的事用极简单的方法表达出来，使各种年代次第关系一目了然。书叙述各种文化制度，也就是文化史。世家是诸侯的历史。列传是历史上重要的人物为中心记述历史的事实。这几种体裁虽多是因袭以前已有的，但司马迁把它融汇起来，使成为一个有机的组织，成为一个整体，这奠定了我们后世『正史』编写的基本方法。

先秦时期，我国历史都是记载统治的贵族阶级的情况的。换句话说，他们认为历史只是统治阶级帝王贵族的历史，充其量只是政治史。司马迁认为历史不是统治阶级的帝王的历史，它是社会各阶级的历史，也是文化发展的历史。他叙述了帝王政治家、军事家、思想家、文学家、医生、商人，以及反抗统治阶级的游侠、刺客、农民起义领袖等各种人物和文化制度。并且他尖锐地讥讽咀咒暴君，称赞游侠，推崇和歌颂农民起义领袖，同情被压迫的人民。

他认为历史学的意义是『究天人之际，通古今之变』，『述往事，思来者』。他所谓『天人之际』，虽是当时儒家的天人感应和天命之说，他所谓『通古今之变』，虽也未明白推动『变』的正确的原因，但他指出历史学这种意义，不能不说是重要的进步。

班固，扶风人，他父亲班彪也是个历史学家。最初班彪想继史记之后，撰写汉史。他写成后传几十篇。班固以他父的书还不详备，乃重新编写，著成汉书一百卷，这是我国第一部断代史。

汉书的体例完全袭史记的，只删去世家和改书为志而已。汉书中汉武帝太初以前的事大都是抄袭史记的，只太初以后的事是他自己写的。但汉书的内容却比史记丰富，他增加了一些材料，对史实的记述也比较严谨。所以在我国过去历史著作中也是好的。

文学　西汉初期，散文仍继续战国时代的情况。西汉作者如贾谊、晁错，作品淮南子无不还是像战国诸子一样的风格。

汉代散文最大的成就是传记文学的出现。这主要的是司马迁的史记和班固的汉书。在此以前，我国没有专事写人物传记文学。司马迁是传记文学的创造者。史记不仅是我国史学上创造性的著作，在我国文学上也是不朽的名著。他描写人物，叙述史事，无不生动逼真。我国后世的散文受它的影响极大。

自司马迁以后，传记文学便逐渐发达，作者渐多，其中最重要的是班固。班固的汉书有些地方不像史记那样变化莫测，也缺乏像司马那样对统治阶级的反抗的精神和对统治阶级各种冷嘲热骂的讽刺，但有些篇幅也是写得非常之好的。如李陵传苏武传写苏武坚强不屈和李陵投降匈奴悔恨悲痛的情绪，爱国者的人格跃然纸上。同时，汉书文字的色泽询美也有可取之处。所以汉书和史记同样都是我国文学上成就很高的作品。

东汉时代，散文逐渐发生变化，逐渐将韵文的形式融入散文，文句渐趋对称整齐，用字也趋于华丽。迨至东汉晚期，遂更追求形式，雕琢字句，于是发展成为魏晋以后专承形式的骈丽的文章。

汉代韵文最主要的是赋、乐府和五言诗。赋是汉代最发达的文学。它是由楚词发展来的。赋的特点是描写极力铺张，力求辞藻丰赡华丽。赋至汉武帝时代以后，达到极盛的阶段，作家很多，其代表的作家，西汉有司马相如、扬雄，东汉有班固、张衡。赋有不少是抒情的作品，但被视为汉赋代表的作品如司马相如和扬雄等所作的赋，多只是描写山水、苑囿、都邑、宫室和游猎的，内容空洞。不过这种富丽堂皇文学作品也反映了当时大帝国的富强。

汉代新出现诗歌有乐府和五言诗。乐府是民间所唱的歌词。乐府原是少府的属官，掌音乐的。汉武帝爱好音乐，命乐府搜集民间的歌曲，因之这种民间的歌曲便也称为乐府。乐府是民间的歌曲，内容丰富、生动。乐府发展便成为五言诗。乐府词句虽不一律，但它的基本式实是五言。如陌上桑、艳歌行等都是通篇五言。所以乐府很容易发展为五言诗。这就是文学家以乐府的体裁写诗就成为五言诗。五言诗西汉就已发生了，后汉便成为主要的诗歌形式。

绘画　秦汉时代，绘画比以前更为进步。当时宫殿建筑大多有壁画，贵族坟墓也有壁画。如汉武帝画天地太一诸鬼神于甘泉宫台室、宣帝图功臣于麒麟阁，光武帝图功臣于云台。汉墓壁画，近年在河北望都、辽阳三道沟都有发现。绘有人物、车马和生活情况。

壁画之外又有画在绢帛上面的。如汉武帝画李夫人像，毛延寿画王昭君像。当时皇帝置黄门画者，专门绘画。汉代已有名画家。西汉名画家有毛延寿、陈敞、刘白、龚宽、阳望、樊育。后汉有赵岐、刘褒、蔡邕、张衡、刘旦、杨鲁（张彦远历代名画记）。毛延寿工人物，陈敞、刘白、龚宽善画牛马。杨望、樊育善着色。刘褒画云汉图让人见了就觉得热，画北风图人见了就觉得凉。他们艺术的造诣必定很高了。

石雕和画像石　石雕，我国殷墟时代就有了。秦汉时代石雕艺术很盛。当时陵墓前多有石人、石马、石兽。秦始皇骊山陵前有石麒麟（西京杂记）。霍去病墓前有石人、石马（史记霍去病列传索引）。最近发现霍去病墓前石雕有跃马、卧马、马踏匈奴及其野兽石刻（历史文物参考资料一九五五年十一期）。又四川雅安高颐墓有石狮。

画像石是墓前享堂、石阙、华表和墓门墓壁上面的石刻画。这种雕刻有阴刻、阳刻两种。现在所保存者很多，最著者如山东肥城孝堂山石室，山东嘉祥武梁祠石壁，山东济宁两城山石室，四川雅安高颐墓阙，等等。这些画像石内容极其丰富。有历史故事、神话、战争、狩猎、生活习俗以及各种鸟兽。雕刻得极其生动。这种艺术后汉时代可以说已达到登峰造极的地步了。

第三篇　魏晋南北朝时期

第一章　魏蜀吴三国分立

第一节　后汉末豪族军阀混战与三国形成

袁绍与董卓的斗争和混战的爆发　后汉桓帝灵帝时代，豪族官僚与宦官激烈地斗争。宦官虽大肆屠杀官僚，但这一斗争并未立即停止。

公元一八九年（中平六年），灵帝死，皇子辩继立。何太后临朝，后兄何进为大将军辅政。何进与豪族官僚司隶校尉袁绍及袁术等谋杀宦官。他们召并州牧董卓入京，想以武力诛杀宦官，宦官张让知道何进等人的计划，因而就杀何进。于是袁绍以兵攻宦官，尽杀宦官二千余人，宦官的毒害虽然消灭了，但军阀的大混战又爆发了。

董卓原是陇西临洮的恶霸。他最初为凉州兵马掾，后因参加镇压羌人的战争，渐升为前将军，率兵抵御韩遂。灵帝死，卓为并州牧。董卓入京，因有兵力在手，操纵政权。他废掉少帝辩，立陈留王协为帝（即献帝）。卓自为相国，企图篡夺政权。

袁绍杀宦官，也想自己专权。董卓以武力夺取政权，他自然反对。因此他逃往山东，号召起兵讨董卓。袁绍是后汉时代最大的官僚豪族。他家门生故吏遍布天下。袁绍发动讨董卓，各州郡纷纷响应。冀州牧韩馥、豫州刺史孔伷、兖州刺史刘岱、河内太守王匡、陈留太守张邈、广陵太守张超、东郡太守桥瑁、山阳太守袁遗、济北相鲍信等推袁绍为盟主，起兵讨董卓，豪族地主的大混战于是爆发。

山东各州郡起兵讨董卓，卓挟献帝迁都长安。一九二年（献帝初平三年）董卓为王允所杀，其下李傕、郭汜等互相火拼，不久也都灭亡。

袁绍发动各州郡讨董卓，非真的有爱于汉的政权。他的目的也是为自己争权夺利。起兵不久，他便扩张自己的势力，夺取韩馥的冀州。所谓『同盟』也便瓦解，各刺史、太守纷纷割据，互相吞并，形成大乱。袁绍占有冀州，又进占青州、并州、幽州，黄河以北，尽为其所占。

曹操统一北方　曹操是后汉太尉曹嵩的儿子，也是个官僚大地主。袁绍联合山东州郡讨董卓，他也纠集宗族宾客招募军队起兵。及『同盟』破坏，袁绍以操为东郡太守，从此他也就在黄河南岸扩张势力。

公元一九四年，青、徐黄巾军攻入兖州，杀刺史刘岱，曹操击败黄巾军，黄巾军投降，他选择其中壮健者三十万人，迫胁他们成为他自己的军队，并占有兖州，自此他的势力便强大起来，略取河南诸郡并进攻徐州。

公元一九六年（献帝建安元年），汉献帝自长安逃回洛阳，曹操迎接献帝，迁都于许昌。这件事对曹操势力的发展，关系甚为重要。自此他便成为当时政治的中心，他可以『挟天子以令诸侯』。不仅如此，因为他迎接了汉献帝，又获得许多人，尤其是官僚豪族的支持。因为这时候，有许多官僚豪族思想上还迷恋着汉的政权，他们希望『汉室复兴』。曹操迎接了穷无所归的汉献帝，他们便幻想他可以『兴复汉室』，所以当曹操迁献帝于许昌以后，有很多的官僚『名士』，都往归曹操，帮助曹操。曹操迁都许昌以后，又创立屯田，招集流亡的人民垦种荒芜的土地，使军粮得到充分的供应。自此曹操的势力遂更加强大。

曹操势力既强，自此便进攻各割据的州郡。当时北方割据的势力，除河北的袁绍以外，主要的有徐州陶谦、淮南袁术、关中马腾和韩遂、荆州刘表。他首先进击徐州，自公元一九三年至一九八年，他屡次进攻陶谦、刘备（陶谦死，以州让备）、吕布（布袭败刘备占有徐州），终于占有徐州。一九九年袁术死，曹操又进攻淮南，淮南大部被他占领。

袁绍原是有夺取政权的野心的。曹操迎汉献帝，势力渐强，他便进攻曹操。自一九九年至二〇四年，曹操与袁绍大战于官渡，最后袁绍战败，冀、青、幽、并四州皆为曹操所夺取。于是北方大部为其所有。

公元二〇八年（建安十三年）曹操又攻荆州，此时荆州刺史刘表已死，表子琮降。操既下荆州，欲乘胜进攻江东孙权，孙权与刘备联合抵御曹操，大败操于赤壁（湖北嘉鱼县东）。这次战争关系至为重要，曹操为孙权、刘备所败，他的势力因此未能伸张到长江流域。自此孙权占有江东，刘备进入益州，遂形成三国鼎立的局面。公元二一一年，曹操破马腾、韩遂取关中及凉州，北方便全为曹操所占有。

生产的残破　豪强军阀残酷的战争，自古以来是我国文化中心的黄河流域的生产迅速地彻底地被破坏了。

在豪强军阀混乱中，军阀无一不对人民残暴地屠杀和劫掠。董卓强迫汉献帝迁都长安，将洛阳全部焚毁，驱迫洛阳和附近的人民数百万口西往关中。途中遭董卓的军队屠杀劫掠及饥饿践踏而死者『积尸盈路』。繁华的洛阳立刻成为一片瓦砾，洛阳附近数百里内都不见烟火。关中原有人口几十万户，董卓被诛以后，其部将李傕、郭汜等互相火并，疯狂屠杀抢劫，人民『强者四散，羸者相食，二三年间，关中无复人迹』（后汉书 董卓传）。曹操攻陶谦，屠尽取虑、睢阳、夏丘等五县人民，投尸于泗水，他『杀男女数十万人，鸡犬无余』（后汉书 陶谦传）。军阀们大多以抢劫为生，他们『饥则寇略，饱则弃余』。

当时各地的豪霸大地主也都掠夺人民，他们胁迫农民成为自己的部曲。如长广人管承有众三千余家，东牟人王营有众三千余家（魏志 何夔传）。扬州郑宝、张多、许乾『各拥部曲』（魏志 刘晔传）河东人程银、侯选、李堪『各有众千余家』（魏志 张鲁传注引魏略）。广陵薛州有众万余户（魏志 吕布传注引先贤行状）。江夏『有周直者众二千余家』（魏志 李通传）。孟达有部曲四千余家（魏志 明帝纪注引魏略）。诸如此类的不胜枚举。

在豪强军阀这样残暴的屠杀剽劫之下，人民大量饥饿死亡，生产迅速被破坏。建安年间，仲长统说：『今日，名都空而不居，百里绝而无民者，不可胜数』（后汉书 仲长统传）。曹操统一北方时，中原人口所存不过十之一二。如涿郡原有十万二千二百一十八户，魏黄初时，只有三千户（魏志 崔林传注引王氏谱），仅存百分之二有奇。中原之地实是一片荒凉。

生产遭受这样惨重的破坏，手工业和商业自也大大地衰落。手工业除军器制造和农民家庭还有一些纺织业以外，其余绝大部分没有了。商业几完全停顿。过去的都市如洛阳、宛、长安都彻底地被破坏了。自战争爆发以后，货币就停止使用，一切赋税交换都用谷帛，社会经济完全倒退到自然经济的状态。

孙氏占有江东和刘备入蜀 孙吴在江东的发展，始于孙策。孙策父坚初为长沙太守。董卓之乱，坚也起兵，属袁术。后术命坚攻刘表，为表将黄祖所杀。其军队为袁术所并。孙策兄弟都寄居袁术处。后袁术攻扬州刺史刘繇，策自请助术平江东。术给策兵千余人使击刘繇。一九五年（献帝兴平二年），策渡江击败刘繇，即取得丹阳、吴郡。明年又攻取会稽。一九九年，袁术死，策又攻取庐江。其年又击豫章，豫章太守华歆以郡让策，于是江东尽为策所掠有，孙氏割据的基础就此确定。

公元二〇〇年（建安五年）孙策死，弟权继之。二〇八年，败曹操于赤壁，孙氏的势力便更加巩固。二〇九年（建安十四年），孙权取交州，二一九年（建安二十四年）又败关羽，取荆州，于是荆、扬、交三州之地，除淮水汉水流域一部分为魏所占以外，余尽为孙权所夺取。二二〇年曹丕篡汉，封孙权为吴王。二一九年（魏明帝太和三年）孙权便自称皇帝。

刘备最初是由镇压黄巾起家的。黄巾起义，他鸠集流氓少年抵抗黄巾，依附公孙瓒。旋又归徐州刺史陶谦。陶谦死，以徐州让给他，不久为吕布所败，投降曹操。后又叛曹操，袭据徐州。嗣为曹操所败，往依袁绍。绍败，又依刘表。在赤壁战以前，刘备没有地盘，是没有什么势力的。

刘备势力的发展是在赤壁以后。赤壁之战，刘备与孙权联合击败曹操，他乃乘时略取荆州一部分土地，自为刺史。

刘备与诸葛亮早就有夺取益州的意图，刘备三顾诸葛亮于隆中的时候，诸葛亮便认为必须夺取益州，才能与曹操相抗。公元二一一年，曹操遣钟繇攻汉中张鲁、益州刺史刘璋恐惧，求援于刘备，想借刘备攻张鲁以御曹操。刘备得此机会，即率兵入蜀。备北至葭萌，不击张鲁，明年，遂攻刘璋，诸葛亮也自荆州率兵西上，二一四年，刘备围成都，刘璋降，益州遂为刘备所有。

二一五年（建安二十年），张鲁降曹操。二一八年，刘备攻汉中，败曹操将夏侯渊。曹操来攻，又为备所败，于是汉中也为刘备所夺得。三国割据的形势，至此便形成了。二二〇年，曹丕篡汉，明年，刘备也就称皇帝。

三国形成的原因　自董卓之乱以后，经过三十年极混乱的战争，最后形成了曹操、孙权、刘备三个大的割据势力，这三个割据势力之所以形成，大概有这样几个原因：

一、都有豪族大地主支持。曹操有中原的豪族地主支持。曹操迎接了汉献帝，许多士大夫都幻想他将『兴复汉室』，因而都参加他的集团。这中间尤其重要的是颍川、南阳的豪族。颍川、南阳原是后汉时代豪族势力最大的地方。桓灵时代领导太学生反对宦官的李膺、荀爽等都是颍川人。他们在官僚士人中居于领导的地位，有极大的势力。在曹操势力发展的时候，颍川、南阳的豪族官僚荀彧、荀攸、荀爽、陈群、钟繇等，都参加了曹操集团。因为他们参加了曹操集团，许多中原豪族官僚，就由他们拉拢而归曹操。荀攸、钟繇、陈群、司马懿、郗虑、华歆、王朗、荀悦、杜袭、辛毗、赵俨、戏志才、郭嘉、杜畿等，都是荀彧推荐的（魏志荀彧传王注引荀彧别传）。由此可见荀彧关系之重要。这些官僚豪族加入了曹操集团，曹操就获得中原豪族地主有力的支持。

曹操不仅获得官僚豪族的支持，还有许多大地主以武力帮助他。后汉时代，大地主原就有许多宾客、佃客、奴隶。黄巾起义以后及军阀混战时期，有许多大地主往往将这些宾客、佃客、奴隶武装起来，以保获自己的财产。这些有部曲家兵的大地主，有不少以自己的武力支持曹操，如李典有宗族部曲三千余家、许诸聚少年及宗族数千家，后都归曹操。任峻收宗族及宾客家兵数百人随曹操、吕虔将家兵为曹操守湖陆都是显例，曹操得到中原豪族地主这样的支持，他的势力当然就容易强大起来。

孙氏据有江东，刘备据有巴蜀，也因为得到豪族地主的支持。孙氏本是江东的豪族。孙策渡江，江淮豪族大地主周瑜、鲁肃就帮助他。渡江之后，流寓江东的豪族士人如张昭、张纮、诸葛瑾、吕范等便为他效力。以后江东大姓如吴郡陆氏、会稽虞氏无不支持孙策、孙权。

刘备入蜀夺取刘璋的地盘，原就是益州官僚地主张松、法正迎接去的。刘备取得益州之后，诸葛亮为益州刺史，竭力拉拢益州的名士，益州的豪族也就尽力支持刘备。孙权、刘备也有豪族地主支持，所以他们也能巩固他们在江东和益州的割据势力。

二、吴蜀的经济力量足以与中原相敌。三国之中，曹操所占的地方最大，孙权次之，刘备最小。若以土地大小言，孙权、刘备是不能与曹操相敌的。但自后汉以来，北方生产即逐渐衰落，北边凉、并、幽三州后汉时就荒残不堪，而且成为匈奴、乌桓、氐、羌杂处的地方，其经济中心所在只兖、豫、青、冀、徐诸州而已。而这几州经过董卓以来的战争，生产又彻底地破坏了。所以曹操所占的土地虽广，其经济力量在当时实是有限。

孙权所占的是扬、荆、交三州，土地较曹操为小。但这三州的生产，尤其荆、扬二州自后汉以来是向上发展的。后汉时，荆、扬两州的人口较前汉增加很多。董草之乱以来，长江流域虽也曾发生过战争，但远不若中原之惨烈，生产未遭受十分严重的破坏。因此，在当时，江东的经济力量和残破不堪的中原对比，是相去不远的。所以孙权可以抵抗曹操。

三国中，土地最小的是刘备，他只占有益州一州。但蜀自来便是肥沃富饶之区。在当时遭受战争的破坏也较轻。早在刘备奔依刘表，曹操还未进攻荆州以前，诸葛亮的『隆中决策』以及庞统的建议便都主张刘备须夺取益州。诸葛亮说：『益州险塞，沃野千里，天府之土』。庞统说：『今益州户口百万，土沃财富，诚得以为资，大业可成也』，可见他们都认为益州的经济力量足以为他们争夺政权的资本。因为当时益州比较完实，所以刘备占有益州，地方虽小，也可以支持他的割据。

三、吴蜀地势易守难攻。曹操能击灭中原许多割据势力，而他不能击灭孙权和刘备，地势也不能说没有影响。在战争中地形是有相当关系的，尤其在古代武器未进步到用火器的时候，地形往往是战争中一个重要的因素。吴蜀两国地势利于防、不易攻入。

吴有长江，这是他天然的防线。吴在长江北岸重要的地点如江陵、夏口、皖口、濡须置重兵防守，江水则有水军。敌来先战于江北，败则退守南岸，而以水军横阨江中。魏无水军，便无法渡过长江。

魏攻吴，主要的有三次：一为一〇八年赤壁之战，一为公元二二四年（黄初五年）魏文帝攻吴，一为二二五年（黄初六年）魏文帝攻吴。赤壁之战，曹操以最大的兵力进攻孙权，结果失败。其失败的原因，即由于不谙水战。在战争进行时，首先失败的是水军，曹操水军为孙权所歼灭，陆军遂因之而溃。赤壁之战，曹操显然是败于长江。公元二二四年，魏文帝曹丕攻吴，他亲至广陵（扬州），他到了长江北岸，看到长江这样的大水，叹道：『魏虽有武骑千群，无所用之，未可图也。』自动地退走了。明年他又攻吴，亲至广陵，计划渡江。但他看到长江波涛汹涌，又沮丧地叹息道：『嗟乎！固天所以限南北也。』又退回去了。由此可知，魏文帝这两次攻吴，依然是为长江所阻。长江对于孙吴实有保障的功效。

蜀与魏以秦岭为界。秦岭向渭水的一面，徒峭壁立，无异天然的城墙。从渭水流域通往汉中，只有几条狭隘的谷道。蜀只要守住这几条谷道，魏即不易攻入。魏攻蜀，除最后一次邓艾灭蜀以外，重要的有两次：一在二一九年，一在二四四年（魏齐王芳正始五年）。二一九年，因刘备杀夏侯渊，夺取了汉中，曹操攻刘备，欲争汉中。这一次，曹操由斜谷入汉中，刘备守阳平，堵住谷口，曹操不能进，遂败退。二四四年，曹爽伐蜀，爽自骆谷入，蜀将王平守兴势（洋县北），这也是堵着骆谷入汉中的出口。曹爽攻兴势不下，不能进入汉中，遂致败退。蜀据险邀击，爽苦战，仅得出谷退去。即最后一次邓艾灭蜀，也不是由正面进攻取胜，而是由古险平道迂回，绕出秦岭，大巴山之后。由此可知，蜀之抵御魏，秦岭不能说没有相当的作用。

第二节　三国的经济与政治

农业生产　豪强军阀混战时，北方生产遭受彻底的破坏。曹操迁都许昌以后，为着供给军粮，就逐渐注意农业生产。除创立屯田制以外，许多地方官也招还流民，开垦荒地，兴修水利。如刘馥为扬州刺史，修芍陂、茹陂、七门、吴塘诸堨，灌溉稻田。贾逵为豫州刺史，在汝水上作堨，造新陂。又开运渠二百余里。郑浑为沛郡太守，于萧相二县修陂，开稻田。明帝时，徐邈为凉州刺史，『广开水田』。明帝又开成国渠自陈仓，至槐里筑临晋陂，引洛溉田三千余顷。齐王芳时刘靖修戾陵堰灌溉万余顷。战争以后，农民破产，缺乏牛犁等农器。曹操时，卫凯守关中，建议以官卖盐所得的利息购买牛犁，供给关中人民，因而关中流亡在外的人民多还家耕种。又颜斐为京兆太守，农民无牛。他教民养猪，卖猪买牛。杜畿为河东太守，教民养牛马鸡豚，因为这样注意农业，曹操统一北方以后，北方的生产便逐渐有些恢复。但这种恢复是很有限的，当时生产比之于汉代，还相去极远。魏文帝黄初间（公元二二〇——二二六年），卫凯说：『当今千里无烟，遗民困苦。』明帝青龙中（公元二三三——二三六年）陈群说当时人口『比汉文景之时，不过一大郡』。魏时，北方实还是相当残破的。

益州没有受战争的破坏，诸葛亮执政，又奖励农业，蜀的生产比较发达。江东受战争的影响也不甚严重，东吴也创设屯田，但东吴对人民的掠夺非常严重，农业也没有什么发展。

三国时农业上的进步值得指出的：此时南方已知采茶。吴志韦曜传说孙皓赐韦曜，以茶荈代酒。足知东吴已饮茶。在当时，茶虽还没有成为重要的大量生产的经济作物，但这却是一种新的农产品。

手工业大大地衰落了。当时手工业主要的只有盐铁和纺织。盐铁三国皆官卖。产量远较以前减少。纺织业是农民家庭主要的副业。蜀国的织锦业相当发达，诸葛亮说：『决敌之资，惟仰锦耳』（御览引诸葛亮集三国会要），足见当时蜀锦的产量必是相当的多。在东吴，造船业也是比较发达的手工业。因为长江是东吴重要的防线，它在长江里有强大的水军，而长江上下游的接济也有赖于长江的水运，所以它非发展造船不可。而长江的交通也自此以后更为发达。

在豪强军阀混战中商业完全停顿了。及三国局势既已形成，战争减少，生产稍有恢复，也略有一点商业活动。吴志孙休说，吴国的吏民军队多『浮船长江，贾作上下』。魏典农也多经商（魏司马传）。但这种商业实是微不足道的。三国虽也都恢复用钱，但货币的使用始终不广，一切赋税交换都用谷帛。都市只有三国的都城洛阳、成都、建邺，商业也极有限。

三国时代，对外交通比以前较有进步。中国与西域的交通自后汉以来就未中断，魏时西域商人多至敦煌贸易。尤其重要的，这时候东南海上交通比以前为发达。倭国后汉初遣使来汉，此时，又几次遣使来魏，魏也派人前往。东吴又派人往夷洲，夷洲人也来会稽贸易。南海上与南洋各国和印度往来更繁。印度商人有至交州经商的，佛教也由此传入中国。东吴孙权时，曾派朱应、康泰前往南洋各国。他们所到达和传闻的有一百几十国。

屯田制和田租户调

在豪强大混战中，生产遭受彻底的破坏，大量的土地荒芜。曹操为要供给军粮，创立屯田制。屯田制是招募农民耕种荒芜的土地，向政府缴纳田租。公元一九六年（汉献帝建安元年），在许昌附近创立屯田，行之有效，以后又推广到各地。管理屯田的郡置典农中郎将或典农校尉，县置典农都尉。他们不属于郡县而直属于大司农。屯田的农民称为屯田客或典农民，都按军队编制。屯田客向政府纳租，由政府供给牛者，官得六成，农民得四成，自备牛者官民各半。往后，政府对屯田的农民增加剥削，有增到政府得七成甚至八成的。民屯以外，还有军队屯田。如邓艾在淮水颍水流域两岸数百里内建立屯田，又在上邽屯田。

吴、蜀两国也实行屯田。吴国的屯田也有民屯和军屯两种，民屯也设都尉管理。吴国的屯田虽不如魏之多，亦复不少。蜀只有诸葛亮为伐魏供给军粮在汉中屯田。

屯田制对于当时彻底残破的农业的恢复起了相当的作用。但这种制度实加甚了对农民的掠夺和奴役。在豪强地主混战中，大量的土地荒废了，政府将这些土地收为公地，这就是统治者大量地掠取了农民的土地。而屯田客又是在统治者军事组织下被强迫进行劳动的，这就强迫农民降到农奴的地位。屯田客土地收入的十分之六到十分之八都用作田租缴纳给统治者，这种掠夺远比以前为残酷。

这时候，赋税制度也改变了。汉代的赋税有田租、算赋和更赋。豪强军阀混战时，人民死亡逃散，算赋、更赋无法征收。曹操为要增加对人民的搜括，公元二〇四年，改征田租户调。田租每亩四升，户调每户纳绢二匹、绵二斤。这就全部征收实物。这种赋税制度，历两晋南北朝，虽数量各有不同，皆相沿不改。

豪强地主对土地的掠夺　三国时代，豪强大地主的势力比以前更加发展，他们掠夺了更多的土地，奴役更多的人民，在政治上政权全为豪族所操纵，豪强大地主成为特权阶级。

三国时，豪强地主原就都有很多的土地，而统治者又往往将土地和农民赏赐给公卿将领。如『魏给公卿以下租牛客户』（晋书 王恂传），吴孙权赐吕蒙『寻阳屯田六百户』。蒙死，又赐子霸『守家三百家，复田五十顷』（吴志 吕蒙传）。蒋钦死，孙权『以芜湖民二百户，田二百顷给钦妻子』（吴志 蒋钦传）。陈武死，权给武家『复客二百家』（吴志 陈武传注引江表传）。潘璋，权赐其妻『田宅复客五十家』（吴志 潘璋传）。当时，豪强大地主实有大量的土地和复客，复客即是佃客，他们连同土地赏赐给豪强官僚将领，不向政府纳租税和服徭役，而只向豪强地主缴租，受他们的役使。实际上，他们就是豪强地主的人民。

在东吴，豪强地主还有部曲。部曲就是豪强地主的武装。东汉末以来，豪强地主就多有部曲。三国时，大族有部曲的更多。孙权在江东，将领都世袭地典兵，这种军队也就成为他私人的部曲。东吴『名宗大族，皆有部曲』（魏志 邓艾传）。部曲一方面是豪强的武装，一方面也就是受豪族奴役的人民。战争时，他们是作战的军队，平时则从事种田。三国时，豪强地主压迫许多农民为他们的佃客和部曲，到了西晋，政府便允许豪强地主可以庇荫佃客，在法律上承认豪强地主这种特权。

兵家制　三国时，人民遭受豪强地主阶级残酷压迫的还有一种制度，就是兵家制。东汉时，征兵制破坏，军队改用招募或以罪犯充兵，地主阶级就没有人当兵，兵也为人所贱。自黄巾起义和豪强军阀混战发生以后，豪强军阀都掳掠人民，迫使他们为兵。如曹操败青、徐黄巾军，即迫使他们成为自己的军队。孙策、孙权在江东进攻当地的大宗族（宗部）和山越，都掳掠其人民为兵。人民被驱迫为兵以后，他们的子孙便世代为兵，这些人民称之为兵家。兵家所受压迫是非常残酷的，统治者质押他们的妻子，兵士如有逃亡，就杀他们的妻子。

九品中正制　东汉时，官僚大地主在政治上就有极大的势力，当时已有『世族』『寒门』的区别。三国以后，官僚世族的势力更加发展，他们借九品中正制，垄断选举，把持政权。

九品中正制是公元二二〇年（魏文帝黄初元年）魏吏部尚书陈群建议创立的。这是一种选举制度，其办法是在各州郡设立中正官，专掌鉴别和品评当地的『人才』，定其高下为九等。政府就根据中正官的品评任以官职。东吴也有同样的制度，称为大公平制（吴志潘濬传注引襄阳记）。

九品中正制的根源乃是出于东汉官僚名士品题人物。东汉恒灵时，官僚名士和太学生重『人伦鉴识』，他们对于当时人物往往加以品题。品题的时候是给被品题者一个『题目』，也就是评语，定其高下。中正官品评人也是如此，二者实就是一事。东汉官僚名士们品题人物原是他们互相标榜，提高自己声望地位的手段，九品中正制将这种官僚名士们互相标榜的手段作为选举人才和政府用人的制度，这就无异将他们互相标榜合法化和制度化。这种制度就必然成为官僚世族进一步把持和巩固其政治地位的工具。

汉代的岁举是所谓『乡举里选』，被选举者是根据他的学问品德和在乡里的声誉推选的，经过政府的考试然后任用。在这种制度下，中小地主阶级出身的人还可能有参加政治的机会。九品中正制，州郡大小中正官都由官僚世族充任，选举人才和政府用人之权便全为官僚世族所攫取。官僚世族既垄断了政治上用人之权，当然他们就利用这种权力增强他们的政治势力。因此，魏晋以后，政权便全落入世族豪强之手，他们更进一步发展便成为特权阶级。

第三节　三国分立的结束

诸葛亮治蜀及蜀的灭亡　公元二二一年，刘备称帝，明年他攻吴失败，就死去了。这以后，蜀国的政权全在诸葛亮之手。三国时代，主要的敌对斗争者是蜀、魏两国。刘备自认是刘氏的宗室，他是承继汉的政权的，而魏曹丕则是篡夺了汉，他要攻魏，恢复汉的政权。诸葛亮治蜀，一切设施都为要达到这个目的。

诸葛亮治理蜀国，主要的是三件事：第一实行法治；第二增加生产，蓄积军粮；第三训练军队。诸葛亮在政治上赏罚严明。陈寿说他『尽忠益时者，虽仇必赏；犯法怠慢者，虽亲必罚；服罪输情者，虽重必释；游辞巧饰者，虽轻必戮。善无微而不赏，恶无纤而不贬』。诸葛亮用刑法的目的是以此劝人为善，他对人首先是劝戒，劝戒不行，然后处罚。同时，他赏罚又公正无私。因此，他的刑法严而不酷，足以劝人为善，受罚的人罚当其罚，也不怨恨。陈寿称颂诸葛亮说：『终于邦域之内，咸畏而爱之，刑政虽峻而无怨者，以其用心平而劝戒明也』（蜀志诸葛亮传）。习凿齿说：『法行于不可不用，刑加乎自犯之罪，爵之而非私，诛之而不怒，天下有不服者乎。诸葛亮于是可谓能用刑矣。自秦汉以来，未之有也』（蜀志李俨传注引汉晋春秋）。诸葛亮用法治理蜀国收到很大的效果，这使蜀国的政治比较清明。同时，因为他用法公正，目的是以刑劝人为善，不是滥用刑罚欺压人，所以人对他不仅畏惧，而且敬服。这就使他的统治集团内部非常巩固。

在经济方面，诸葛亮注重农业，增加生产。袁子（准）云：『亮之治蜀，田畴辟，仓廪实，器械利，蓄积饶』（蜀志诸葛亮传注引）。他的军队纪律严明。袁子云：『其兵出入如宾，行不寇，刍荛者不猎，如在国中。其用兵也，止如山，进退如风。兵出之日，天下震动，而人心不忧』（同上）。诸葛亮军队的精良是以前从来所没有过的。

当时，在今四川西南部，贵州、云南的夷人叛乱，为要安定后方，公元二二五年，诸葛亮又征南夷。他对夷人的首领孟获，七擒七纵，最后孟获诚心降服。他将其地人民万余家迁至蜀为兵。同时，他又令其地首豪大姓出金帛招诱羸弱为部曲，蜀不派官吏，要他们自相统治，以缓和夷汉之间的矛盾，自此，南方便完全平定了。蜀志诸葛亮传谓南夷平定后，『军资所出，国以富饶』，南夷对蜀兵源和财政也有很大的作用。

诸葛亮经过几年整理内政，训练军队，安定后方以后，即北伐魏国。公元二二七年，他进驻汉中，开始攻魏。自此，他五次攻魏，魏只坚守，不敢和他作战。最后终以大小众寡不敌，未能成功。公元二三四年，他就死于军中。

诸葛亮是我国历史上杰出的人物之一。在当时，他不仅受到蜀全国上下的爱戴，就是魏、吴两国的人也无不对他折服。后世对他一直传颂着。诸葛亮是个卓越的政治家。他有远大的眼光。最初刘备访问他的时候，他就看出当时政治发展的趋向是三国分立，并指出刘备应采取的途径。以后局势的发展果然不出他所料。他治理蜀国，政治修明，国家富饶。陈寿说他治蜀时，『吏不容奸，人怀自厉，道不拾遗，强不侵弱，风化肃然也』。他对人民是『以逸道使民』，诸葛亮对于人民，是照顾了人民的利益，禁止了官吏对人民的压迫和大地主对人民侵夺。蜀国的人民爱戴他、歌颂他，原因即在于此。

诸葛亮也是个卓越的军事家，他的军队训练得极好，纪律严明，器械精良。他在战争中，进攻退守，很少失利，他的敌人司马懿也不能不承认他是『天下奇才』。他又研究兵法，作八阵图。他又发明连弩、木牛、流马。诸葛亮的才智学问都是非常高的。

诸葛亮又是在封建时代具有极高的品德的人。这就是他正直、诚恳。专制时代，执政的人没有不贪图权势的。诸葛亮为蜀国的丞相，大权全在他一人之手，蜀国皇帝刘禅是个庸愚无知的小孩，在这种情况下，任何人都有篡位的可能。诸葛亮不但不篡位，任何人也不怀疑他篡位；不但没有人怀疑他篡位，即说他专权的人也没有。这就说明他是非常正直无私的。他做事勤恳，事必躬亲，不辞辛劳，所谓『鞠躬尽瘁，死而后已』。因为他有这样的品德，所以他成为我国封建时代『士大夫』之中最完美的人格。因此，他为当时人所敬服，为后世人所景仰。

诸葛亮死后，蜀就逐渐衰落。蒋琬、费祎相继执政，便不敢攻魏，而只求自守。及姜维为大将军执政，蜀内部更发生矛盾。蜀后主信任宦官黄皓和右大将军阎宇，二人与姜维争权。姜维危惧，长期住在汉中，不敢回成都。他连年攻魏，国力益加疲耗。公元二四三年，魏司马昭命钟会、邓艾两路伐蜀。邓艾自阴平道出剑阁之后，攻江由绵竹，直驱成都。刘禅降，蜀遂灭亡。

司马氏篡魏 公元二二〇年，曹丕篡汉。丕死，子睿立，是为明帝。公元二四八年，明帝死，齐王芳即位，年仅八岁。明帝临死，遗诏以曹爽为大将军与太尉司马懿共同辅政，于是曹魏内部便发生争夺政权的斗争。

司马懿是元老重臣。明帝时，诸葛亮屡次出兵攻魏，抵御诸葛亮进攻的就是他。他又灭辽东公孙渊。因此他的声望地位很高。曹魏政治上官僚世族的势力是极大的，司马懿就是官僚世族的领袖。

曹爽是曹真的儿子，是曹氏的宗室。他与司马懿共同辅政，而实权实在他手中，曹爽和与魏皇室有关的如何晏、夏侯玄、张揖、李丰以及许多清淡名士也形成一个势力。他和司马懿形成两个对立的集团。

曹爽执政，以何晏为尚书，引用邓飏、丁谧、毕轨、李胜、桓范等。他们实行改革（注一），因为何晏等实行改革，触犯了豪族官僚们的利益，两方面的斗争遂更加激烈。

公元二四九年，曹爽随齐王芳谒明帝陵，司马懿突自后起兵，闭洛阳城门，发动政变，杀曹爽、何晏、邓飏、丁谧、李胜等，政权遂为司马懿所夺取。王凌在寿春起兵攻懿，又为懿所败。二三一年，司马懿死，子师为大将军辅政。李丰、张揖等谋去司马师，以夏侯玄辅政。司马师杀夏侯玄、李丰等，并杀了很多反对司马氏的名士。旋因齐王芳年龄渐长，又将他废掉，另立高贵乡公曹髦（东海王霖子）。镇东将军毌丘俭和扬州刺史文钦起兵寿春讨师，也为师所败。司马师死，弟昭又代为大将军辅政。镇东大将军诸葛诞以寿春起兵讨昭，又为昭所败。曹魏的军队主力，本在防蜀、防吴两方面。防蜀的军队自司马懿以来，就在司马氏之手。防吴军队自毌丘俭、诸葛诞等失败以后，也就落入司马氏之手了。自此司马氏不仅握有中央政权，也掌握了全国的军权，司马氏的权力便更张大。诸葛诞失败以后，司马昭便自为相国，封晋公，准备篡位。曹髦以司马昭图谋篡位，不胜忿恨，以宫中僮仆几百人，进攻司马昭，与他拼命，结果也为司马昭所杀。司马昭立陈留王曹奂（燕王宇子）。昭进封晋王，司马氏纂魏的形势便完全形成了。司马昭封王后一年（公元二六五年）就死了，他的儿子司马炎便篡位为晋。

吴的灭亡　吴自公元二二二年，孙权为吴王至公元二八〇年灭亡，共计五十九年。在这五十九年之中，孙权在位就有三十年。孙权的时代，吴是相当稳固的。他除了公元二二二年与刘备争夺荆州曾有一次大战以外，就很少有战争，孙权不轻于发动战争，同时，这时候正是诸葛亮伐魏之时，魏的主力集中于御蜀，诸葛亮又是一向主张联吴的，因此吴得能安定。

及孙权死。情势就渐改变了。首先吴内部发生争权的斗争。孙权死，少子亮继位，以大将军太子太傅诸葛恪、太常滕胤、武卫将军孙峻辅政。孙峻与诸葛恪争权，杀恪，专政。孙峻死，弟綝代之，专权更甚，杀滕胤及吕据等。最后又废孙亮而立孙休，孙休又杀孙綝，吴内部这样争权相杀，就日趋衰弱了。

孙休死，孙皓即位。皓凶虐，杀戮大臣，吴便日渐解休。此时魏灭蜀，晋势力大强，就想灭吴。公元二八〇年（晋武帝太康元年），晋命杜预、王濬等六道攻吴。王濬自巴蜀顺流而下，吴沿江守军望风瓦解，王濬直指建邺，孙皓投降，吴亡，晋遂复统一全国。

注一　习凿齿汉晋春秋『今曹爽以骄奢失民，何平叔虚而不治，丁、毕、桓、邓虽并有宿望，皆专竞于世。加变易朝典，政令数改，所存虽高，而事不下接。民习于旧，众莫之从，故虽势倾四海，声震天下，同日斩戮，名士减半，而百姓安之；莫或之哀，失民故也』（魏志王凌传注引）。魏志蒋济传『是时，曹爽专政，丁谧、邓飏等轻改法度，济上疏曰：……夫为国法度，惟命世大才，乃能张其网维，以垂于后，岂中下之吏所宜改易哉。终无益于治，适足伤民望』。晋书宣帝纪『正始八年，曹爽用何晏邓飏丁谧之谋，……专擅朝政，……屡改制度，帝不能禁，于是与爽有隙』，可知何晏等实行改革，因此与司马懿发生冲突。

第二章　西晋短暂的统一

第一节　西晋的经济和政治

屯田制的废止　曹魏实行屯田制。在屯田制之下，农民所受的剥削和压迫是非常严重的。在屯田制创立之初，屯田农民缴纳地租，用官牛者，官得六成，农民得四成；自备牛者，官民各半。但往后，政府对屯田客的剥削逐渐增加，最后高到『持官牛者，官得八分，士得二分；持私牛及无牛者，官得七分，士得三分』（晋书傅玄传）。屯田的农民只能得到十分之二三，这种剥削何等严重，在这样严重的榨取之下，屯田农民的生活实痛苦到极点。当时有许多屯田的兵民都弃子不养（吴志骆统传）。同时，屯田的农民是在统治者的驱迫监督之下进行劳动的，他们受着严酷的压迫。在这样情况下，屯田农民生产情绪自然低落，甚至反抗逃亡。屯田制最初创立，是为着要供给军粮。在大乱之中，以这种屯田制度供给军粮是可以收效于一时的，但战争也已减少，社会安定，以这种制度来恢复和发展生产，是必不可能的。它不但不能使生产发展，而且阻碍了生产的发展。因此，这种制度非废止不可。同时，自魏以来，许多有势力的官僚往往侵占屯田的土地，如何晏等『分割洛阳、野王典农部桑田数百顷』（魏志曹爽传）。魏也往往以『租牛客户』赏赐给公卿以下官员（晋书王恂传），屯田制就已逐渐破坏。由于这种缘故，西晋统治者为要屯田农民的负担稍为减轻，俾能提高他们的生产情绪，增加生产，因此将屯田制废除。魏志陈留王奂纪云：『罢屯田官以均政役』，『以均政役』即减轻屯田农民的负担。

公元三六四年（魏陈留王奂咸熙元年），司马昭令『罢屯田官以均政役，诸典农皆为太守，都尉皆为令长』。公元二二六年（晋武帝泰始二年），又令『罢农官为郡县』。这大概因为司马昭令罢屯田以后，不久就死了，正值魏晋政权更变，没有实行。司马炎篡位，乃重令废除屯田制。不过在此以后，屯田制也还未完全罢除。公元二二八年（泰始四年），傅玄上疏，还说当时屯田官得八分，士得二分。又晋初羊祜为都督荆州诸军事，分戍卒『垦田八百余顷』。司马骏为镇西将军，在关中，命士卒耕田。公元二七五年，又令邺奚官奴婢代新城兵屯田。屯田制完全废止，大概在灭吴以后。如吴溧阳、湖熟、于湖、江乘的屯田都是太康元年改为县的（宋书地理志），此时北方的屯田也必都已废除了。

占田制和户调制　公元二八〇年（晋武帝太康元年），平吴以后，晋又诏行占田制。其制『男子一人占田七十亩，女子三十亩。其外丁男课田五十亩，丁女二十亩，次丁男半之，女则不课』。『其官品第一至于第九，各以贵贱占田。品第一者占五十顷，第二品四十五顷，第三品四十顷，第四品三十五顷，第五品三十顷，第六品二十五顷，第七品二十顷，第八品十五顷，第九品十顷』（晋书 食货志），这种制度内容怎样，为什么要实行这种制度，学者解释甚为纷异。若说这是推行于全国的一种新的土地制度，全国的土地都按照占田制重新分配，是说不通的。这样的制度在当时不可能实行。同时，如果全国的土地都按照这种办法重新分配，则田亩数在此以上的应有处理的办法，这里却没有规定。我们疑心这只在原来屯田的土地上实行了，同时也限制官僚大地主的土地。屯田土地是属于政府的，屯田制废止，是将屯田的土地分给屯田的农民，这样将屯田土地分给屯田的农民的时候，必定要有一种办法，占田制就是这种办法。曹魏以来，官僚大地主侵占大量的土地，这对政府的赋税收入，乃至生产的发展都有严重的影响，因此不得不稍加限制。官员按品占田用意即在于此。但事实上这种限制是没有生效的。

在实行占田制的同时，又颁布户调之式。规定『丁男之户，岁输绢三匹，绵三斤。女及次丁男（十三岁到十五岁）为户者半输。其诸边郡或三分之二，远者三分之一。夷人输賨布，户一匹，远者或一丈』。『男子占田七十亩，女子三十亩。其外丁男课田五十亩，丁女二十亩，次丁男半之，女则不课。……远夷不课田者输义米户三斛，远者五斗，极远者输算钱人二十八文』（晋书 食货志）。

课田究竟怎样，自来解释也不一致。有人以为丁男在占田之外，另给课田五十亩，丁女在占田五十亩以外，另给课田二十亩。其收入全部作为田租缴给政府。这是不正确的。如果这样，则一夫一妇有田一百七十亩，如再有丁男丁女或次丁男，则一家可有田二三百亩。这是决不可能的，一家劳动力决不可能耕种这样多的土地。晋故事云：『凡民丁课田夫五十亩，收租四斛，绢三匹，绵三斤』（徐坚初学记引）。可知课田五十亩实只收租四斛，不是将全部收入缴给政府。课田实只是征收田租的标准，就是丁男为户者以五十亩土地为标准，征收田租四斛。晋书武帝纪：『太康五年，减天下户课三分之一』，课称『户课』，足见课也是按户征收的。

这种租税是比较轻的。西晋之所以采取这样减轻赋税的办法，因为后汉末以来，生产遭受严重的破坏，土地荒芜。西晋统治者在灭蜀灭吴以后，战争停止，为要安定社会，恢复生产，所以一方面废止对农民剥削极残酷的屯田制，一方面减轻赋税，使农民的生产能力稍提高。晋书食货志谓实行户调制以后，『赋税平均，人咸安其业而乐其事』，就可以看出这种作用。

豪强大地主对土地和人民的占有 西晋时，大地主的势力比以前更为猖獗。他们都占有很多的土地。例如石崇有『水碓三十余区，苍头八百余人，珍宝货贿田宅称是』。王戎『广收八方园田水碓，周遍天下』。他们又有很多的佃客。当时有许多有权势的贵族强迫农民为他们的佃客。如高阳王逵强迫他封国内人民七百户为佃户。太原的豪强地主强迫匈奴人为他们的佃户。也有因赋役太重，农民不堪压迫，依附豪强为佃户的。当时『贵势之门』佃户『动有数百』，『多者数千』（晋书王恂传）。当时豪强大地主的佃客为数实非常之多的。公元二六八年（武帝泰始四年），曾下令『豪势不得侵役寡弱，私相置名』，终于无效。公元二八〇年实行占田制时，允许官僚地主有荫佃客的权利，而略加限制。『官品第一第二者，佃客无过五十户，第三品十户，第四品七户，第五品五户，第六品三户，第七品二户，第八品、第九品一户』。这承认了豪强地主有佃户是合法的，但这种限制却没有生效。

豪强大地主又有很多的奴婢。如石崇有『苍头八百余人』，王戎有『奴婢数百人』。灭吴时，俘虏了许多吴国的人民赏赐给王公以下官员。晋武帝时，恬和曾主张限制王公以下官员奴婢的数目。当时奴婢的数目是非常可观的。

生产的衰落 汉末豪族军阀混战，生产遭受严重的破坏。魏的时候，由于实行屯田和地方官员开垦荒地，兴修水利，部分农业生产获得恢复。晋代魏以后，在这样的基础上更进一步恢复。西晋初，因图谋灭吴，仍继续魏以来贮积军粮的政策『厉精于稼穑』。晋武帝屡次下令郡国重农，『务尽地利』。又令司徒督察州郡农桑以定赏罚黜陟。公元二七五年（咸宁元年）又令邺『奚官奴婢』代新城（合肥）田兵种田，按照屯田法，五十人为一屯。这就使无用的奴婢也参加生产，以增加劳动力。公元二七七年（咸宁三年）又将政府典牧的牛三万五千头分给兖、豫两州的军士和农民。同时对于水利也有一些修治。这样生产又更增加了些。及至平吴以后，全国统一，更加安定，生产愈加恢复。太康年间，社会便呈现出一些繁荣的景象。于宝述此时的情形云：『太康之中……牛马被野，余粮栖亩，行旅草舍，外闾不闭。民相遇如亲。其匮乏者取资于道路，故于时有天下无穷人之谚』。

但西晋时代的生产恢复实至有限的。汉末以来残破的生产，实仅恢复了一小部分。晋平吴，全国人口只有户二百四十五万九千八百四十、口一千六百一十六万三千八百六十三。比后汉三分之一还不到。傅咸说当时『户口比汉十分之一』。而西晋时代实还是土广人稀，残破不堪的状态。又傅咸说：『泰始开元以暨于今，十有五年矣。而军国未丰，百姓不赡，一岁不登便有菜色者』（晋书 傅咸传）。当时人民生活实是很穷苦的。西晋时代生产之所以如此衰落，主要的就是由于豪族大地主剥削掠夺残酷，严重地阻碍了生产的发展。

豪强世族操纵政权　曹魏时，世族的势力就已很强大，曹魏的政权就因得到世族的支持才建立的。西晋时，世族势力更进一步发展。司马懿父子篡夺政权时完全依赖世族的支持。有许多世族直接参加了司马氏盗窃政权的阴谋。因此，司马炎篡位以后，这些世族在政治上的权势也就更高。

自九品中正制实行以后，用人选举之权便渐为世族所把持。最初，中正品题还稍顾及『清议』，『清议』也还有一些力量。及至西晋，九品中正制遂完全成为官僚世族把持政权的工具。中正官品题完全『高下任意』，『爱憎由己……计官资以定品格』。政治上用人，也完全『计门资之高卑，论势位之轻重』（王沈释时论）。当时已形成『公门有公，卿门有卿』的现象。政治全为世族地主所把持。世族大地主在经济上也有许多特权。『贵』『贱』、『士』『庶』的分别也更加严格。

统治集团的腐败　在世族大地主的统治之下，西晋的政治是极其腐败的。

西晋的皇帝，武帝、惠帝是昏庸愚昧的。晋武帝极端荒淫，他后宫有万人，平吴以后，他就只饮酒游玩，不问政治。惠帝根本就是个白痴。政权是在豪族手中，他们公开的贪污，卖官鬻爵，有一次晋武帝问刘毅说：『卿以朕方汉何帝也？』刘毅说：『可方桓灵。』武帝说：『吾虽德不及古人犹克己为政。……方之桓灵，其已甚乎？』刘毅说：『桓灵卖官，钱入官库，陛下卖官，钱入私门，以此言之，殆不如也。』地方官则公开抢劫，例如石崇为荆州刺史，他『劫远使商客，致富不赀』。迨至惠帝，政治更加腐败黑暗。晋书惠帝纪云：『及居大位，政出群下，纲纪大坏，货赂公行。势位之家，以贵陵物。忠贤路绝，谗邪得志。更相荐举，天下谓之互市焉。』

干宝说当时『毁誉乱于善恶之实，情慝奔于货欲之涂』。『悠悠风尘，皆奔竞之士』。王沈释时论云：『京邑翼翼，群士千亿，奔集势门，求官买职』。鲁褒作钱神论，说一切皆要钱，人人都要钱爱钱。当时的政治完全成了一个争夺权利地位和贪污掠夺的场所。

豪族地主用各种卑劣的手段，掠夺了许多土地财产，他们就过着极奢侈龌龊的生活。有个帮助司马氏篡位的大官僚何曾，他『帷帐车服，穷极绮丽』固不用说，他吃饭，每天要吃一万钱，他还说没有下箸子的地方。他的儿子何劭比他更甚，他『食必尽四方珍异』，他一天要吃二万钱。当时最著名的富豪石崇、王恺更穷奢极欲。石崇家『室宇宏丽，后房百数。皆曳纨绣，珥金翠。丝竹尽当时之选，庖膳穷水陆之珍』。他和王恺斗奢侈。『恺以粘（麦糖）澳（洗）釜。崇以蜡代薪。恺作紫丝布步障四十里，崇作锦步障五十里以敌之。崇涂屋以椒，恺用赤石脂』。他们这样比赛奢侈，晋武帝也参加，他帮助王恺和石崇比赛。当时整个统治阶级实都奢侈腐化了。傅咸说当时『奢侈之费，甚于天灾』，又说：『今者土广人稀而患不足，由于奢也』。统治阶级奢侈所费的财物比天灾还要厉害，统治阶级的奢侈以致人民贫穷，他们奢侈之甚，可以想见。统治阶级这样的奢侈加重了他们对人民的剥削，也使他们自己堕落无能。

清谈思想 西晋官僚士人崇尚清谈。清谈思想是发生于东汉士大夫和太学生反宦官运动的时候，及至魏齐王芳正始年间，何晏、王弼等形成了一个系统。这种思想主要的原是融合易经和老子，发挥易经和老子的自然变化的理论，但到了西晋的时候，这种思想却演变为极腐朽堕落的思想了。

汉以来，儒家思想发达，最重『名教』。因为重『名教』，所以重『礼法』。司马懿父子篡窃政权的时候，清谈名士和他们斗争激烈，清谈名士遭司马懿父子的杀戮和迫害极惨。司马懿父子篡取政权，明是『欺人孤儿寡妇』，用阴险毒辣的手段盗取的，而司马懿父子和司马氏集团的帮凶政客们还高唱『名教』和『礼法』。清谈名士以阮籍嵇康为首，痛恨司马懿父子这种虚伪欺骗，对于这种所谓的『名教』和『礼法』就无情地揶揄嘲笑反击。

为要揭穿司马懿父子及其帮凶政客们的欺骗，反击他们所说的『名教』『礼法』，阮籍嵇康等就倡『明自然』。但他们所谓的『自然』不是老子所指的物质世界的自然法则，他们所说的『自然』乃是指人心和情的自然。这就使何晏、王弼等清谈思想的内容发生变化。

阮籍、嵇康等主张『名教』与『自然』合一。他们认为『名教』和『礼法』是起于人的心和情之真。换句话说，『名教』『礼法』的基础和根据是人的心和情，『名教』『礼法』只是心和情之真表现于外面的形式。『名教』『礼法』必须要与心和情的真实符合。如『名教』『礼法』是真心真情的表现，这种『名教』『礼法』是好的，反之，如『名教』『礼法』不出于心和情之真，只是口头的，形式的，则这种『名教』『礼法』便是虚伪的。因此，他们又进而主张只要心真情真，即不遵守礼法的形式也可以。人无不爱其父母，父母死，子女举行丧礼。丧礼乃是表示子女对父母的爱和悲念的。若平日对父母不爱不孝，父母死，他却为父母举行隆重的丧礼，号哭举哀。这种丧礼便毫无意义，只是虚伪的形式而已。反之，如对父母真爱真孝，父母死，心中悲痛，这样，即不举行丧礼，不号哭，也不失为孝子，阮籍、嵇康等认为清谈名士心和情之真是首要的，礼法形式是次要的。所以他们主张『越名教而任自然』，『越名任心』（嵇康语），『求心而遗迹』（晋书郑鲜之传），主张『称情而直往』（庄子大宗师郭象注）。

这种思想最初是阮籍、嵇康等对司马懿父子篡取政权而发的，但到西晋以后，便发展而成为任心的思想，这就是任心之所至，心想什么，便做什么；心怎样想，便怎样做。他们以此为达，以此为高。晋书王徽之传记载他一个故事。有一次夜雪停止，月色清朗，徽之饮酒咏诗。

他忽然想起他的朋友戴逵，当时戴逵在剡，距离他家有几十里，他便乘小船去看他。走了一夜到了剡，但他走到戴逵的家门口，忽然又不进去而就回来了。人问他什么缘故，他说：『本乘兴而来，兴尽而反，何必见安道（戴逵字）耶。』这种行径，在我们看来，完全是不符合常理的，但晋人却以此为高，这就说明晋代的清谈思想是以任心为高的。

这种任心的思想，心想什么，便做什么，发展到最后，便成为极端的放纵。当时所谓『清谈名士』像胡毋辅之、谢鲲、阮放、毕卓、王尼、羊曼、光逸等乃至『散发裸袒』，终日酣饮。实放纵堕落到无耻的地步了。

西晋时代是豪族地主阶级发展到腐朽的阶段，生活奢侈堕落。这种思想正是这种腐朽的豪族地主阶级个人享乐主义的反映，反过来，这种思想又助长了豪族地主阶级的奢侈堕落。清谈名士们清谈、饮酒，所谓『风雅』，实也都是个人享乐主义的腐化堕落的生活。又清谈风气既盛，他们只贵谈玄而不务实际的事务，凡是辛勤故事的，他们都目为鄙俗。这样政治上实际的事务使致无人过问。这样的政治，自然是腐败无能了。

总之，西晋的统治阶级不论在那一方面都腐败到极点。这样腐朽的统治阶级必然不能维持其政权。

第二节　西晋的崩溃

由于统治阶级的腐朽，政治黑暗，西晋政权统一全国不过十一年的时间，统治集团内部争权的斗争便爆发了。从此日渐扩大，各地的人民和边境各族也起而反抗，西晋政权遂瓦解而灭亡。

一、贾后八王之乱

宗室诸王权重　司马氏篡取魏的政权，他们认为他们之所以能篡得魏的政权，乃由于魏宗室无权，王室孤立的缘故。因此司马炎篡位以后，就大封宗室。他一天就封了二十七王，从祖父以下的宗室都封为王，不仅如此，他更给予宗室诸王以政治和军事的实权。他们或在政府中为宰相及典兵的将军。或镇守地方为征镇将军和都督，他们以为这样，宗室诸王就可以『屏藩王室』。但实际上，这些宗室诸王不但不能保卫王室，反以他们的权力来争夺政权，造成大乱。

贾后之乱　晋武帝死，惠帝即位，统治集团内部外戚争权，大乱于是爆发。

①贾后结楚王玮杀杨骏（公元二九一年，惠帝元康元年）　内乱的发生，首先由于贾后和杨骏争权。杨骏是晋武帝杨皇后的父亲。武帝临死前本想以杨骏和宗室汝南王亮（司马懿第四子）辅政。杨骏排斥汝南王亮而独专政权。惠帝即位，杨骏为太尉、都督中外诸军事、侍中、

录尚书事辅政。杨骏的声望本来不高，他排斥汝南王亮而专政，宗室诸王就甚为不满。贾后是惠帝的皇后，凶悍有权略。因为惠帝是白痴，他也想干预政治。因此，她联合宗室楚王玮（武帝第五子）、东安公繇（琅邪王伷子）、下邳王晃（安平王孚第五子），与杨骏对抗。元康元年三月，贾后说杨骏谋反，命楚王玮、东安公繇率兵攻杨骏，杀骏及弟珧济并党羽数千人。

②贾后杀汝南王亮及楚王玮（公元二九一年六月） 贾后之杀杨骏是借宗室的力量。也是贾后和宗室联合的力量，所以杨骏既诛之后，宗室和贾后两派都有势力。汝南王亮在宗室中辈望最高，原又与杨骏为敌，所以以他为太宰与太保卫瓘同辅政，其余秦王东（武帝子）、东平王楙（安平王孚孙）、楚王玮、下邳王晃、东安公繇都参预政事，或掌兵权。在贾后方面，其族兄模，女弟之子谧，从舅郭彰也都干预政治。宗室和贾后两派都干预政事，竞争自属不免。再加上官僚政客奔竞之徒挑拨播弄于其间，局势更为复杂。

汝南王亮与卫瓘执政，贾后不能专权，怨恨。楚王玮刚愎好杀，汝南王亮和卫瓘讨厌他，夺去他的兵权（玮时为能将军领北军中侯，统军师兵），命他以王就国。楚王玮恨汝南王亮及卫瓘，便与贾后相结。贾后得楚王玮之助，即谋去汝南王亮及卫瓘。于是她诬他们阴谋废立，命玮率兵杀亮及瓘。

楚王玮既杀汝南王亮和卫瓘，便想进攻贾后。贾后也以楚王玮势力大盛，想乘机除玮，于是传诏谓楚王玮矫诏，命军队勿听他的命令。楚王玮的军队听说他矫诏，都逃散了。于是贾后捕杀楚王玮。

③贾后废太子遹（公元二九九年，元康九年）　贾后既杀汝南王亮和楚王玮，威权尽入其手。进一步便想长久专权。

贾后无子，太子遹是谢淑媛生的。贾后和她的党羽想篡取政权，就想将太子遹除掉。他们宣扬太子遹的过失，贾后又诈为有妊，取他的姊夫韩寿子慰祖养为己子，想以之代太子遹。最后她诬太子遹谋杀惠帝和贾后，将他废掉。幽之于金墉城，后又迁许昌，并杀太子母谢淑媛。贾后既废太子遹，晋之大乱遂更一发而不能止。

赵王伦梁王彤诛贾后（公元三〇〇年，永康元年）　贾后废太子遹，贾后之党专政，宗室诸王莫不慨愤。有晋疏族司马雅和许超，他们原是给事于太子宫的。他们恨太子被废。谋去贾后，恢复太子。他们以右卫将军赵王伦（司马懿第九子）有兵，可以假借他的力量，于是就谋之于他。赵王伦也想乘此夺取政权，就同意了，他想夺取政权，就想一举而将贾后和太子遹都去掉。他便行反间说太子宫中的人谋废贾后，迎太子复位，要贾后先杀太子遹，然后他再废贾后。贾后听到这种流言，果杀太子遹。太子遹既死，赵王伦便与其兄梁王彤率兵入宫，废杀贾后，尽捕杀贾后亲党和宰相张华、裴頠等。旋又杀贾后，大权遂入赵王伦之手。

淮南王允讨赵王伦（同上）　淮南王允是武帝的儿子，此时为中护军。赵王伦既专政，便想篡位，以淮南王允有兵，怕他反对，于是以允为太尉，外表是尊崇，实想夺取他的兵权。允怒，攻伦。大战于洛阳城中。允败被杀。赵王伦既杀淮南王允，便逼惠帝禅位于己。

齐王冏、成都王颖、河间王颙攻赵王伦（公元三〇一年，永宁元年） 赵王伦诛贾后，齐王冏（武帝弟齐王攸子）有功，赵王伦畏惧他，出为平东将军，镇许昌。冏因此愤恨。及伦篡位，他便传檄征镇及各州郡起兵讨伦。征北大将军成都王颖（武帝第十六子）、长沙王义（武帝第六子）、南中郎将新野公歆（懿子扶风王骏子）皆起兵响应。平西将军河间王颙（司马孚曾孙）初党于伦，后见齐王冏等兵盛，也转而助冏。齐王冏败伦兵于阳翟，成都王颖也败伦兵于溴水，长驱渡河。赵王伦本贪鄙无能，兵败，便惶惧不知所为。左卫将军王舆及尚书令广陵公傕（琅琊王伷子）在洛阳城内起兵攻伦，杀伦父子及其党羽，迎惠帝复位。自贾后之乱以来，武力斗争都仅限于洛阳，自此次战争以后，州郡也参加战争，内乱的范围便日益扩大。

河间王颙、长沙王义攻齐王冏（公元三〇二年，泰安元年） 赵王伦既诛，齐王冏为大司马辅政专权。齐王冏也想夺取政权。他执政以后，立清河王覃（清河康王遐子）为太子。时覃年仅八岁，冏想长期专权，所以立他为太子。河间王颙本是赵王伦之党，齐王冏专权，心有不满。此时又有许多官僚政客挑拨于其间，于是他传檄成都王颖及长沙王义讨冏。此时长沙王义为抚军大将军，领左卫将军，在洛阳。颙本意是以为齐王冏必杀长沙王义。长沙王义为齐王冏所杀，他再去齐王冏，这样他一举可以除二王。事成以成都王颖为帝，而自己专权。齐王冏闻河间王颙檄长沙王义讨己，果攻义。义也以兵攻冏，大战洛阳城中，冏败被杀。

河间王颙、成都王颖攻长沙王义（公元三〇三年至三〇四年，泰安二年至三年） 河间王颙本想借齐王冏杀长沙王的，但结果竟出乎他的意料之外，长沙王义竟战胜了齐王冏。河间王颙的阴谋未能实现。长沙王义在洛阳对于他争夺政权是不利的，所以他又联合成都王颖攻长沙王义。他们进攻洛阳，自三〇三年八月至次年正月，大战于洛阳附近。后东海王越恐不能抵拒，开门纳颖兵。长沙王义被杀。于是他们废羊皇后及太子覃，立颖为皇太弟，都督中外诸军事，颙为太宰，二人专权。

东海王越、王浚、东瀛公腾攻成都王颖（公元三〇四年，永兴元年） 成都王颖既专权，便想篡位，自己回邺，而以自己的军队驻守洛阳。此时东海王越在洛阳，与右卫将军陈昣及长沙王义故将上官已起兵讨颖，恢复羊皇后及太子覃，奉惠帝讨成都王颖。颖命石超拒越，败越于荡阴，迁惠帝于邺，越奔东海，洛阳也为河间王颙所占。

成都王颖与幽州刺史王浚不平，颖既败东海王越，便想去浚，浚联合并州刺史东瀛公腾（越弟）攻颖，颖兵大败，挟惠帝奔洛阳。此时河间王颙将张方在洛阳，又挟惠帝和成都王颖奔关中。

东海王越攻河间王颙（公元三〇五年，永兴二年） 张方迁惠帝于长安，东海王越起兵攻河间王颙。时越弟略都督青州，模都督冀州，腾为并州刺史，与征南将军范阳王虓（懿弟馗之孙）、安北将军王浚都起兵响应，共推越为盟主。越攻下洛阳，进去关中。与兵败，越入长安，迎惠帝还洛阳。成都王颖奔还邺，为人所执，送范阳王虓被杀。河间王颙逃往太白山中，后也为南阳王模所杀。

东海王越迎惠帝还洛阳，权在越手，未几，毒杀惠帝，立惠帝弟炽为帝，是为怀帝。晋统治集团内部自相残杀的八王之乱至此始告结束。但晋政权也因此而纷崩离析。

二、农民起义与晋的灭亡

贾后八王之乱，晋统治集团内部十九年的互相残杀，给人民带来了无限的灾难，同时也摧毁了统治者的统治力量，促使他们自己的灭亡，当八王之乱扩大的时候。边境被压迫的民族和国内被压迫的人民都起来反抗。晋政权终在这两种势力的夹攻之下灭亡了。

晋末人民大流亡 西晋农民起义，主要的是流民。八王之乱的时候，人民遭受战争的痛苦，同时又连年遭受水旱、蝗灾，往后，边境各民族的反抗又爆发了，人民遭受屠杀更惨。在这样的情形之下，人民为着救命，不得不到处流亡。当时流亡的人民，人数是非常可观的。

『关西……百姓乃流移就谷，相与入汉川者数万家』（李特载记）。

『河东、平阳、弘农、上党诸流人之在颍川、襄城、汝阳、南阳、河南者数万家』（王弥传）。

『时东嬴公腾自晋阳镇邺并土饥荒，百姓随腾南下，余户不满二万』（刘琨传）。

『时巴蜀流人汝班、蹇硕等数万家，布在荆湘间』（杜弢传）。

『蜀民或南入宁州，或东下荆州，城邑皆空，野无烟火』（通鉴）。

当时北方各地的人民大量的流亡。这些饥寒交迫苦痛颠连的流民到达的地方，当地的地主阶级不但不同情他们，反而还欺侮压迫他们。如梁益人民流入荆湘，『为旧百姓之所侵苦』，又如河东等地人民流至颍川、南阳者『为旧居人所不礼』。统治者也不想这是谁给予他们的灾难，往往迫令他们还乡，流民为死亡所迫，最后便不得不起而反抗。

李特领导的流民起义和成汉建国 李特是巴郡蛮，也就是廪君蛮。东汉末，巴郡蛮迁至汉中。后曹操时又将它迁至洛阳。巴郡蛮在洛阳与氐人杂处，故名为巴氐，又称为賨人。

晋惠帝元康年间，氐人齐万年在关中起兵反晋，同时关中又连年饥荒，关中人民几万家为饥饿死亡所迫流亡到汉中，后又由汉中流亡入蜀。李特和他的弟兄也都随流人流亡到益州。公元三〇一年，晋政府命令流人都回本乡。当时流人多已为人佣工或找到其工作职业，生活逐渐安定，都不愿回家。益州刺史罗尚逼迫他们回去，官吏们驱逐他们。有广汉太守辛冉，贪污横暴，他沿路派兵拦阻流人，搜夺流人的财物。因此，流人大恨，联合起来，武力反抗。他们推李特为领袖。攻下广汉、梓潼，进攻成都。特自称大将军益州牧。不久特死，弟流代为流民领袖。李流不久又死了，特子雄继立。雄攻下成都。公元三〇四年，他自称成都王，建立国号。公元三〇六年，更称皇帝，占有梁、益两州。

张昌起义（公元三〇二年，惠帝太安元年） 张昌是义阳（信阳）的蛮人。二〇二年李特攻陷益州，他便起义，聚众数千人，屯聚于安陆山中，此时，西晋政府调发人民入蜀讨李雄。人民都不愿去。政府严令催逼，下令所经之处，停留五日者，二千石免。由是郡县守令都躬自驱逐。这些人民终不愿去。他们走不远就屯聚一起进行抗拒。这一年，江夏（云梦）大熟，流人几千人就食江夏。这些不愿入蜀的被征的军队和流人都往投张昌，张昌的势力便大起来。晋派兵追讨，皆为张昌所败，人民归依他的更多，他攻下江夏郡，立一个县吏丘沈为皇帝，沈改名刘尼，国号汉，张昌为相国，建元神凤。于是江沔之间的人民纷纷起义响应，不到一月，张昌的义军就发展到三万人。昌遂攻占武昌，又破晋（平南将军）羊伊，（前将军）赵让于宛。杀晋荆州刺史新野王司马歆。又派石永攻破江、扬二州，南取长沙、零陵。义军的势力很快地发展到豫、荆、江、扬、徐五州。但张昌势力发展太快，又缺乏组织，军队的纪律不严，不久石永为晋所败，晋派刘弘（宁朔将军）攻昌，弘命陶侃击昌，昌败。公元三〇三年为陶侃所擒，被杀。

王弥起义（公元三〇七年，怀帝永嘉元年） 王弥是东莱人，他原是大地主，公元三〇六年，东莱人刘伯根起义，弥率领家中奴隶参加。未久，刘伯根死，王弥代领其众，三〇七年进攻青、徐、兖三州。晋不能御，弥遂进兵豫州，下陈、汝南、颍川、襄城诸郡，破许昌，进逼洛阳，为晋军所败。王弥是个大地主，他是为个人利益打算的。他攻洛阳失败后，自以为『归无所厝』，便不惜出卖人民民族，投降了刘渊，后来帮助刘渊攻晋，破洛阳，虏晋怀帝。但最后终为石勒所杀。

王如起义（公元三一〇年，永嘉四年） 王如是京兆人，他因乱流亡到宛。当时，关中人民流亡到南阳的很多。政府下令要他们还乡。此时关中残破不堪，他们不愿回去，晋征南将军山简和南中郎将杜蕤用军队驱迫，并且限期出境。王如和流民不得已，起兵反抗，袭败山简和杜蕤的军队。接着又攻下襄城。关中的流民庞实，严疑、侯脱等都起兵，攻陷城邑。不久，王如就有众四五万。自号大将军，领司雍二州牧。『大「掠」沔汉』，进攻襄阳。后因其军中乏食，内部又互相冲突，如无奈投降了王敦。

杜弢起义（公元三一一年，永嘉五年） 杜弢是成都人。原也是地主，有才学，曾举秀才，是蜀郡的名士，因乱避地南平。自李特、李流之乱以来，巴蜀人民流亡荆湘者有数万家。这些流人为本地人所『侵苦』，都非常怨恨。有些流民就起而反抗。当时湘州刺史荀眺说流人『造反』，要杀尽流人。巴蜀流人唯恐被屠杀，便起兵反抗，他们推杜弢为主。攻破郡县，大败荆州刺史王澄和湘州刺史荀眺，攻下长沙、宜都、武昌等地，占领了荆、湘两州，杜弢坚持战斗五六年之久，及东晋初为王敦、陶侃所败，弢遁逃不知所终。

西晋的灭亡 八王之乱以后，晋统治阶级内部分裂，同时引起边境各民族的反抗和各地农民起义，到了公元三〇七年（怀帝永嘉元年）怀帝即位以后，晋政权便渐趋瓦解。此时匈奴刘渊，及王弥、石勒进攻洛阳及黄河南北各地，洛阳渐成孤立，四方都督刺史也无人来援救，洛阳粮食渐竭，东海王越借口攻石勒，率大军及朝廷百官驻许昌，公元三一一年，东海王越死，石勒围攻晋军于苦县（亳县），晋军十余万人为石勒所歼灭，公卿百官及宗室四十王尽为其所杀。

东海王越既行之后，洛阳更加孤危，城中没有粮食，饿死者甚众，皇帝殿内也满地死人。城内人民彼此相食，互相抢劫。石勒既败晋军于苦县，刘聪便命呼延晏、刘曜、王弥、石勒攻洛阳。洛阳无力抵御为其攻陷，匈奴对洛阳的人民，大肆屠杀劫掠，人民遭其屠杀者三万余人，又发掘陵墓，尽焚宫室官府，俘怀帝而去。

洛阳失陷，怀帝被虏以后，豫州刺史阎鼎拥秦王邺（武帝孙）入关中，与雍州刺史贾疋、始平太守麴允、京兆太守索綝等立以为帝，是为孝愍帝。此时，全国各地已一片混乱，他们所占有的只是关中弹丸之地，而且在战争荒歉之余，也是混乱残破不堪。名义上是晋政权，实际已毫没有力量了。公元三一六年（愍帝建兴四年），刘曜攻陷长安，愍帝出降，西晋便灭亡。

第三章　北方各族的割据（公元三〇四年到公元四三九年）

第一节　北方各族的反晋和汉及后赵的建国

北方各族的内迁　西晋统治集团内部斗争的八王之乱爆发以后，西晋的统治力量日渐瓦解。不久，边境各地被压迫的民族又起而反抗，西晋被匈奴族所攻击而灭亡。而北方从此以后陷入长期的大乱。

秦汉时代，我国北边有一道长城防御北方游牧部族的侵略。王莽末年以后，这条坚固的防线破坏了。后汉时代这条防线没有恢复，而且沿长城地区更逐渐荒芜。因为长城防线破坏了，北方草原上的游牧部族便不断地向南迁入中国。同时，后汉以来，统治者对各族的政策也往往强迫将他们迁入境内。即将他们击败以后，将他们迁至境内以便统治。这样就使得各族迁居境内的更多。

公元五〇年，南匈奴来降，汉光武帝允许他们迁居西河美稷，北边朔方、五原、云中、雁门、代郡等地都有匈奴居住。往后人口滋殖，太原、河东、上党以及凉州都有匈奴居住。西晋初还有匈奴内迁。

后汉时代，羌族屡次反抗，汉镇压羌人，也屡次将他们迁于境内。最后段颖将羌人的反抗镇压了，但羌人仍散居于凉州以至渭水以北地区。

氐人原居于武都。公元二一九年曹操徙氐人五万余落于扶风、天水。晋初，扶风始平，京兆略阳等地都有氐人。

鲜卑原是居在内蒙草原东部的许多部落。后汉桓帝灵帝时，鲜卑酋长檀石槐曾统一诸部，占有匈奴故地，建立了一个大国。檀石槐死后，鲜卑各部又分裂。魏时，他们逐渐南迁，辽东、辽西以至雁门、代郡、定襄都有鲜卑。魏时邓艾又迁一部鲜卑于雍凉之间。到西晋时，北边东起辽东西至凉州广大地区都有鲜卑部族居住。

这些部族内迁，大多依然保持着他们原来的部落组织和生活风俗。一部分因年代长久也逐渐汉化，其上层分子受汉族文化的影响，学习汉族的学问。一部分人民则成为与汉同样的『编户』之民。这些部族的人民与汉人杂处，受汉族的统治，当然受汉族统治阶级的轻视、欺侮、剥削和压迫。有许多人民受汉族地主的压迫成为汉族地主的佃客，或被掠卖为汉族地主的奴隶。他们受汉族地主这样的欺凌压迫，『怨恨之气，毒于骨髓』（江统徙戎论）。他们必然要起而反抗。

自后汉以来，边境各族就不时地起兵反抗了。如公元一九一年，匈奴于夫罗就曾与农民起义军白波联合起义。公元二七〇年（晋武帝泰始六年）鲜卑秃发树机能又起义于凉州。经过十年才被晋打败，给与晋很大的打击。公元二七一年（泰始七年）匈奴刘猛起兵逃亡出塞。公元二九四年（惠帝元康四年），匈奴郝散又起兵，进攻上党。冯翊、北地匈奴都起兵响应。公元二九六年，氐齐万年又起兵于关中，晋也用了很大的力量，才将他镇压。在五胡之乱没有爆发以前，边境各族的反抗即日益强烈。当时眼光较远的人就已看到危机非常严重，最后有一天大规模的反抗必将爆发。西晋平吴之后，江统、郭钦等曾主张将这些『戎』人迁回他们本土。当时西晋的统治力量还未丧失，所以还勉强可以统治各族，及八王之乱既起，西晋统治力量瓦解，各族便大规模地反抗了。

刘渊起兵与汉（前赵）的建国 北方各族中首先起兵的是匈奴刘渊。刘渊是匈奴左贤王刘豹的儿子，是匈奴的贵族，他是个汉化很深的匈奴人。他原在洛阳为『质子』，八王之乱爆发以后，晋的内乱日益加甚，晋政权趋于崩溃，渊从祖刘宣就想乘机起兵反晋。他们推渊为大单于。及王浚和司马腾起兵攻成都颖，渊诡言发动匈奴的军队帮助成都颖，他们回到左国城（山西离石县北），便立刻起兵，自称大单于。自以为是汉的外甥，建国号为汉。他派兵攻下河东、上党、平阳等地。后石勒、王弥来降，势力更大。三〇八年便称皇帝，迁都平阳（山西临汾），并尽力拉拢汉族的大地主以巩固其统治。

公元三一〇年（晋怀帝永嘉四年），刘渊死，次子聪杀太子和自立为帝。公元三一一年，聪命呼延晏、刘曜、王弥、石勒等攻洛阳。俘晋怀帝，后又命刘曜攻陷长安，俘晋愍帝。

匈奴起兵是因为匈奴人民受晋统治阶级的压迫，同时也因为汉族人民对晋统治阶级的反抗与他联合。但匈奴统治者起兵之后，对汉族人民进行极残酷的屠杀和掠略，因此汉族人民对匈奴坚强地抵抗。中原许多人民都建筑坞堡，进行不屈的抵抗。如并州刺史刘琨领导并州的人民坚守太原达十年之久，郭默、李矩筑坞堡于新郑，抵拒匈奴。所以自刘聪攻下长安以后，匈奴的势力就被阻止了。汉势力所达到的只有山西、陕西和河南的一部分而已。同时，匈奴贵族既建立政权以后，也就很快的腐化了。统治集团内部争权，互相屠杀。

公元三一八年，刘聪死，太子粲即位，外戚靳准作乱杀粲，并尽杀刘氏宗室。此时，刘曜镇守长安，起兵攻准，准同党靳明杀靳准，降曜。靳准作乱，石勒也派兵攻准，他实也想夺取政权，及靳明投降刘曜，石勒大怒，攻明，明奔刘曜，曜便迁都长安，改国号为赵，石勒也独立，于是汉分裂为两国。

刘曜与石勒分裂以后，刘曜所占者只关中之地，力量弱小。公元三二八年，曜攻洛阳，败，被石勒所俘虏，前赵便告灭亡。

石勒起义与后赵建国 石勒是上党匈奴羯部人。他原是个雇农，也做个小贩。晋惠帝太安年间（公元三〇二—三〇三年）并州饥荒，并州刺史司马腾掠卖匈奴人为奴隶以充军饷，石勒也在其中。他被卖与茌平人师懽家为奴隶。

师懽家邻近牧马场，石勒善相马，因此与牧帅汲桑往来。此时晋八王争权的战争正日益扩大，各地人民都蜂起反抗。汲桑和石勒也结合一些人利用牧场的马为『群盗』。公元三〇五年，成都王颖为王浚、司马腾所败，颖部将公师藩起兵，汲桑和石勒以牧场马儿百匹参加公师藩的军队。不久，公师藩为兖州刺史苟晞所杀，汲桑和石勒又逃归牧场。

公元三〇七年，汲桑、石勒复起兵。桑自称大将军，命石勒攻司马腾，勒大败腾军，攻克邺，杀司马腾。汲桑攻兖州，战败被杀。勒便以他的军队投降刘渊。刘渊以勒为辅汉将军，命他进攻河北、山东各地。石勒进攻河北，各郡县坞堡多被他攻下，势力便大起来了。自此进攻冀、兖、徐、豫等州。石勒攻下这许多地方，但皆未占有。公元三一二年，用张宾计，才以襄国（河北正定）为根据地。又击灭幽州刺史王浚和并州刺史刘琨，于是河北、河南都为石勒所占有。

石勒完全是自己发展起来的，名义上虽投降刘渊，实际是个独立的势力。公元三一八年，刘聪死，勒与刘曜分裂，三一九年，便自称赵王。公元三二八年灭刘曜，遂尽有北方。

石勒是以农民起义的，他因为有农民的帮助，势力发展很快。同时他对于地主阶级也加以笼络。他起初攻下各地，就将『衣冠人物集为君子营』。及他建立政权，又禁止胡人『不得侮易衣冠华族』。并制定九品，立考试制度。因此，北方的地主阶级也支持他。因为得到汉族地主的支持，石勒发展成为相当强大的势力。但石勒死后，后赵情形就改变了。后赵的统治者对各族人民，尤其汉族人民残酷地压迫和剥削，统治集团内部逐渐发生争夺，政治日坏。

石勒从子石虎随勒战争，勇猛有功，位望很高。公元三三三年石勒死，太子弘即位，石虎杀弘自立，石虎极其残暴。他一方面对外进行战争，一方面过着穷奢极欲的生活，对人民进行野蛮的搜括，他在襄国和邺两处兴修宫室。在襄国修太武殿，『基高二丈八尺，……东西七十五步，南北六十五步，皆漆瓦、金铛、银楹、金柱、珠帘、玉壁，穷极伎巧』。后又在邺起台观四十余所，又营造隆安和洛阳两处宫殿。他掠夺妇女，后宫有十万人。石虎的儿子也都是穷凶极恶，残暴得像野兽一样。石虎为进行战争，对人民搜括压迫更加厉害，他为要攻慕容皝，令司、冀、青、徐、幽、并、雍人民『五丁取三，四丁取二』以充兵役。他准备攻东晋和前凉，又命青、冀、幽等州『三五发卒』。他又禁止人民养马，没收人民的马达四万余匹。他图谋进攻东晋，令兵士每五人车一乘，牛二头，米各十五斛，绢十匹，向人民征发，不办者就斩。百姓穷窘，卖儿鬻女都不够。『自经于道路，死者相望』。他为搜括财物，古人的坟墓他都发掘。他压迫各族人民，又将各族人民大事迁徙。他将氐羌族人民迁至河南，将辽西段部鲜卑二万余户迁于雍、晋、兖、豫等州。又禁止人民言论，『立私论之条，偶语之律』，石虎这样对各族人民残酷的压迫和劫掠，自然加深了种族的矛盾，引起各族人民的反抗。同时，石虎的时候，赵统治集团内部斗争也加甚了，石虎的儿子彼此争权，终至引起大乱。

公元三四九年，石虎死，太子世即位。虎子遵和养子冉闵攻杀世，遵立为帝。石遵又想杀冉闵，闵便与大司马李农杀石遵。石虎其他诸子石祗、石冲等起兵攻闵。闵大杀邺城内的胡羯，并号汉人杀胡人。各地的汉人因受石虎的压迫大肆屠杀胡羯，胡人被杀者二十余万。其他各族如氐羌也都纷纷叛走。后赵也就灭亡了。三五〇年，冉闵自立为帝，改国号为魏。

冉魏自立以后，进攻石祗于襄农国。石祗求救于前燕慕容儁，慕容儁率兵南下，侵占幽州。公元三五二年冉闵抵抗前燕，为燕所败，被俘。于是北方又为鲜卑慕容氏所略取。

前凉的建国　前凉张轨，安定乌氏人。公元三〇一年（惠帝初宁元年），为拥羌校尉、凉州刺史。当时凉州鲜卑作乱，轨击破鲜卑，将凉州平定，并建筑姑臧城。匈奴刘渊起兵后，唯凉州安定，中原许多人民都往凉州避难。公元三一三年（愍帝建兴元年）轨死，凉州人又推轨子实为凉州刺史。此时，北方已全为刘聪和石勒所占，凉州与东晋隔绝。后实为其下所杀。实弟茂代立。公元三二五年（晋明帝太宁三年），茂死，实子骏代立。骏在位，凉州境内安定，骏又勤修政治，境内富庶。他又攻西域，龟兹、鄯善等国都来投降，国少甚强。骏死，（公元三四六年）子重华立，自称凉王。重华死，内部争权，国内渐乱。公元三七六年（晋孝武帝太元元年），为前秦所灭。

第二节 前燕的侵占中原与前秦统一北方

前燕的建国 前燕鲜卑慕容氏。这一部落魏初迁至辽西，居于大棘城（辽宁锦县西）。晋惠帝的时候，酋长慕容廆羡慕汉族的文化，始从事农业，他们便由游牧而定居。自此以后，势力也逐渐地强大起来。永嘉之乱，中原的人民避乱逃往辽西的很多，慕容廆将他们收容，并设立郡县安置这些流亡的人民。又选择其中『士人』参加自己的政治，势力更加发展。而从此也逐渐由氏族部落进向封建制。

公元三三三年，慕容廆死，子皝立，并吞辽东。公元三三七年，皝便自称燕王。后皝又灭段部、宇文部，败高句丽，势更强大。公元三四八年，慕容皝死，子儁立。

慕容儁即位不久，适值后赵内乱，石祇向他求救，他便率大军攻冉闵。儁既败冉闵，便进向中原，占有河北的大部分土地，迁都于邺。公元三五二年，儁称皇帝。

公元三六〇年慕容儁死，子暐立。复攻晋，夺取了河南的许多土地。但慕容暐的时候，燕也就衰弱了。燕贵族多贪污，他们强迫农民为他们的佃客。有一次就清查出隐户二十余万。地方官对人民勒索尤甚。人民不堪，多相率逃亡。而燕贵族们又多奢侈腐化。慕容暐后宫有四千多人，宫中僮仆合共有四万多人。每天所费超过万金。其他『宰相侯王』都『以侈丽相尚』。同时，燕统治集团内部争权也发生了。慕容暐信任慕容评，以他为大司马。慕容评嫉恨对燕势力发展最有功的贵族慕容垂，垂因而逃往前秦。燕政治如此腐败，也就日益衰弱。公元三七〇年，前秦坚派王猛攻燕，慕容暐命慕容评抵御，大败。王猛攻下邺，将慕容暐俘虏，并鲜卑四万余人徙往长安，燕便灭亡。

前秦统一北方 前秦是氐人。原居略阳临渭，最早酋长苻洪。石勒灭刘曜，洪降于石勒。后石虎迁氐羌于河南，氐人迁居枋头（河南浚县南）。石虎以苻洪为流人都督。苻洪为后赵将，屡有战功，石虎封他为西平郡公。

石虎死，赵内乱，苻洪便脱离后赵降晋。后又自称三秦王。不久，苻洪死，子健代领其众。率众西还关中，占领长安，公元三五一年，称秦王。三五三年，称皇帝。苻健死，子生继立。苻生极残暴好杀，公元三五七年，生从父弟坚杀生自立为皇帝。

苻坚即位，励精为治。他信用汉人王猛，以他为中书令。他又拉拢汉族地主分子，设立太学教授公卿子弟，命各地选拔『殊才异行，孝友忠义，德业可称』的人。同时又打击豪强，树立法纪。奖励农业生产，开放『山泽之利』，经过几年的努力，『盗贼止息，请托路绝，田畴修辟，帑藏充盈』，他的力量便逐渐强大起来。公元三七〇年，坚命王猛攻灭前燕。三七三年，又攻晋，取汉中、益州。三七六年，又灭前凉。于是北方全为苻坚所统一。

淝水之战与前秦的分裂 苻坚统一北方以后，就想进而攻晋，企图统一全中国。三七九年，命苻丕攻襄阳，俱难攻淮阴、盱眙。苻丕陷襄阳，俘晋南中郎将朱序。俱难先也攻陷淮阴、盱眙，后晋谢玄反攻，击败俱难。

公元三八三年，苻坚更大举攻晋，发兵六十万，计划集中寿春，进攻东晋。晋命谢玄、谢石率北府兵七万人抵御。谢玄命刘牢之以精兵五千袭击秦军，杀其将梁成等十余人及军队一万五千人，以挫其锐气。谢石等既败梁成，水陆并进。苻坚望见晋军部阵整齐，将士精锐，便有些恐惧。看八公山上草木皆是兵，苻坚命朱序说谢石，想他投降。朱序向谢石建议乘秦大军还没有集中速战。谢石派人到苻坚处请战。谢玄、谢琰率兵数万列阵淝水之南，秦苻融兵列阵于淝水之北，晋军不得渡。谢石请秦军稍退，使晋军得渡水决战。苻坚想乘晋军半渡一鼓将其歼灭，便下令稍退。秦军一退，便不可止，晋军渡水攻击，秦军大败。苻坚也中流兵逃走。

淝水之战是东晋与北方胡人最大的一次战争，关系也至为重要。晋军胜利保障了东晋免于灭亡。苻坚这次失败主要的原因，是他境内种族复杂。各族的人民在苻坚的统治奴役之下，时刻想推翻他的政权，求得自己种族的独立解放。因此，在战争的时候，不但不出力，而且乘机脱离。淝水之战，秦军后移，首先逃走的就是慕容垂。另外，军事上的错误和轻敌也是个原因。苻军不等大军集中，仅以前锋与晋军决战，这就使自己的兵力不能集中使用。一遇到东晋的北府精兵，便不能取胜。

淝水之战，苻坚失败，秦境内的各族纷纷独立。公元三八三年，鲜卑慕容垂起兵，攻占河北，是为后燕。公元三八四年，慕容泓起兵于华阴，慕容冲起兵于平阳，是为西燕。羌人姚苌起兵于渭北，是为后秦。公元三八五年，鲜卑乞伏国仁自称单于是为西秦。鲜卑拓跋珪独是为后魏。公元三八九年，氐吕光占领姑臧是为后凉。前秦便完全瓦解了。北方又陷入混乱的状态。

第三节 淝水之战后北方大混乱

公元三八三年淝水之战以后，前秦分裂，自此直至公元四三九年，五十余年之间北方又形成大混乱，前后共有十一个割据的势力，他们各占一小片土地，互相混战。

后燕、北燕、南燕 后燕慕容垂原是前燕宗室。慕容暐时，投降于苻坚。苻坚灭前燕，鲜卑人都非常愤恨。淝水之战，苻坚失败，鲜卑人多主张乘机恢复燕国。于是慕容垂起兵，攻占河北、山西各地，建都于中山（河北定县）。此时，拓跋魏也在山西北部建国，两国都向山西发展，因而发生战争。

慕容垂死，子宝即位。公元三九六年，魏大举攻燕，围中山。宝奔龙城，为垂舅兰汗所杀。宝子盛杀汗即位，又为人所杀，叔父熙代立。冯跋杀熙立宝子云，跋旋杀云自立，后燕亡。

冯跋即位，历史上称为北燕。跋死，子弘即位。北燕土地狭小，力量很弱。公元四三六年为魏所灭。

魏攻下中山，慕容德（垂弟）自邺南奔滑台，称燕王。后又迁都广固（山东益都），历史上称南燕。南燕所占的地方只有山东一隅之地，也是很小的。慕容德死，兄子超即位。公元四一〇年，晋刘裕伐南燕，超降，南燕灭亡。

后秦、西秦、夏 后秦是羌人姚苌所建立的。苌原是南安赤亭羌人，父姚弋仲。石虎迁关中氐羌于山东，姚弋仲和羌人几万人迁居清河。石虎死，后赵大乱，弋仲降晋。弋仲死，子襄率众入关，为苻生所败，死。苌降苻生。

苻坚败于淝水，慕容泓起兵于华阴。苻坚派姚苌讨泓，兵败，苌便逃往渭北，自称大单于万年秦王。略有渭水以北各地。后苻坚为慕容冲所攻，奔五将山，苌执杀坚，攻占长安，击败慕容冲，完全占领关中。苌死，子兴即位。兴死，子泓即位。公元四一七年，晋刘裕来攻，泓降，国亡。

西秦是鲜卑乞伏国仁建立的。乞伏国仁是陇西苑川（甘肃靖远县西南）鲜卑部落酋长，苻坚时，受前秦的统治。淝水之战，苻坚失败，国仁便进攻附近部落，发展势力。姚苌起兵，他便也于三八五年，自称大单于。国仁死，弟乾归立，自称秦王。乾归死，子炽磐立，炽磐死，子暮末立。公元四三一年为夏所灭。

夏是匈奴赫连勃勃所建的。勃勃父卫辰。苻坚败于淝水，卫辰占有河西，后卫辰为魏所破，勃勃投降姚兴。姚兴命他镇守朔方。公元四〇七年，他便叛后秦独立，国号大夏，建筑统万城为国都。后姚泓为刘裕所灭，勃勃袭取长安，占有关中。勃勃死，子昌立，为魏所败，昌被魏俘虏。昌弟定代立。公元四三一年为吐谷浑所灭，其地尽为魏所吞并。

后凉、南凉、北凉、西凉 后凉氐人吕光原是苻坚将。苻坚命光攻西域。光自西域回国，苻坚已败于淝水，国内大乱，光便占据姑臧（甘肃武威）。公元三八九年，光自称三河王。后又称天王。后秃发乌孤、沮渠蒙逊脱离吕光独立，国力衰弱，吕光死，诸子争位，南凉、北凉又来进攻，四〇三年后秦攻凉，为后秦所灭。

南凉鲜卑秃发乌孤是秃发树机能的后代，原是部落酋长。吕光称王，他役属于后凉。公元三九七年，乌孤独立，自称西平王，都乐都（青海碾伯县）。乌孤死，子利鹿孤立，迁都西平（青海西宁）。利鹿孤死，弟傉檀立，称凉王。公元四一四年，西秦乞伏炽磐袭击乐都，傉檀为西秦俘虏，国亡。

北凉匈奴沮渠蒙逊。蒙逊伯父罗仇、麹粥，为吕光所杀。公元三九七年，蒙逊叛光，推建康（甘肃高台县）太守段业为凉王。公元四〇一年，蒙逊又杀段业，自称王。旋攻占姑臧。灭西凉，将凉州完全占领。蒙逊死，子牧犍立。公元四三九年为魏所灭。

西凉汉人李暠、段业时，以孟敏为沙州刺史，暠为效谷令。公元四〇〇年，孟敏死，众推暠为刺史，称凉公。都于酒泉。暠死，子歆立，为沮渠蒙逊所破。歆败死。歆弟恂奔敦煌。公元四二三年，为北凉所灭。

公元四三九年，北魏灭五胡中最后一国北凉，统一北方，五胡的大乱才告终止。

第四章　东晋南朝社会经济的发展

第一节　东晋南朝的经济

北方豪族的南迁和东晋政权的建立　公元三一七年，晋愍帝为匈奴所虏，西晋灭亡了。匈奴刘渊、石勒起兵以后，北方大乱，北方的豪族大地主纷纷逃往江南，他们在江南又建立了一个新的政权。

东晋元帝司马睿是司马懿的曾孙，初袭封为琅邪王。公元三〇七年（怀帝永嘉元年），他被任为安东将军都督扬州诸军事，镇建邺。他以琅邪的豪族王导为军司马，王敦为军咨祭酒。江东的豪族大地主，原多是三国孙吴时代以来的大地主，他们与中原的大地主是有隔阂的，司马睿渡江之初，江东的豪族地主都不理会他。王导、王敦知道要在江东立足必须要得到当地的豪族大地主的支持才行。他们极力笼络江东的豪族纪瞻、顾荣等人，这样他们得到江东豪族的支持，司马睿在江东的地位才稳定下来。此时，匈奴侵略中原，洛阳、长安相继沦陷，怀帝、愍帝被虏，人民惨遭屠杀，他皆坐视不救。反乘机在南方扩张自己的势力。他击灭扬州刺史周馥，江州刺史华轶，又镇压了杜弢的流民起义，占有长江中下游的地方，此时中原豪族大地主和人民逃至江南者极众，他又收容了许多北方大豪族地主，于是他的势力更加巩固。公元三一六年，愍帝为刘曜所虏，他便自称晋王。三一八年，愍帝为刘聪所杀，他便称皇帝。

农业生产 自从永嘉之乱爆发以后，在一百多年之间，北方一直在战争混乱之中。汉族人民遭受其他各族的屠杀压迫，不断地向江淮以南逃亡。刘渊、石勒起兵的时候，北方人民大量南迁。苏峻祖约之乱，江淮之间的人民又有不少渡江，后赵石虎死，北方大乱，又有大量的人民南渡。以后北方人民向江南迁徙者继续不断。北方人民这样大量的南迁，这就使江南的劳动力增加了。这对江南生产的发展起了很重要的作用。

据宋书地理志，宋孝武帝大明八年（公元四六四年），扬州户十四万三千二百九十六，口一百四十五万五千六百八十五。再加上侨置的南徐州户七万二千四百七十二，口四十二万零六百四十，总数有户二十一万五千七百六十八，口一百八十七万六千三百二十五。宋时的扬州略相当于东汉的丹阳、吴郡、会稽三郡。后汉，这三郡合计户四十二万三千七百七十四，口一百八十一万二千五百二十三。宋时扬州的人口实超过东汉。东晋南朝豪族大地主有许多佃客、奴婢和部曲，此外，还有许多无籍的浮浪人，这些人都不在人口统计之内。再加上这些人口，东晋南朝时期，扬州的人口超过了东汉很多。东晋南朝时期江东的生产是有显著的进步的。当时江南许多荒地山湖都逐渐开辟。如宋时曾『起湖熟废田千余顷』（宋书文帝纪）。孔灵符请于『余姚、鄞、鄮三县界垦起湖田』（宋书孔季恭传）。谢灵运也曾请决会稽回踵湖和始宁岯崲湖为田

(宋书谢灵运传)。当时必有许多湖都开发成田。东晋以后,许多豪强贵族都封固山泽。封固山泽一方面是霸占山泽的土地利益,一方面也是开发山林。南朝对于江南水利也注意,滨湖滨海多修建塘坝以防水患。沈约说扬州『一岁或稔,则数郡忘饥』,会稽『良畴亦数十万顷,膏腴土地,亩值一金,鄠杜之间,不能比也』。又说扬州『鱼盐杞梓之利,充仞八方,丝绵布帛之饶,覆衣天下』。东晋以后,江南的农业确是很发达的。

但东晋南朝时期,全国范围内生产的发展,似不能过分强调。据续汉书郡国志,东汉荆、扬、交、益四州户口总数,计户四百二十一万七千四百六十六,口一千八百八十四万九千一百一十五。三国时,吴、蜀两国人口合计三百二十四万。宋大明八年,全国户口计户九十万六千八百七十,口四百六十八万五千五百零一。宋时的户口统计自属不确,也不完全,还有很多佃客、奴婢、部曲等没有计算在内。但这与东汉的户口相比相差很远。不过它比之吴、蜀两国确实增多。由此可知,东晋南朝时代的生产比之三国时期确有进步,比之东汉则犹有不及。东晋南朝生产这样停滞没有大的发展,一方面由于战争,一方面则由于豪强大地主的剥削。自晋政权在江东建立后,与北方各族不断的战争,长江以北遭受严重的破坏;而在长江以南的地区因为豪强大地主剥削严重,阻碍了生产的发展。

手工业和商业　东晋南朝的手工业最著者有纺织业、煮盐和冶铁。纺织业是农家附业,政府征收户调也征收布帛丝绵,纺织业是最普遍的手工业。纺织业有丝织的绢帛和麻织的布。当时丝织业大概以扬州和蜀郡最发达。沈约说扬州『丝绵布帛之饶，覆衣天下』，其产量必是相当多的。麻织品的布大概到处皆有。盐是人民生活必需品，产量必相当的多。东晋以后，巴蜀的井盐生产比以前更多。汉志载蜀盐井只有临邛、南安两地，华阳国志载巴蜀盐井则有临邛、广都、郪县、南安、牛鞞、江阳、汉安、新乐和临江九处，比汉代增加了七处。铁是制造兵器和农器的，产量也必是比较多的。当时冶铁工业大多掌握在政府手中。

此时手工业还有一进步，即此时有真正的瓷器了。我国瓷器的发明开始于汉代，但汉代的瓷器还不是如后世真正的瓷器，只是陶器加釉而已。晋以后便有真正的瓷了。东晋时，有瓯越窑制青瓷。近来江南也出土有东晋时的青瓷。这种瓷器制造，唐宋以后遂发展成为重要的手工业。

不过，东晋南朝的手工业一般说是不发达的，商品中很少看到手工业制造品。

东晋南朝的商业比三国时代为发达。当时建康是南方最大的都市。隋书食货志说建康『贡使商旅，方舟万计，淮水北有大市百余，小市十余所』，可见建康的商业是很兴盛的。东晋南朝商税是政府重要的财政收入之一。商税有估税、津税和市税，当时各地商货往来贸易必相当的多。当时许多官僚贵族都经营商业。东晋时，刘胤为江州刺史，他『大殖财货，商贩百万』，江州漕运的船只，他都拿去运货，刁彝兄弟都『以货殖为务』，梁时曹景宗为郢州刺史，他经营商业，在汉水沿岸建造店面长达数里。还有许多贵族官僚设置『邸店』，囤积居奇。东晋南朝时期货币的使用也较三国时为普遍。隋书食货志云：『梁初，唯京师及三吴、荆、郢、江、湘、梁、益用钱，其余州郡则杂以谷帛交易。』可知长江流域是普遍用钱的。货币的使用广泛，商业也必较以前进步。

东晋以后，南海的交通更加发达。天竺（印度）、狮子国（锡兰）和南洋各地都有商人商船来中国贸易。例如东晋法显自印度回国，即由锡兰乘商船至耶婆提国（大约在苏门答腊岛上），再由耶婆提国改乘商船回国的。宋齐以后，有许多国家更派遣使臣来中国，更有南洋的人民卖至中国为奴隶的（注一）。当时南洋各国商船大多至广州贸易，也有少数至建康贸易（注二）。

不过，东晋南朝时期的商业也不能估计过高。当时商业所运销贩卖的商品实很有限的。建康是当时最大的都市，隋书食货志说：『又都西有石头津，东有方山津，各置津主一人……以检察禁物及亡叛者。其获炭鱼薪之类，过津者并十分税一以入官，其东路无禁货，故方山津检察甚简。』建康运入的货物主要的是获炭鱼薪，可知建康市所买卖的也必是这类生活必需的农产品而已。又东晋南朝的地方官员贪污，往往携带当地的土产至建康出卖以图利。这种土产也是商品。东晋谢安有乡人为中宿令，罢归，带回蒲葵扇五万把。谢安取了一把捉在手里，京城里的人慕效谢安都买这个人的蒲葵扇，扇价因而增高数倍。梁王筠为临海太守，罢归，有芒屩两船，这也是带到建康出卖的。这些贪污官吏将这样不值钱的东西也运到建康贩卖，更可见当时市场上的商品是如何的贫乏和落后。

豪族兼并 东晋南朝是豪族大地主阶级的势力发展到最高的时期，他们猖狂地、无所忌惮地向人民进行剥削掠夺。大部分土地都被他们略夺去了。

东晋南朝官吏贪污可说是『登峰造极』了，贪污是公开的，他们公开将一切官职视为发财的处所。掌铨选的和用人的中正、吏部尚书，及有权的中书舍人，都卖官受贿，宋时庾仲文为吏部，有张幼绪说，他得一县令，负债三十万。他又用一人名刘道锡，向道锡索嫁女器具及祭器值价一百万。南齐时，綦母珍之为中书舍人，他卖官『内外要职及郡丞、尉，皆论价而后施行』。茹法亮为中书通事舍人，他公开地说：『何须觅外禄，此一户内年办百万。』官职皆是由行贿和出钱卖得的，则所有官员到职之后，自必更凶恶的搜括了。

地方官员都督、刺史、太守、县令可以直接勒索人民，更是发大财的处所。豪族地主可以借口『家贫』公开地向皇帝要求为刺史、太守、县令。宋齐以后，朝廷官员为要贪得更多的财物，更往往兼一个太守或县令。地方官之贪污真令人咋舌，例如宋时垣闳为一任交州刺史，就『资财巨万』，一任益州刺史，又贪得『数千金』，南齐邓元起为益州刺史贪污，『财货山积』，他将贪得的财物分类堆藏。『金玉珍帛为一室，名曰内藏；绮縠锦罽为一室，号曰外府』（南史萧藻传）。由这些事实看，地方官员贪污之盛，可以想见。

东晋以后，地方都督、刺史、太守罢任，又有所谓送故钱，这更是一笔极大的贪污。晋书范宁传说：『方镇去官，皆割精兵器仗以为送故，米布之属，不可称计……送兵多者至于千余家，少者数十户。』邓攸传说，吴郡『常有送故钱数百万』。陆纳为吴兴太守，罢任时，人问他『宜装几船』。宋时刘道隣为益州刺史，『去镇日，府库为空』。这就是将地方政府的财物乃至军队席卷而去。这种送故钱最初是官吏贪污。往后到了陈的时候，便成定令，一切迎新送故钱，皆由人民出（隋书百官志），这就承认贪污是合法的了。

地方官这样贪污的财物，皇帝也要分肥。刺史太守罢任还京，皇帝必责令他『献奉』。宋垣闳为益州刺史回京，以他贪污所得的一半献给明帝，明帝还嫌其少。宋孝武帝时，所有的刺史太守罢任都限令他『献奉』。又与他们赌博，必使输尽而后已，宋张兴世为雍州刺史，贪污三千万。后废帝亲自率人一夜将其抢光了。南齐曹虎为雍州刺史，贪得五千万，东昏侯要他的财物，竟将他杀死。地方官乃至皇帝都如此贪污，贪污风气之盛，人民之苦可以想见。

豪族大地主又直接侵占农民的土地。宋书武帝纪云：『晋自中兴以来，治纲大弛。权门并兼，强弱相凌，百姓流离，不得保其产业。』又刘穆之传云：『盛族豪右负势陵纵，小民穷蹙，自立无所。』农民的土地，大多为他们掠夺去了，豪族大地主又封固山泽，他们将山泽占为己有。如晋刁彝在京口『固吝山泽，为京口之蠹』。会稽右都『封略山泽』（晋书蔡兴传）。南齐时，竟陵王萧子良于宣城、临城、定陵三县界立屯，封山泽数百里，当时贵族大地主到处建立『屯封』。山泽一为他们所占有，就禁止人民樵采捕鱼。人民采樵捕鱼，必须纳税。豪族地主这样霸占山泽，不但妨害人民的生计，对政府的收入也有损失。公元三三六年（晋成帝咸康二年）下令禁止，占山者以强盗律论罪。但这种禁令毫无效果，宋明帝时因禁止无效，乃向豪族让步，准许豪族占有山泽，不过只略加限制：官品第一第二可占山三顷，九品及人民也可占百亩。以前已占了的也不收回。这样的限制，豪族地主依然不遵守，终南朝之世，豪族地主封固山泽，始终未停。

东晋南朝许多豪强贵族都经营商业。东晋刘胤为江州刺史，他不问政事，而『大殖财货，商贩百万』。江州漕运船只，他都拿去做生意。刁彝兄弟子侄『并历显职』，而他们都『以货殖为务』，宋刘道济为益州刺史，垄断商业，远方商人至蜀贸易者，限制布、丝、绵各不得五十斤，马不论善恶都限价二万。他又垄断冶铁，禁止人民鼓铸，而他高抬铁器的价格。梁时曹景宗为晋州刺史，他经营商业，在汉水沿岸，建筑店面，长达数里。

豪强贵族又放高利贷。如王导的孙子王珣就放高利贷。宋时顾绰放高利贷，吴郡『士庶多欠他的钱，债券多至一大橱。更有穷凶极恶强迫人借钱而索高利的，宋晋平王刘休祐为荆州刺史，强放高利贷，他以短钱一百借与人民，新谷登场就要偿白米一斛。米粒必须彻白，稍有破碎，就剔除不受。这样的好米一百钱实只能买到一斗，米送去，他又不要米，责令折钱。这样的剥削乃是十倍的利息。以致『百姓嗷然，不复堪命』，这不是高利贷而是抢劫了。

南朝许多王公贵戚又兴立『邸店』。邸店亦称邸舍，这乃是既经营商业，囤积居奇，又放高利贷的商店。南史蔡兴宗传谓宋时『王公妃主多立邸舍，子息滋长，督责无穷』，沈怀文传谓宋豫章王『子尚等诸皇子皆置邸舍，逐什一之利，为患遍天下』。又梁书临川王宏传谓『宏都下有数十邸，出悬钱立券，每以田宅邸店悬上文券，期讫，便驱券主，夺其宅，都下东土百姓，失业非一』。其他又如宋柳元景为湘州刺史，『立邸兴生』，南齐吕文虔在余姚立邸。这样的记载很多。南史徐勉传勉诫子书云：『显贵以来将三十载，门人故旧承荐便宜，或使创辟田园，或劝兴立邸店，又欲舳舻运致，亦令货殖聚敛。』观此，东晋南朝官僚豪族经商和兴立邸店，放高利贷，乃是普遍的现象。当时的商业也垄断在他们的手中。

东晋南朝豪族大地主，又多隐匿逃亡的人民为自己的佃户。东晋南朝，因赋役过重，人民不堪压迫，往往逃亡，有的依附豪族，豪族就借此大量招引农民为自己的佃客，借以掠得更多的土地和人民。晋书山遐传说遐为山阴令，不到八旬，就查出隐户万余口（庾宾报兄冰书谓二千户）。又庾冰传说冰为中书监扬州刺史，料出隐户万余人。颜含为吴郡大守，王导问他诣政何先，含说：『南北权豪，竞招游食，国弊家丰，执事之忧，且当征之势门，使反田桑，数年之间，欲令户给人足。』足见当时豪族隐匿户口，实严重影响了生产和财政经济。当时全国各地，豪族隐匿的户口至为可观。人民一为豪族所隐匿，就成为豪族的佃客，称之为『私附』或『私属』。

豪族大地主用各种手段掠取财物和土地，他们都成为大富翁大地主。例如陶侃『媵妾数十，家僮千余，珍奇宝货，富于天府』。刁彝有田万顷。谢安、谢琰在会稽、吴兴、琅邪几处都有产业。谢琨有田业千余处。宋沈庆之广开田业，产业累万金。至于财产几千万的，不知其数。豪族大地主占有大片的土地，建立很大的庄园，役使大量的佃客、奴隶耕种，称之为墅，亦称为屯或园舍。如宋王骞『有墅在钟山八千余顷』，沈庆之有园舍在娄湖，孔灵符在『永兴立墅周围三十三里，水陆地二百六十五顷，含带二山，又有果园九处』。戴明宝在江西有墅。梁临贺王肃正德将『自征虏亭至方山悉掠为墅』。

财产土地大部分集中在豪族大地主之手，更多的农民被剥削而丧失他们的土地。他们沦为豪族大地主的佃客、奴隶和部曲。

东晋以后佃客数量是极多的。因为豪族地主佃客过多，影响了政府的赋税收入，南齐曾加以限制，规定官员第一品第二品佃客无过四十户，第三品三十五户，第四品三十户，第五品二十五户，第六品二十户，第七品十五户，第八品十户，第九品五户。但实际上这种限制是无效的。隋书食货志说东晋南朝『都下人多为诸王公贵人左右佃客、典计、衣食客』。佃客数量之多可以想见。佃客是属于豪族大地主的私有的人民，不负担『课役』，但他们所收的谷物却『与豪家量分』（隋书食货志），这就是要受豪族大地主的剥削。

东晋以后，奴隶的数量也极多。这一方面因为豪族大地主残酷的剥削，使农民无以为生，沦为奴隶，一方面则因中原沦陷，许多人民避难南来，被人掠卖为奴隶。元帝太兴四年诏『免中州良人遭难为扬州诸郡僮客者』为兵，这次所征发的奴隶就有万人。又晋书殷仲堪传说：

『胡亡之后，中原子女鬻于江东者，不可胜数。』庾翼北伐石虎，发其所统江、荆、司、梁、益、雍六州奴为兵。奴隶可以补充军队，其数量之众可以想见，当时豪族大地主家中都有很多的奴婢，如陶侃有『家僮千余』。刁彝『有田万顷，奴婢数千人』，谢安、谢琰的遗产到宋时还有『奴僮数百人』。谢弘微有『僮役千人』。谢灵运『奴僮既众，义故门生数百』，沈庆之『奴僮千计』。这样的记载不胜枚举。这许多奴婢固然有一部分是家内奴隶，但大多数则用以生产。宋沈庆之之说：『耕则问奴，织则问婢。』颜氏家训涉务篇云：『江南朝士……未有力田』，『皆信童仆为之』。又梁裴之横『与僮仆数百人于芍陂大营田墅』。可知豪族们实都用奴隶耕田织布。

东晋南朝，有许多豪族大地主都有部曲。如周馥『家有部曲』，宋广州人周灵甫『有家兵部曲』。其他如宋鲁爽，梁夏侯亶、夏侯夔、沈众、鲁广达，都有部曲。部曲是大地主私家的武力，但也用以生产，梁书张孝秀传说：『（孝秀）居于东林寺，有田数数十顷。部曲数百人，率以力田。』不过，东晋南朝，大多只有武人才有部曲，一般所谓『士大夫』很少有部曲的。

人民赋税的负担 东晋南朝的赋税制度已不完全明了。公元三三〇年（晋成帝咸和五年），『始度百姓田，取十分之一，率亩税米三升』。公元三六二年（晋哀帝隆和元年）又减为每亩二升。这大概因按亩征税，地主纳税多，他们反对，所以将税率减轻。及至公元三七七年（晋孝武帝太元二年），又『除度田收租之制，王公以下，口税三斛』。这大概仍因大地主反对按亩征税而改变的。公元三八三年（孝武帝太元八年），又增为口税米五石。这当因口税三斛，影响了政府的收入，故略为增加。这是东晋租税的情况。东晋户调如何则不得而知了。

宋、齐、梁、陈四代的赋税制度，据隋书食货志，大概是这样：『课丁男调布绢各二丈，丝三两，绵八两。禄绢八尺，绵三两二分』。『租米五石，禄米二石，丁女并半之』。『其男丁每岁役不过二十日，又率十八人出一运丁』。『其田亩税二斗』。照这一税率看，南朝的赋税实远较西晋为重。这里户调比西晋轻一些，但租米却增加很多。西晋课田租米四斛，而南朝租米禄米共有七石，另外还有田税每亩二斗。南朝租米有的折纳布和钱。南齐书武帝纪，永明四年五月癸巳诏：『扬、南徐二州今年户租三分二取见布，一分取钱，来岁以后，远近诸州输钱处，并减布直，匹准四百，依旧折半，以为永制。』又明帝纪永泰元年二月诏：『蠲雍州遇虏之县租布。』可见南齐时租米有折纳布钱的（参看陈寅恪隋唐制度渊源略论稿）。按南史刘瑜传，宋文帝元嘉七年，西阳县人董阳三世同居，诏『蠲一门租布』。宋书孝义传，贾恩『蠲租布三世』，潘综『蠲租布三世』，张进之『蠲租布三世』，余齐民『蠲租布』，宋时租米业已折布了。

南朝役规定丁男每年二十日，但实际不止此数。东晋南朝徭役极为繁重。晋书范宁传说，东晋徭役几没有三日停的。许多人民都『残形剪发』以避徭役，有的生子不养，鳏寡不敢娶妻。南齐书竟陵王子良传也说人民『自残躯命，亦有斩绝手足以避徭役，生子弗起，殆为恒事』。当时有很多的人民不堪徭役的负担和压迫，相率逃亡。

东晋南朝又有訾税。訾税就是财产税，估计人民土地房屋以及所种树木的价格而纳税。这种税东晋时就征收了。晋书刘超传云：『出补句容令。推诚于物，为百姓所怀。常年赋税主者常自四出，诘评百姓家赀。至超但作大函，村别付之，使各自书家产，投函中讫，送还县。百姓依实投上课输，所入有逾常年。』这显然就是訾税。南朝訾税的搜括非常之重。当时由于訾税太重，以致人民『树不敢种，土畏妄垦，栋焚榱露，不敢加泥』（宋书周朗传）。

南朝又有口钱。南齐书豫章王嶷传谓嶷为荆、湘二州刺史『以谷过贱，听民以米当口钱，优评斛一百』。又梁书武帝纪，萧衍篡位，令『逋布口钱宿债勿复收』，果是齐梁必有口钱。

此外，又有杂税。主要的有估税、津税、塘丁税。东晋南朝，人民『货买奴婢、马牛、田宅有文券，率钱一万输估四百入官，卖者三百，买者一百。无文券者随物所堪，亦百分收四，名为散估』（隋书食货志）。津税就是关税，商人货物过津，『十分税一』。南朝官吏借津税勒索也相当严重。南齐明帝建武元年（公元四九四年）诏云：『顷守职之吏多违旧典，存私害公，实兴民蠹。今商旅税，石头后诸……一皆停息』（南齐书明帝纪）。又梁武帝大同十一年（公元五四五年）诏云：『四方所立屯传邸治市埭桁渡津税……有不便于民者，尚书州郡各速条上，当随言除省，以舒民患』（梁书武帝纪）。足知津税对于商人为害实非常之烈。塘丁原是修理塘坝坎的工役。江南滨湖海的地方修建堤坝，由人民出工役，南齐时也折为税。

总起来看，东晋以至南朝，赋税实是非常之重的。而当时官僚贵族都不纳税，所有的赋税徭役都由农民负担。在这样沉重的赋税搜括之下，人民困苦不堪。

人民生活的痛苦　苛重的赋税，官吏贪暴的勒索，豪强大地主的剥削，这几种残酷的压榨加在人民的身上，人民的生活日益困苦。当时人民有直接因官吏贪污搜括而沦为乞丐的（南史张怀传）。有『卖儿贴妇』的（通鉴卷一三三）。许多人民都产子不养（注三）。至于人民逃亡，更是普遍现象。东晋时，刘波说，自孝武帝咸安到太元十余年间，人民流亡，户口减少了十分之三（晋书刘波传）。当时人民逃亡，至为可惊。梁武帝传，屡次下诏要流亡的人民还籍，或者流亡的地方著籍。人民流亡终南朝之世都未停止。

人民生活日益困苦，生产也就日益衰落，社会矛盾也日益加深。因此，自东晋以后，也就日益衰弱而至灭亡。

世族的发展　东晋以后，世族大地主比以前更为发展。东晋的政权完全依靠世族大地主的支持才建立的，东晋以后，政权全在他们手中，同时，他们又占有大量的土地。因此，东晋到南朝，世族势力愈大，他们发展成为真正特权的贵族阶级。

在政治上，他们有各种特权。东晋以后，政治上用人完全以门第高低为标准。当时有旧门、次门、后门、勋门、役门等名目，政治上用人就看他属于哪一种门第给予官职。南朝用人更完全凭人的家谱。典铨选的吏部尚书和侍郎必须要『详练百氏』。家谱竟发展成为谱学。世族任官，入仕早升迁速。高门子弟年二十就登朝，后门年三十始试为小吏。高门子弟开始就拜员外散骑常侍或秘书郎、著作郎，照例几十天就升迁。高门世族都任政府『清要』之官，官品低微的各部郎，他们都不做。政府重要官职如宰相、尚书令、尚书左右仆射、中书令监、黄门侍郎、散骑常侍等除一部分为宗室和功臣以外，都为高门世族所霸占。其中尤其重要的，吏部尚书和吏部侍郎必须由世族充任。吏部尚书和吏部侍郎是掌选举用人的，这就是政府用人之权全为世族所把持。不仅政府要官，地方都督刺史也多由高门世族当任。东晋时，高门贵族为刺史者还必须兼都督。刺史不兼都督者称为单车刺史，高门世族是不做的。都督府长史司马以及州别驾从事等职也必须是世族，至少也是当地的『著姓』。世族地主在政权有这许多特权，因此，不论政府或地方的政权都在他们手中。

当时士族（世族）与寒门的分别非常严格，不是任何政治力量所能变更的。人是否能成为士人，必须要高门的世族承认。宋文帝时，中书舍人弘兴宗为宋文帝所信任。他想作士人，宋文帝说：你要作士人，须得就王球坐。你可往王球处，称旨就坐。弘兴宗至王球处，称奉文帝旨就坐，王球把扇子一举说：『君不得尔。』弘兴宗告诉宋文帝，宋文帝说，这我也无可奈何。南齐高帝萧道成时，中书舍人纪僧没为萧道成所信任，他也要求作『士大夫』。萧道成说，这是由江学、谢瀹作主，我没有办法。士族同寒门之间不相通婚，寒人与士人同坐都不允许。他们之所以如此，就是要故意抬高自己的地位，以便把持政治地位和权力。

注一　宋书王玄谟传：『（孝武）又宠一昆仑奴，子名白主，常在左右，令以杖击群臣。自柳元景以下皆罹其毒。』又南史孔范传：『后主多出金帛募人立功，范素于武士不接，莫有至者，唯负贩轻薄多从之。高丽、百济、昆仑诸夷并受督。』足知宋以后有不少昆仑卖至中国为奴。

注二　高僧传佛驮跋陀罗传：『复西适江陵，遇外国舶至，既而讯访，果是天竺五舶。』又南齐书荀伯玉传：『又度丝锦与昆仑舶营货，辄使传令防送过南州津。』可知东晋南朝已有印度和南海商船来长江流域经商了。

注三　晋书范宁传　南齐书竟陵王子良传都说人民避役，生子不养。又南齐书武帝纪永明七年诏云：『今产子不育，虽炳常禁，比闻所在犹或有之。』南朝以法律禁止产子不养，产子不养必是当时普遍的现象。

第二节　东晋世族大地主争权的斗争

世族权重　东晋的政权是得到世族大地主的支持才建立的，东晋一开始政权就在世族大地主的手中。东晋时，不仅中央政权为世族大地主所操纵，地方政权和兵权也为他们所把持。西晋时，在各地就设立军镇，州郡有武力。东晋时，中原沦陷，为着防御北方胡人的南侵，在沿汉水、淮水、长江流域国防要地更设立许多军事重镇，驻有重兵防守。其中最重要的有襄阳（荆州）、寿春（豫州）、淮阴、广陵、江陵（荆州）、武昌（江州）、寻阳、历阳、京口等地。这些地的刺史都带将军都督。尤其重要的是荆州，自东晋至南朝荆州一直是长江上游最大的军事重镇，与扬州成为两个最重要的地方。为荆州刺史的往往都督几州的军事。东晋时，地方的兵权比西晋更重。这些重要地方的都督刺史都是由世族当任。凡世族取得中央政权以后，多以他的兄弟子侄为这些地方的都督刺史以扩张自己的势力。东晋政权为少数大族所把持，他们彼此之间往往因争夺政权而冲突。由于他们掌有兵权，于是他们便用武力争夺。因此，不断地发生战争。

东晋世族不断地发生争权夺利的冲突战争，皇室的衰落也是个原因。专制时代，最高的政治权力是在皇帝手中的。皇帝贤愚与否对政治都有很大的影响，东晋皇帝有元帝睿、明帝绍、成帝衍、康帝岳、穆帝聃、哀帝丕、海西公奕、简文帝昱、孝武帝曜、安帝德宗、恭帝德文十一人。这十一个皇帝之中，只有明帝能干一些，其余的都是庸碌无能的，简文帝谢安说他是『惠帝之流』，安帝『口不能言』，不辨寒暑，更完全是个白痴。东晋的皇帝都这样低能，就更足以使世族容易把持政权而起冲突。

东晋一百〇三年间，政治上一直是在大族争权的冲突之中。其中势力最大的有王、庾、桓、谢几家。大概元帝明帝时期王氏的势力最大。成帝康帝时期庾氏势力最大。穆帝、哀帝、海西公、简文帝时期，桓氏势力最大。孝武帝时，谢、王、桓三家共同专政。安帝以后，宗室豪族争权混战，晋遂灭亡。

王敦之乱 东晋政权的建立，王氏的功劳最大。最初元帝渡江建立政权以及扩张势力于长江中下游，首赖王导和王敦，一切政治计划策略出于王导，军事则属之王敦。当时人说：『王与马共天下。』

王敦初为扬州刺史，后平华轶、杜弢、杜曾，加都督江、扬、荆、湘、交、广六州诸军事、江州刺史。元帝即位，又加大将军，全国的军权几全在他的手中。

王敦势力既大，对东晋便成为一种威胁。东晋政府中有一派人，刘隗、刁协等便主张『排抑豪强』，『崇上抑下』，削弱王氏的权力。这样，两方便发生冲突。

公元三二二年（元帝永昌元年），王敦以讨刘隗、刁协为名，自武昌起兵东下。敦党沈充也在吴兴起兵响应。敦攻下石头城，杀刁协及大臣周顗、戴若思等，刘隗奔石勒。敦旋还武昌，攻杀湘州刺史司马水及雍州刺史卓，完全占有上游各州，元帝忧愤而死。

明帝即位，王敦遂想篡位，自武昌下屯于姑熟（当涂）。公元三二四年（明帝太宁二年），明帝下诏讨敦。时敦病重，敦兄含及其党钱凤、沈充攻建康。王敦死，他们又推敦子应为主（应为王含子，敦养以为子）。明帝击败王含、钱凤等。沈充奔吴，为人所杀。钱凤为其下所投杀。王含、王应奔荆州，为刺史王舒所杀。王敦之乱才告平定。

庾氏专权与苏峻祖约之乱　王敦之乱平定的第二年，明帝就死了。成帝即位，豪族之间权力的斗争又起来，终至又爆发战争。

这次斗争更为复杂，豪族、宗室和地方的州镇军人都卷入其中。

明帝死，遗诏太宰西阳王羕（汝南王亮子）、司徒王导、尚书令卞壸、车骑将军郗鉴、护军将军庾亮、领军将军陆晔、丹阳尹温峤辅政。时成帝年幼，太后庾氏临朝，委政于其兄庾亮和王导。庾亮为中书令，尤专权，于是许多豪族和地方州镇都反对。

当时不满于庾亮的有司徒王导、西阳王羕、豫州刺史祖约和荆州刺史陶侃。王导是元帝以来的第一功臣，他自然想专权，现在大权在庾亮之手，他自不满。西阳王羕是宗室，自也想专权。过去他看到王导等专权就已不平，及成帝即位，权入庾亮之手，西阳王羕的兄弟南顿王宗就图谋废亮，亮将他杀了，免去西阳王羕太宰官。南顿王宗的党羽都亡奔苏峻。祖约是祖逖的兄弟。元帝时祖逖北伐石勒，收复了河南，元帝以逖为豫州刺史。祖逖死，就以约代逖，镇寿春。祖约自以为他的名辈不在郗鉴、卞壶之下，而不能参预辅政，因此也恨庾亮。陶侃是『中兴名将』，此时为都督荆、雍、益、梁州诸军事、征西大将军、荆州刺史，声望既高，势力又大。他也以不能参与辅政而恨庾亮。庾亮以温峤为江州刺史防备他。在这样的情况之下，斗争当然难免。后终于因苏峻而爆发为战争。

苏峻原是兰陵相，王敦之乱，他击王含，钱风有功，事平之后，为历阳内史。峻既有功，威望渐高，而兵力又强，就也想扩张自己的势力。庾亮杀南顿王宗，宗党多逃往苏峻。这样庾亮对他更加怀疑。公元三二七年（成帝咸和二年），庾亮征他为大司农，想夺去他的兵权，峻遂与祖约联合起兵攻庾亮。

峻自横江渡江，亮命左将军司马流御之于慈湖。为峻军所败。峻遂进至建康，亮命卞壶督诸军御峻，又败，壶被杀。峻攻下台城。纵大焚台省营寺皆尽。丹阳尹羊曼、黄门侍郎周导、庐江太守陶瞻皆战死，庾亮及诸弟奔寻阳投奔温峤。于是峻以祖约为侍中、太尉、尚书令。自为骠骑将军录尚书事，王导为司徒，又遣兵攻下宣城及吴。

庚亮奔温峤，二人计划讨苏峻。温峤只有兵七千人，力量太弱，他们邀陶侃，陶侃因恨庚亮，最初不答应，后因他的儿子陶瞻为苏峻所杀，乃允与他们共同讨苏峻。公元三二八年（咸和三年），他们推陶侃为主，起兵东下。同时，车骑将军郗鉴，会稽内史王舒、前吴国内史庚冰、吴兴太守虞潭、吴国内史蔡谟等也都起兵响应。陶侃军至建康，郗鉴等来会。他们进攻石头城，几个月都未攻下。后苏峻为陶侃部将彭世等所杀，他的兄弟苏逸继续坚守。明年，逸败，被杀，事乃平。陶侃又遣毛宝桓宣攻祖约，约也被击败，亡奔石勒。

苏峻平定之后，王导为丞相执政，庚亮出为持节都督豫州、扬州、江西、宣城诸军事，豫州刺史，镇芜湖。这时候形势依然危险，陶侃在荆州，手握强兵。既不满庚亮，又有干预政权的野心，而王导与庚亮之间依然不和。幸而不久陶侃、王导都死了，才没有引起战争。

陶侃死，庚亮代为都督江、荆、豫、益、梁、雍六州诸军事，荆、江、豫三州刺史，庚亮死，弟翼代为都督江、荆、司、雍、梁、益六州诸军事，荆州刺史，王导死，亮弟冰为中书监辅政，于是政权尽入庚亮之手，公元三四五年（穆帝永和元年），庚翼死，庚氏之权始衰，桓氏代之而起。

桓温专权 桓温原是徐州刺史，庚翼死，温为安西将军都督荆、司、雍、益、梁、宁六州诸军事，荆州刺史，代庚翼镇上游。

桓温势力的强大，声望的提高，是由于他灭蜀和北伐。五胡之乱以来，中原沦没，人民惨遭匈奴的屠杀，无不希望收复中原。但逃至江东的豪族大地主们，过着安乐的生活，只知道争权夺利，对于民族和北方人民的痛苦毫不关心。他们不但不积极收复中原，甚至还反对北伐。在桓温以前，进行北伐的只有祖逖和庾翼。公元三一七年，祖逖北伐，河南人民热烈地支持，收复了黄河以南的失地。建康的豪族地主们不但不支援他，王敦反进行夺政权的内战，致祖逖忧愤而死，北伐失败。公元三四三年，庾翼也企图北伐石虎。朝臣也多加反对，因之未能实现。桓温北伐符合了当时人民的愿望，因此他的声望很快就高起来了。

賨人李雄占有益州，建立成汉。雄死，子侄争位，便发生内乱。公元三四三年，李势即位，荒淫好杀，更加混乱。公元三四七年（晋穆帝永和三年），桓温攻蜀，将蜀灭掉。桓温灭蜀，他的威望立刻高起来。公元三五四年（穆帝永和十年），他又伐前秦苻健，进入关中。公元三五六年（穆帝永和十二年），又北伐，击败姚襄，收复洛阳。桓温这样屡次胜利是东晋以来所没有的，因此他的威望更高，势力更大。晋命他为大司马、都督中外诸军事。旋又加扬州牧、录尚书事，参预朝政，掌握军事政治大权。不久又以其弟豁为荆州刺史，冲为江州刺史。他自己又兼徐、兖二州刺史，各地方的军政大权也入其手。他将皇帝奕废了，立简文帝。简文帝死，他就企图篡位。这时他自己忽也病死了，晋始免于被他所篡夺。但桓温虽死，桓氏的势力依然存在。

豪族纷争与桓玄之乱　桓温死后，谢安、王坦之、桓冲辅政，这是豪族之间维持均势。所以在这一短期内，晋政治获得暂时的稳定，苻坚南侵，晋能抵御，原因即在于此。但不久以后，豪族争权又爆发了。而其冲突更复杂、更激烈，终至催促晋政权的灭亡。

（一）司马道子、王国宝专权和王恭、殷仲堪攻司马道子　孝武帝在位初期，谢安、王坦之、桓冲共同执政。往后孝武帝委政于他的兄弟会稽王司马道子。道子又信任王坦之的儿子王国宝和国宝从弟王绪。司马道子昏庸无知，好饮酒，终日酣醉；他又信佛，亲信和尚、尼姑，『交通请托，贿赂公行』，政治腐败。因此，统治集团内部又引起激烈的斗争。

司马道子和王国宝等专权，孝武帝心里也不平。他以王皇后的哥哥王恭为都督青、兖、幽、冀、并五州军事，兖、青二州刺史镇京口；以殷仲堪为都督荆、益、宁三州军事，荆州刺史，镇江陵，以防备道子和王国宝。想一旦有事，他们可以为外援。孝武帝这种措施，很明显，将来势必导致内乱。

孝武帝死，安帝即位。政权仍在司马道子和王国宝等人手中，于是王恭约殷仲堪起兵讨王国宝。同时桓温子桓玄因在政治上不得意，恨司马道子，也想作乱，因此也劝殷仲堪起兵。公元三九七年（安帝隆安元年），王恭、殷仲堪起兵讨王国宝。司马道子闻王恭、殷仲堪起兵，惧，杀国宝及王绪，向王恭谢罪，王恭、殷仲堪遂罢兵。

（二）王恭、庾楷、殷仲堪攻司马道子　王恭、殷仲堪以武力威胁司马道子，司马道子对他们自然非常忌恨。道子的儿子元显劝道子须加防备，道子便以元显为征虏将军，又以王愉为江州刺史都督江州及豫州之四郡军事。豫州刺史庾楷以道子割其四郡，遂告诉王恭、殷仲堪说道子要削贬他们。于是王恭、殷仲堪、庾楷联合攻司马道子。道子命司马尚之击败庾楷。又收买王恭、司马刘牢之。牢之袭败王恭。殷仲堪起兵东下，进逼建康。司马道子又用桓玄兄桓修计收买桓玄和殷仲堪将杨佺期，以桓玄为江州刺史，杨佺期为雍州刺史，黜殷仲堪为广州刺史。桓玄、杨佺期喜于得官，犹豫不进，仲堪恐惧，即退走。仲堪既退，桓玄、杨佺期也退走。

（三）桓玄吞并殷仲堪、杨佺期　殷仲堪、桓玄等退去，不久他们内部又发生冲突，桓玄取得了江州，力量渐强。同时桓氏在荆州又有很大的潜力，殷仲堪对他甚为疑嫉。杨佺期因为桓玄把他当寒士看待，也恨他。因此殷仲堪、杨佺期又连合起来对付桓玄。桓玄袭击荆州，杀殷仲堪和杨佺期。桓玄既灭殷仲堪、杨佺期，尽有上游各州，势力遂更强大。

（四）桓玄灭司马道子篡位　桓玄既有上游各州势力强大，司马元显以玄必为乱，公元四〇二年（元兴元年），命刘牢之，司马尚之讨玄，玄闻元显讨己，也起兵东下，败司马尚之于横江，刘牢之降玄，玄遂攻建康，败元显，执司马道子、元显杀之。

桓玄既杀司马道子、元显父子，自为太尉，都督中外诸军事，权遂入其手。明年进爵为楚王。不久篡位。桓玄篡位之后，公元四〇四年，刘裕起兵于京口，进攻桓玄，玄败，奔还荆州。刘裕进击，又败之于峥嵘洲。玄欲奔益州，为益州督护冯迁所杀。刘裕既灭桓玄，政权也就为他夺取。

孙恩、卢循起义 东晋豪族大地主对人民的剥削压迫本来就是非常严重的，阶级矛盾日益增加。及至司马道子专权，政治更加腐败黑暗，豪强地主对人民的掠夺愈加残酷。沈约述此时的情形云：『主威不树，臣道专行，国典人殊，朝纲家异，编户之命，竭于豪门，王府之蓄变为私藏。』（宋书王弘传）因此，人民的生活更加痛苦，起而反抗。

孙恩，琅邪人，原也是中原南迁的地主。他世奉五斗米道，恩叔父泰在钱唐一带传道，极得人民的信仰。豪族大地主王恂怕他鼓动群众，曾劝司马道子把他流放到广州，广州刺史王怀之以他代理郁林太守。后司马道子又把他召回，为徐州主簿，及新安太守。他仍继续宣传道教。王恭作乱，他曾帮助司马道子。后他见政治太坏，豪族争权，战争不息，便想起兵推翻晋政权。他集合徒众，鼓动人民，『三吴士庶』多响应他。会稽内史谢輶见泰势力渐大，向司马道子告发，司马道子将泰逮捕杀死。

孙泰被害，孙恩逃往海中继续活动。他集合了几百人。公元三九九年（隆安三年），司马元显为抵御桓玄，增强自己的兵力，『发东土诸郡免奴为客者』集中京师为兵。东方几郡的地主以及佃客皆不愿意。司马元显命令一下，各郡人心骚动。孙恩乘此时机，即自海岛进攻上虞，杀上虞令；又攻会稽，杀太守王凝之，东晋的地方官安国内史桓谦，临海太守司马崇，义兴太守魏隐皆弃郡逃走。会稽谢鍼、吴兴丘，义兴许允之，临海周肖，永嘉张永，及东阳、新安八郡憔悴于虐政之下的人民一时俱起，杀官吏响应孙恩。十几天之内，就有几千万人，晋永嘉太守司马逸和顾胤、谢明慧等贵族都为起义军所杀。『郡县兵皆望风奔溃』。孙恩攻占会稽，自称征东将军。上表揭发司马道子和元显的罪恶，要求将他们父子处罪。建康附近的人民也『处处蜂起』，响应起义军，晋朝廷怒惧得不得了。

起义军声势浩大，晋派前将军谢琰和镇北将军刘牢之率北府的精兵进攻起义军。起义军节节抵抗，终于力不能敌，男女二十余万都退往海岛。

公元四〇〇年（隆安四年），孙恩又登陆进攻余姚，杀谢琰。晋大震恐，又派大军来攻，恩又退往海岛。四〇一年，恩转攻扈续，杀吴国内史袁山松，攻京口，进向建康。为刘裕所阻，乃北破广陵，转攻郁洲（灌云附近），又为刘裕所败。自此，恩渐衰弱。恩自郁洲南还，刘裕又跟踪追蹑，败恩于扈续，恩便又退往海中。旋攻临海，又为晋军所败，恩投水而死。

孙恩死后，义军复推恩妹夫卢循为领袖，继续战斗。此时已是桓玄专权，玄想用收买的手段，使循服从，任命他为永嘉太守。但是起义军是收买不了的。卢循虽接受了桓玄的任命，仍继续奋斗。他从临海进攻东阳（金华）。桓玄又派刘裕来抵抗，循为刘裕所败，便沿海南往广州。他驱逐了广州刺史吴隐之，自为刺史，又以部将徐道复为始兴太守。此时刘裕已败桓玄，专权，刘裕也想收买卢循，即任他为广州刺史，徐道复为始兴太守。

公元四一〇年，刘裕北伐南燕，卢循乘刘裕后方空虚，起兵北上。下南康、豫章等郡，裕大将何无忌抵御，循大败晋军，杀无忌，循遂自寻阳东下，直趋建康。循『戍卒十万，舳舻千计』，声势甚盛。刘裕一面派他的大将刘毅抵抗，一面从南燕回军。义军败刘毅于桑洛洲，直至江宁。后攻石头城，为刘裕所败。循退还寻阳，又为刘裕败于雷池（望江），循又退还广州。此时广州也已为刘裕军队所袭取，卢循无奈，转向交州，至龙编，为交州刺史杜慧度所败，投水而死。徐道复也被刘裕军队俘虏了。

孙恩、卢循的起义虽失败了，但对东晋腐朽的统治却给予了沉重的打击。司马道子和司马元显专权的时候，上游的荆江等州都为殷仲堪、桓玄等所割据。支持东晋政权的只有东方八郡和京城附近一些地方。孙恩起义给他的根据地一致命的打击。因此，东晋政权便必走向灭亡。

刘裕北伐和篡晋　刘裕灭了桓玄之后，政权全入其手。进一步就想篡位，但刘裕原是农民，『出身寒微』，在当时『门第』思想极盛的时候，不能餍服人心。他要进行篡位，就必须立更大的功劳，提高自己的威望。因此，他进行北伐，以对外军事扩张的方法增加自己的势力，树立人民对他的信仰，提高自己的声威。

此时北方苻坚的前秦早已瓦解了。中原的形势：山东有鲜卑人的南燕，关中是羌人的后秦，山西、河北是鲜卑人后魏，这三国都与晋接壤，其中南燕最为弱小。

桓玄之乱的时候，南燕曾南侵。公元四〇九年，南燕又侵略宿、豫两州，虏掠人民，并俘去阳平、南阳太守。因此，刘裕便决计代燕。南燕是个弱小的国家，国内贵族专权，政治腐败，刘裕进攻，未经什么大战就进入南燕，包围南燕的都城广固。公元四一〇年二月攻克广固，将南燕主慕容超俘虏。

公元四一六年，刘裕又伐后秦。因为中原的人民欢迎晋军，后秦河南各地的守军多纷纷投降，刘裕很快的就攻下了洛阳。次年三月便进入关中，大败秦军，克长安，秦主姚泓降。

刘裕既灭南燕、后秦，威望大大地提高了。于是便进行篡位。他攻下洛阳，即要求封宋公和受九锡之礼，既灭后秦，立刻就回来，进行篡位，当时赫连勃勃进攻长安，关中复为勃勃所夺取，他都不顾，回到建康，就将晋安帝缢杀。立安弟德文是为恭帝。公元四一九年，便逼晋恭帝禅位于他。东晋就灭亡了。

第三节　宋、齐、梁、陈的内乱外患和南方豪族地主阶级的衰亡

一、宋的内乱与外患

统治阶级的腐朽　魏晋以来，统治阶级是豪族大地主，东晋时代发展到极盛，及至宋、齐、梁、陈，就由腐朽而走向灭亡。

南朝时代，整个统治阶级都已腐朽到极点了，当时统治阶级中最主要的世族大地主已腐朽到完全无知的地步。颜之推对于当时世族有一段惟妙惟肖的描写：

『多见士大夫耻涉农商，羞务工伎。射则不能穿札，笔则才记姓名。饱食醉酒，忽忽无事。以此销日，以此终年。或因世家余绪，得一阶半级，便自为足……安能自苦，及有吉凶大事，议论得失，蒙然张口，如坐云雾。公私宴集，谈古赋诗，塞默低头，欠伸而已。……梁朝全盛之时，贵游子弟，多无学术，至于谚云：「上车不落则著作，体中何如则秘书。」无不熏衣剃面，傅粉施朱，驾长檐车，眼高齿屐，坐棋子方褥，凭斑丝隐囊，列器玩于左右，从容出入，望若神仙。明经求第，则顾人答策，三九公宴，则假手赋诗。当尔之时，亦快士也。及离乱之后，朝市迁革。铨衡选举，非复曩者之亲；当路秉权，不见昔时之党。求诸身而无所得，施之世而无所用，被褐而丧珠，失皮而露质，兀若枯木，泊若穷流。鹿独戎马之间，转死沟壑之际，当尔之时，诚驽材也。』（颜氏家训 勉学篇）

他又说这些世族大地主『未尝目观起一垡土，耘一株苗，不知几月当下，几月当收』。『治官则不了，营家则不办』（颜氏家训 涉务篇）。南朝时代，世族大地主实已完全是无用了。

此外，皇帝、宗室王、官僚、武人，这一类的人也腐化堕落到极点，他们穷奢极欲，穷凶极恶。有许多皇帝宫廷淫秽的行为，下流无耻到禽兽不如，他们争夺政权，互相屠杀，也极残忍凶暴之能事。统治阶级腐朽堕落到如此地步，非灭亡不可了。

南朝复杂的矛盾 宋、齐、梁、陈，四代的政治情形，与东晋略有不同。东晋司马氏宗室在政治上没有权力，政权全在豪族手中。南朝四代，宗室在政治上皆有大权。他们或在政府中任宰相辅政，掌握政权，或为各州的都督刺史，掌握地方的军权和政权。因为宗室诸王都有政权和兵权，他们很容易发生政权的争夺。而且常用武力来争夺，因此常常发生内战。

官僚世族到了南朝的时候，已经腐朽到无用的地步了。同时，他们的政治地位是由他们的门第而获得的，他们可以不须假借统治的皇帝的力量，皇帝的政权与他们无关，因此他们也不为皇帝效力。官僚世族既已是无用的，他们又不为当时的统治者效力，自宋以后统治者就逐渐不用世族而重用寒人。宋以后置中书通事舍人，掌诏命出入，实就是掌机要和决策。这一职官位很低，但因掌机密和决策，权力很大。刘裕时，这一职就用寒人，宋孝武帝以后，便全由寒人充任。因此，当时政府的高官虽由世族大地主霸占，但政治的实权则逐渐移至寒门的手中。同时，宋以后，地方州郡的权力也逐渐改变。宋时，各州都督刺史多用宗室。有时诸王年幼，以豪族为长史或司马行州事，称之为行事。但同时又置一典签，一州的政事以及诸王的饮食起居都由典签掌管。典签也都由寒人充任。这样，地方权也逐渐转入寒人之手。这种情况至齐更甚。寒人在政治上势力既大，因此，便引起寒人与各种势力之间的矛盾冲突。

宋以后，社会的发展，豪族大地主与农民两大阶级之间的矛盾也达到极深刻尖锐的阶段了。农民反抗豪族大地主阶级的统治，自也更加激烈。他们利用各种机会推翻豪族大地主阶级的统治。

在北方中原地区，宋以后，局势也不同了。这时候，五胡混乱的局面已经结束，形成了一个统一的北魏。北魏的力量远比五胡各国为强大，她时图向南侵略。因此，民族的矛盾斗争也激烈起来。

宋、齐、梁、陈，矛盾如此复杂。而这些矛盾又彼此交织着，因而形成极复杂的斗争，往往一种矛盾爆发，立刻又引起其他的矛盾爆发。因此在南朝的一百七十年中，不断发生战争，形成非常混乱的局势。就在这样复杂和不断的矛盾冲突中，腐朽无能的统治阶级力量逐渐削弱而灭亡。

宋与北魏的战争和河南的丧失 刘裕灭南燕、后秦，黄河以南的地都收复了。宋沿黄河南岸建立洛阳、虎牢、滑台（河南滑县）、碻磝（山东茌平）四个重镇，防御北魏的侵略。这时候，北魏已灭了后燕，正逐渐统一北方，势力日强。北魏对河南的地方也想侵略，因此其首先就要夺取这四个重镇。刘裕在世，魏还有所畏惧，公元四二二年（永初三年），刘裕死，魏便立刻乘机进攻。明年，洛阳、虎牢、滑台、碻磝四镇，完全失守，司、兖、豫三州曾为魏所掠取。

宋文帝即位，欲收复河南，公元四三〇年（元嘉七年），命刘彦之北伐。初魏见宋兵来，放弃四镇，退守河北。秋天以后，魏军反攻，宋军大败，四镇和河南又为魏所夺取。

公元四五〇年（元嘉二十七年），文帝大举北伐，命萧斌督管王玄谟等水军入河。徐、兖二州刺史武陵王骏、豫州刺史南平王铄向许昌、洛阳，雍州刺史随王诞遣柳元景出弘农。最初宋军甚为顺利，东路军攻下了碻磝，进围滑台；雍州的军队也攻下弘农，中路也进逼虎牢。中原和关中的人民多起来响应。继而魏主拓跋焘自率大军反攻，围滑台的宋军大败，死亡略尽，退还历城，其他两路也败退。魏军长驱而南，这年十二月魏军渡淮，宋军望风而溃，只有彭城、盱眙固守，魏军直抵江北，次年才退走。此次魏军深入，『破南兖、徐、兖、青、豫、冀六州』，焚烧屠杀，『所过郡县，赤地无余』。人民死者不可胜数，宋遭受这一严重的破坏，由此就衰落了。

南郡王义宣之乱（公元四五四年，孝武帝孝建元年） 公元四五三年（元嘉三十年），宋文帝为太子劭所弑杀。文帝第三子武陵王骏时为江州刺史，起兵击杀劭，即位为帝，是为孝武帝。

南郡王义宣是刘裕第五子，为荆州刺史。刘劭弑杀文帝，刘裕的内侄臧质就企图推义宣为帝。因武陵王骏已先起兵，在名分上武陵王骏也合理些，他的阴谋才未实现。刘劭之乱即平之后，臧质为江州刺史。他以为荆、江两州势力强大，就想夺取政权。同时孝武帝淫乱，『闺门无礼』，义宣的女儿在京，也为他所污辱，义宣愤恨，臧质因此更加怂恿。他们联合豫州刺史鲁爽，兖州刺史徐遗宝起兵。臧质进攻建康大败，逃往武昌，被杀，义宣退还荆州也被杀。事乃平。

竟陵王诞之乱（公元四五九年，武孝帝大明三年） 竟陵王诞是文帝的第三子。南郡王义宣之乱的平定，诞有大功，义宣之乱平定以后，孝武帝猜嫉宗室，削弱诸王的权力，对他甚为疑惮，怕他在京城里会有意外，出为南徐州刺史，镇京口。后犹嫌京口太逼近，更徙为南兖州刺史，镇广陵，并派心腹臣镇京口防备他。诞既被猜嫉，也非常恐惧，到了广陵之后，也修理城墙，蓄聚兵器以为防备。公元四五九年，孝武帝遂派沈庆之率兵攻诞，庆之破广陵，杀诞。广陵城破的时候，孝武帝命全城的人民不论大小完全杀绝。因沈庆之请求，才将五尺以下的人民不杀，其余男子皆遭屠杀，女子赏给军队，这样犹杀三千人。他们屠杀人民的时候，极其惨无人道，『皆先刳肠抉眼，或笞面鞭腹，苦酒灌创，然后斩之』。统治者争夺政权，而这样野兽般地屠杀人民，实令人发指。

晋安王子勋与明帝彧争位战争及淮北的丧失（公元四六五年，明帝太始元年） 孝武帝死，皇太子刘子业即位（前废帝）。刘子业极其狂暴，即位不久，就杀中书通事舍人戴法兴。戴法兴原是孝武帝所最信任的，权力最大。旋又杀宰相江夏、王义恭和他的四个儿子。断绝义恭的支体，『分裂肠胃，挑取眼睛』。并杀柳元景、颜师伯。这三个都是受遗诏辅政的大臣。不久他又杀他的舅父王藻及沈庆之等。他对大臣任意凌辱捶打，尤畏他的叔父们，惟恐他们在外会有意外，把他们都禁在殿内，百般侮辱殴打，刘子业还有其他许多淫秽丑恶的行为。

刘子业这样狂暴无理，朝廷大臣人人自危，朝不保夕，都想把他废掉。尤其宗室诸王，时刻有被杀的危险，更是恐惧。湘东王彧下面的人阮佃夫、王道隆等便与宿卫宫廷军队的将领联络，将刘子业杀死。他们拥湘东王彧为帝，是为明帝。

刘子业的兄弟晋安王子勋为江州刺史。子业杀戮诸王，也想杀子勋，他派人送药去，将他毒杀。子勋长史邓琬以子业要杀子勋，便起兵反抗，但这时湘东王彧已杀子业自立为帝了，邓琬进攻建康，明帝派沈攸之拒战鹊头（安徽大通附近），激战了九个月，才将邓琬击败。晋安王子勋和邓琬等被杀。其余江东、江北也前后平定。但内乱虽平，外患又因之而起。

邓琬起兵，徐州刺史薛安都、豫州刺史殷琰、冀州刺史崔道固、青州刺史沈文秀、汝南太守常珍奇等都响应。江州既平，明帝派兵迎薛安都，安都以为是来袭击他，便投降北魏。兖州刺史毕众敬、汝南太守常珍奇也降魏。魏派兵援助薛安都，大败宋军张永和沈攸之，魏又进攻青、冀两州。于是淮北四州及豫州之淮西诸郡皆为魏所陷，宋丧失了大片的土地，魏军攻下青州，将许多人俘虏去当奴隶。

晋安王子勋之乱平定之后，明帝对宗室大肆屠杀。孝武帝的儿子完全杀尽，他自己的兄弟休祐、休若也都被杀。

桂阳王休范之乱（公元四七四年，后废帝元徽二年）　明帝死，太子昱即位（后废帝）。自从孝武帝以后，寒门在政治上的势力就大起来了。孝武帝的时候，戴法兴权力就很大，明帝以来，寒门的势力更大，阮佃夫、王道隆、杨运长专权。明帝死，遗诏尚书令袁粲、尚书右仆射褚渊、中护军刘勔、右卫将军萧道成辅政，时休范为江州刺史，自以为是宗室，辈分又高，反不如寒门的阮佃夫、王道隆、杨运长和素族的袁粲、褚渊，因此怨愤不平。公元四七四年，休范以讨王道隆、杨运长为名起兵。休范进攻建康，废帝命萧道成御之于新亭，大战。萧道成派人刺杀休范，其军队解散，事乃平。

建平王景素之乱（公元四七六年，元徽四年） 景素是临川王宏的儿子，经过孝武帝和明帝的屠杀，宋宗室诸王残余的已经不多了，只有景素年龄最大，此时阮佃夫、杨运长等专权，排斥宗室，嫉恨他。景素为南徐州刺史，镇京口，他为自全计，也图谋抵抗。他结合建康许多军人。因此，阮佃夫等便派兵攻京口，景素兵败被杀。

宋统治集团内部这样不断互相屠杀，到了景素被杀以后，刘裕、文帝、孝武帝的子孙便完全杀尽了，宋政权也随之灭亡。

萧道成篡宋 自从宋孝武帝以后，宋的统治集团内部矛盾冲突愈演愈烈，屠杀愈演愈残酷，到了后废帝的时候，大家都已知道宋的政权必不能长久了，这时候就有许多人想乘机夺取政权。萧道成是其中之一。萧道成自平定桂阳王休范之乱以后，声望渐高，他看到宋政权必不能维持，就尽量结纳武人，扩张势力，阴谋夺取政权。

宋后废帝也是极其狂暴的。行为乖张好杀。他总喜欢带着左右的人在外面跑，路上不管遇到什么——是人或是牛马牲畜，一齐都杀死。建康人民，一听到他出来，家家关门，路上行人断绝。他左右的人，小有不顺意，也立刻遭他屠杀。他一天不杀人，心里便不快乐。废帝这样疯狂的残暴，人人危惧，大臣们都想将他废掉。阮佃夫想把他废掉，他将阮佃夫杀了，他又想杀萧道成，萧道成是预先有计划的，因此他就把后废帝杀死。

萧道成杀死后废帝，立废帝的兄弟准为帝（顺帝），便夺取了政权。不久，逼顺帝退位，自己做了皇帝。

二、南齐的内乱

南齐萧道成和武帝（萧赜）在位的时候，还比较安定。武帝死后，统治集团内部争权夺利的战争屠杀又发生了。

萧鸾篡位　齐武帝死，他的孙子昭业即位（郁林王）。武帝死，诏以从兄鸾为尚书令辅政。南齐自萧道成以来，在政治上更重用寒人，萧道成用纪僧真，武帝又用茹法亮、吕文度、吕文显、綦母珍之、朱隆之等。寒门的势力比宋时更大。萧昭业又笼用左右宿卫的将领曹道刚、周奉叔、宦官徐龙驹等，这些人都卖官纳贿，无所不为。而萧昭业又狂纵淫乱无人理，因此政治极为混乱。萧昭业以权在萧鸾之手，又想去鸾；萧鸾也谋废昭业。他先杀徐龙驹、周奉叔，又杀綦母珍之、杜文谦，最后杀昭业和曹道刚、朱隆之，立昭业弟昭文为帝，并大肆屠杀高武子孙，其出为州刺史者也都令典签杀之，最后逼昭文传位于己，是为明帝。

陈显达、裴叔业、崔慧之乱　萧鸾篡位，尽杀高武子孙，对于高武旧臣也深猜防。因此萧鸾的时候，『高武旧将』心都不安，有的则起兵反抗。萧鸾死，子宝卷（东昏侯）即位，统治集团内部矛盾更加复杂。宝卷即位，尚书令徐孝嗣、尚书右仆射江祐、扬州刺史始安王萧遥光、右将军萧坦之、侍中江祀、卫尉刘暄六人辅政，而宝卷又信用他左右茹法珍、梅虫儿、王咺之等。这两种势力又争权而相冲突。茹法珍、梅虫儿等深恨江祐等，他们首先将江祐和始安王萧遥光杀了。最初萧鸾残忍忌刻，猜疑大臣，他临死的时候，对萧宝卷说：『作事不可在人后。』这意思就是叫萧宝卷一见到大臣有可疑的时候，就先下手为强，不要被人所制。萧宝卷记了这句话，他杀江祐之后，便与茹法珍、梅虫儿专以屠杀大臣为务。不久，他们又杀萧坦之、徐孝嗣、刘暄等。他们这样屠杀大臣，旧时将领，人人自危，于是陈显达便起兵反抗，因此引起不断的内战和外患。

陈显达是萧道成、萧赜时候的将领。明帝杀『高武子孙』，嫉『高武旧将』，他就恐惧不安，萧宝卷即位，他出为江州刺史。萧宝卷和茹法珍等杀害大臣，他更加骇怕。公元四九九年（齐东昏侯永元元年），遂起兵，败齐兵于采石，进至建康附近。显达旋战死，事才平定。

裴叔业也是萧道成、萧赜的旧将领，他为豫州刺史，镇寿春。萧宝卷杀戮大臣，他也恐惧，陈显达起兵，萧宝卷命他率兵入援，他就想乘机起兵，陈显达既败，萧宝卷、茹法珍疑心他不稳。叔业惧被袭，即投降了北魏。魏派元勰、王肃率兵十万援裴叔业，大败齐军，进攻合肥，擒守将李叔献而去，淮南的地方又被魏夺取了。

崔慧景也是『高武旧将』，萧鸾篡夺政权，和萧宝卷杀戮大臣，他也时刻危惧不安。裴叔业降魏，萧宝卷命他由京口、广陵攻寿春，他行至广陵，即起兵反抗。他回师南向，推南徐、兖二州刺史萧宝玄为主，进攻建康。东府、石头城、白下城都被他攻下，包围台城。后萧懿来援，慧景为懿所败，被杀。

萧衍灭齐（公元五〇一年，齐东昏侯永元三年） 崔慧景之乱的平定，萧懿功最大，事平之后，萧懿为尚书令，萧懿兄弟十人，衍为雍州刺史，畅为卫尉，势力甚大。茹法珍、梅虫儿、王咺之以萧懿功高势大，又嫉恨他，将他排斥。他们向萧宝卷谮毁萧懿，说他谋废立。萧宝卷即将萧懿杀死。

萧衍在兖州，自萧宝卷即位以来，寒人专权，政治混乱，他知道齐政权必不能保，早就有野心想乘机夺取政权。及萧懿被杀，他便立刻起兵。他推荆州刺史萧宝融（宝卷弟）为主，率荆、兖两州兵东下，攻克兖州、江州，长驱而至建康。萧宝卷派兵抵御，多为衍所败，衍遂围台城，最后城内的人杀萧宝卷投降，衍杀茹法珍、梅虫儿、王咺之等，大权遂入衍手。明年，萧宝融自荆州至建康，禅位于萧衍，齐遂灭亡。

三、侯景之乱与江南豪族地主阶级的灭亡

宋齐八十年间，统治阶级内部不断地斗争残杀，因此招致严重的外患，丧失了淮北大片的土地。及至梁陈，各种复杂的矛盾继续发展，政治愈加混乱，南朝也就更加衰弱而灭亡。

梁与北魏的战争 梁武帝夺取政权首先又引起严重的外患。梁武帝起兵攻萧宝卷，南齐内

乱，北魏即图乘机南侵。萧衍篡位，大杀齐宗室，齐鄱阳王萧宝寅奔魏，请兵攻梁，于是魏便大举南侵。

公元五〇三年（梁武帝天监二年），魏命元澄率大军攻梁，略取淮南。公元五〇四年魏又攻占义阳三关（黄岘关、平靖关、武阳关），大别山以北皆为魏夺取。公元五〇五年，魏攻汉中，汉中夏侯道迁降魏，魏命邢峦攻梁，汉中又为魏所取，魏此次进攻，梁全线败退。

公元五〇六年，梁武帝命他的兄弟萧宏率军大举反攻，收复合肥、宿豫等城，魏命元英、邢峦攻梁。萧宏闻魏军南下，弃军逃走，梁又大败，所有器械粮秣全为魏军所虏获。魏军进攻钟离（凤阳），幸赖昌义之坚守，公元五〇七年，梁军援钟离，击败魏军，魏军退守寿阳，淮南、合肥等地才得保全。公元五一四年，梁又攻魏，修筑淮堰，企图利用淮水灌寿阳城。他动员几十万人民和军队兴筑，结果公元五一六年，淮水暴涨，淮堰崩溃。『缘淮城戍村落十余万口，皆漂入海』。不但没有攻下寿阳，反淹杀了十几万人民。

梁与北魏经过十几年的战争，丧失了大片的土地，同时也精疲力竭，自此梁更衰弱。此后北魏发生内乱，梁方得稍安。

侯景之乱 侯景是东魏的大将。东魏高欢逐鹿政权的时候，他有很大的战功，高欢以他为司徒，河南道行台，专制河南十三州。景与高欢子高澄不和，高欢死，高澄为大将军，掌握东魏的政权，景恐惧，便以河南十三州降梁。梁武帝即位以来，屡受北魏的侵略，与北魏发生激烈的战争，丧失了汉中和义阳（信阳），侯景来降，一举可以收复河南广大的土地，自以为这是难得的机会。他接受了侯景的投降，派兵援接，并命南豫州刺史萧渊明的都督，率兵大举进攻东魏。

侯景降梁，高澄命慕容绍宗击景，大败梁军于彭城，萧渊明和北兖州刺史胡贵孙、谯州刺史赵伯超都被东魏军所俘。慕容绍宗又击败侯景于涡阳，景军队完全溃散，景率领少数心腹逃过淮水袭据寿阳，其他各路应援侯景的梁军也都败退。

高澄既败侯景，即向梁言和。梁武帝接受侯景的投降，原幻想借此可以收复河南，而结果，由于自己的腐朽无能，却招致严重的失败。至此，他又恐惧气馁了。高澄派人来讲和，他就接受了。原来主张接受侯景投降，出兵进攻东魏的朱异、谢举此时也都改变态度主张与东魏言和。他们这样反复不定，正说明当时统治阶级颟顸无能。梁武帝与高澄言和，侯景有死亡之惧，便起兵攻梁。

公元五四八年（梁武帝太清二年），侯景驱迫寿阳所属各城的人民为兵，以诛朱异、徐鳞为名，起兵攻梁。因为这两个人是主张与东魏言和最力的，同时，也因为他们为梁武帝所信任，为豪族官僚们所忌恨，所以侯景想以此分化梁统治集团。同时，他又派人勾结临贺王萧正德。萧正德是临川王萧宏的儿子。最初梁武帝无子，养正德为子。后梁武帝生太子统，正德又回到他生父萧宏处。因此，他愤恨不平，时刻阴谋夺取政权。侯景知道他们内部有这样的矛盾，所以想利用他，萧正德果然允许为内应。

侯景攻谯州（安徽滁县），刺史萧泰贪婪残暴，侯景兵至，人民都欢迎侯景，进攻萧泰，泰逃走，谯州助防董绍先和历阳太守庄铁都望风而降。侯景自采石渡江，梁武帝命萧正德御侯景，正德以船只渡过侯景的军队。侯景渡江，袭取姑孰，进攻建康。梁武帝又命萧正德和庾信御侯景，景攻大桁（秦淮河上的浮桥），庾信逃走，萧正德又闭桁渡过侯景的军队。景入建康，石头城守将萧大春（太子纲子）、白下守将谢禧、元贞都弃城逃走，景遂围台城。侯景起兵，军队是很少的，因为梁统治阶级腐朽无能和萧正德的内应，他才很快的攻入建康。他既围台城，便解放奴隶，他招募奴隶为兵，凡豪族地主家的奴隶投降，都免为良人。他俘虏了朱异家的奴隶，立刻将朱异的财产都给予他，并且命他为仪同三司。这样，许多豪族家的奴隶都投降了侯景。据说三天之日，奴隶投降他的就有几千人，他都厚加抚慰。奴隶们因获得解放，『人人感恩，为之致死』，因此侯景的兵力便强大起来。此时，梁四方来援的军队有三十余万人，但将领都腐朽不堪，不敢作战。当时司州刺史柳仲礼为诸军都督，他终天『唯聚妓妾，置酒作乐』。梁武帝的儿子邵陵王纶、孙临城公萧大连、永安侯确等也都来援，他们也都顿兵不战，眼看台城危急而不救。不仅这样，他们彼此之间还互相仇恨，军队则彼此『自相抄夺』，这些人真是腐朽到麻木不仁的程度了。台城被围半年之久，城内人饥饿死亡者十之八九，『横尸满路』。公元五四九年，为侯景攻下，来援的军队便一哄而散，有的则投降侯景。

侯景攻下了台城，自为大都督中外诸军事、录尚书事。将梁武帝软禁起来，后又断绝他的食，梁武帝忧愤饥饿而死。梁武帝死，侯景立太子纲为帝，是为简文帝。派兵略取扬州各地，并继续解放奴隶，以扩充自己的兵力，下令凡『北人在南为奴婢者，皆免之』。公元五五一年，又杀简文帝，立豫章王栋（昭明太子统孙），不久，又废栋自立为帝，改国号为汉。

侯景之乱，对于江南豪族大地主是个极大的打击，他不仅解放了大量的奴隶，台城被围的时候，有许多豪族大地主都被他杀死，或饥饿而死，颜之推观我生赋序说中原豪族『随晋渡江者百家』，『至是在都者覆灭略尽』。侯景之乱，实是江南豪族大地主的丧钟。自此他们便走向死亡了。

侯景破台城，荆州刺史萧绎（梁武帝子）起兵讨景。公元五五一年（梁简文帝太宝二年），绎命王僧辩击景，大败于巴丘（岳阳），乘胜攻郢州、江州。西江督护陈霸先也起兵来会。公元五五二年（梁元帝承圣元年）王僧辩、陈霸先，进至建康，连败侯景，收复建康。侯景逃走，为其下所杀，萧绎自立为帝，是为元帝。

侯景之乱虽然平定了。但它却引起了梁内外各种矛盾的爆发，造成严重的内乱与外患，全国土崩鱼烂，梁政权因之瓦解而灭亡。

梁元帝与河东王誉、岳阳王詧、武陵王纪之争及西魏之取蜀及江陵　梁元帝起兵讨侯景，征兵粮于湘州刺史河东王萧誉（昭明太子萧统子），萧誉不听，因此，元帝进攻萧誉。誉弟岳阳王詧为雍州刺史，以其兄被攻，即起兵攻元帝。这样，梁宗室内部就自相残杀起来。萧誉为元帝所败，萧詧便投降西魏，西魏立萧詧为梁王，为西魏的附庸，于是襄阳为西魏所夺取。

武陵王纪是梁武帝的儿子，时为益州刺史。自台城陷落，他自立为皇帝。后梁元帝也自立为帝，于是两人发生帝位的争夺。武陵王纪进攻江陵，梁元帝为着自己的帝位，便不惜出卖国家，求援于西魏，请西魏袭击益州，攻击武陵王纪的后路。西魏宇文泰早就有侵略益州的阴谋，这正给他一个好机会。公元五五三年（承圣二年），宇文泰派尉迟迥率大军攻蜀，蜀后方空虚，西魏兵长驱而入，益州便为她所略取了。

梁元帝为着争夺帝位，不惜出卖国家，将益州奉送给西魏，他这样丧心病狂，也必定将自食其果。西魏宇文泰因梁统治集团内部的自相残杀毫不费力地略得了襄阳和益州，便引起了他灭梁的野心。公元五四四年（承圣三年），他派于谨、杨忠攻梁，梁毫无防备，魏军渡过汉水不过四天，就将江陵包围，最后，江陵被魏军攻破，元帝被杀。

江陵的陷落又给予江南豪族大地主一个沉重的打击。西魏于谨攻陷江陵，将梁所有的王公贵族以及人民男女几万人，完全俘虏为奴隶，赏给军队，弱小者都被屠杀，江陵人民逃免者只有三百余家。这是腐朽无能的统治阶级带给人民的灾难。侯景之乱的时候，建康的豪族有些逃至江陵，至此，又一网打尽，从此以后，江南的豪族地主阶级更是奄奄一息了。

陈霸先代梁　侯景是王僧辩和陈霸先击败的。侯景既平，梁元帝以王僧辩为司徒，镇建康；

陈霸先为南徐州刺史，镇京口。西魏灭江陵，元帝死，他们迎立元帝子方智为帝。此时北齐也企图在江南树立一个傀儡，她立被她俘虏的萧渊明为帝，并派兵送他南来。王僧辩初犹抵御，后为北齐所败，遂允立萧渊明为帝。王僧辩允立萧渊明为帝。陈霸先反对，袭击建康，杀王僧辩，复立萧方智。王僧辩部下的将领与北齐军合攻建康，大战于建康附近，最后，北齐军败退。公元五五七年（陈武帝永定元年）陈霸先废萧方智，自立为帝。

陈霸先自立，国内大乱。湘州刺史王琳联合长江上游各州，攻占湘、郢、江等州及长江北岸，与北齐联合，立永嘉王庄（萧方等子）为梁帝，与陈霸先相抗。此外，自侯景之乱以后，又有许多地主土豪称兵割据。如萧勃据广州，熊昙朗据豫章、周迪据临川、黄法氍据巴山（江西新奉）、余孝顷据新吴（江西新余）、留异据东阳（浙江金华）、陈宝应据晋安（福州），陈境内四分五裂。这种情形，直到陈文帝的时候，才逐渐平定，但陈政权只是局促于江南的小朝廷了。

陈之灭亡 陈是个局促于江南的小朝廷，经过侯景之乱以来激烈的内外战争，又残破不堪，力量已极微弱，而其内部政权的争夺，仍然不息，统治阶级的腐化堕落依然如故。

公元五八三年，陈后主陈叔宝即位，政治更加腐败。陈叔宝奢侈腐化。他即位不久就大事建筑宫室园囿，宫室都以金玉珠翠为装饰，极尽华丽。他不问政事，终日与他宠幸的贵嫔宫女及文士饮酒赋诗。宰相也不问政事，和他一起饮酒。他信任寒人孔范、施文庆和沈客卿等，他们恃势弄权。为着要满足后主的奢侈享乐，他们尽量地搜括人民。旧制军人和士人都无关市之税，沈客卿建议不问士庶，一律征收关市税，而且比过去更重，因此，大地主和人民都怨恨不满。孔范为增加自己的势力，又夺取武将的军队以为己有和分配给其他的文吏，因而将领们也大为不满。

这时候北方早已统一了，力量远比陈为强大，隋文帝便想乘时灭陈，公元五八八年，隋文帝发兵五十余万，八路攻陈，次年正月，隋军贺若弼、韩擒虎分两路自京口、历阳渡江，进攻建康，陈军大败，隋军攻破台城，将陈后主俘虏，送往长安，陈遂灭亡。

陈亡，江南的豪族大地主便也完全消灭了，隋攻下建康，将陈王公百官全部俘虏，送往长安，建康的城墙宫室也夷为平地。对于各地的土豪地主也予以压制，不许他们欺凌人民。苏威更作『五教』，令江南的大地主们诵读。公元五六〇年，江南各地的土豪地主们起兵反抗，隋又派大军镇压。隋击败各地豪族地主的反抗，将他们虏往长安，赏赐给诸将领为奴隶。自此江南的豪族大地主便彻底消灭了，东晋以来豪族地主残酷地压迫剥削人民，严重地阻碍了生产的进步，江南的豪族地主被消灭以后，江南的生产便发展起来，隋唐以后江南便逐渐成为我国经济的中心。